Michel
Onfray

반철학사 3

바로크의 자유사상가들

반철학사 3

바로크의 자유사상가들

미셸 옹프레 지음
곽동준 옮김

인간사랑

LES LIBERTINS BAROQUES
Contre-Histoire de la Philosophie tome 3 by Michel Onfray

© Grasset & Fasquelle, 2007
Korean translation copyright © Ingansarang, 2011

This Korean edition was published by arrangement with Editions Grasset & Fasquelle
though Sibylle Books Literary Agency, Seoul

이 책의 한국어판 저작권은 시빌에이전시를 통해
프랑스 Grasset & Fasquelle 출판사와 독점 계약한 인간사랑에 있습니다.
저작권법에 의해 한국 내에서 보호를 받는 저작물이므로 무단 전재 및 무단 복제를 금합니다.

0 0 8

역자 서문

바로크를 생각하며 …

예술 미학의 한 장르로서 바로크라는 말은 바로크 시대에는 쓰이지 않았다. 그것은 고전주의의 경우도 마찬가지다. 바로크는 유파가 있었던 것도 아니고, 어떤 선언이나 이론도 없었고 바로크를 이끄는 리더도 없었다. 다만 그 시대의 예술적 감수성이나 관심, 그리고 공통적인 미학이 있었을 뿐이다.

바로크는 16세기 말 이탈리아에서 시작했지만 바로크의 이론은 19세기 후반 독일에서 나왔다. 바로크는 종교개혁에 맞서 로마 가톨릭의 반종교개혁에서 나온 예술을 가리켰고, 르네상스와 고전주의와는 대조되는 미학적 규범을 가지고 있었다. 바로크는 16세기 이탈리아에서 시작해 17세기를 거쳐 18세기 전 유럽으로 유행처럼 확산되면서 '양식'(bon sens)이니 '좋은 취향'(bon goût)이니 하는 고전주의적 규범을 무시하고 인간의 자유로운 영감과 상상력을 발휘한 예술가들과 그들의 조형예술, 문학작품을 재평가하는 과정에서 생겨난 것이다. 건축과 조각에 베르니니, 보로미니, 구아리니, 문학에 스퐁드, 샤시네, 공고라, 로페 데 베가, 미술에 카라바조, 루벤스, 벨라스케스, 렘브란트, 사상에는 피에르 샤롱, 라 모트 르 베예, 생 테브르몽, 피에르 가상디, 시라노 드 베르주락, 스피노자가 바로 그들이다. 특히 인간의 자유의지(libertinage)를 바탕으로 아리스토텔레스나 데카르트적 선입관과 편견에 '회의'하고 로마 가톨릭의 교조적 교리에서 점차 벗어나고자 하는 자유사상가들(libertins)의 등장은 17세기 바로크적 사상의 혁명을 예고하는 것이었다. 그들은 그리스의 에피쿠로스적 쾌락주의에서 암시받고 이성의 구속으로부디 자유로운 육체의 해방과 유물론적 사고를 지향했다.

바로크는 일반적으로 불규칙한 것, 이상한 것, 예기치 않은 것, 놀라운 것을 가리키는데, 원래 포르투갈어의 바로코(barroco)에서 시작된다. 바로코는 불규칙하고 이상한 형태의 보석을 가리켰던 말로 '완벽하게 둥글지 않은 진주'를 의미했다. 이러한 의미에서 바로크는 처음에 경멸하는 어조로 쓰이다가 17세기 초 고전적 르네상스와 매너리즘을 잇고 18세기 말에는 유럽의 대부분, 19세기 초에는 종교개혁과 신세계에서 이루어진 식민지 개화로 라틴아메리카를 지배하는 양식이 되었다.

바로크는 로마에서 비엔나, 프라하, 뮌헨, 마드리드, 세비야로 퍼져나갔지만 런던은 반종교개혁의 유럽대륙의 바로크적 장식에 무관심했고, 파리는 바로크를 거부하면서 고전주의가 절정을 이룬 중심지가 된다. 중앙집권적 절대권력의 정점이라 할 수 있는 루이 14세의 베르사유는 그러나 고전주의와 바로크가 공존한다. 한편 바로크 물결은 종교적·정치적 갈등으로 갈라진 유럽을 다양성 속에서 바로크라는 예술적 현상으로 통합하게 해주었다. 따라서 르네상스와 고전주의 틈새에 끼인 바로크는 어떤 예술 장르보다 시기적으로나 지역적으로 훨씬 더 광범위하다. 이처럼 바로크에는 그 역사와 지형학이 있다.

조형예술에서 바로크의 근대적 개념은 19세기 말 부르크하르트에 이어 뵐플린, 외제니오 도르스가 이론으로 정리했고, 프랑스에서는 제1차 세계대전 이후 타피에가 바로크 예술에 대한 관심을 가지기 시작했다. 문학에서는 많은 논쟁과 논란을 거치고 난 후에야 1940년경 마르셀 레이몽, 레이몽 르베그, 피에르 콜레에 의해 연구되기 시작했다. 독일, 오스트리아 등 게르만 국가에서 바로크가 크게 확산되어 간 반면에 프랑스에서는 바로크를 오랫동안 거부해왔다는 점을 생각하면 흥미로운 일이다. 고전주의와 바로크의 대조적인 미학적 관점에서 고전적이고 엄격한 질서를 요구한 프랑스가 바로크적 환상과 무질서 및 과장을 엄격하게 통제한 것은 국가 통치권 차원에서 이해해야 할 것이다.

바로크는 종교개혁에 대항해 싸우기 위한 반종교개혁의 선전 도구로서 기능했다. 예술에 적대적이었던 종교개혁에 대해 반종교 개혁은 예술이 인간에게 신에 다가가는 방식으로 그 역할을 맡는다는 것이고, 바로크 예술은 가톨릭 교회의 위대함과 웅장함을 찬미하고 고양시키는 방법으로 종교적인 선동의 도구가 되었다.

과학의 발전도 바로크의 존재를 부각시켰다. 캐플러가 지구의 타원궤도를 발견하면서 이제 사람들은 모든 것을 타원으로 설명하려고 했다. 이것은 원형의 형태를 연장하면서 건축과 회화에서도 나타났고, 바로크는 새로운 공간, 형태, 대상과도 밀접하게 관련되어 있었다. 17세기에 왕권이 강화되면서 왕과 귀족은 자신들의 권력을 과시하게 해주는 바로크의 호화로운 전시예술을 호의적으로 받아들인다. 프랑스에서 바로크 예술이 중앙집권의 중심부로 이동하는 연유가 여기에 있다. 또한 고대 모델에 의한 질서와 미에 토대를 둔 르네상스를 계승한 예술가들이 자신의 방식대로 르네상스를 해석하고 형태의 변화와 변형, 그리고 전이를 만들어낸다. 바로크는 이러한 사회적 여러 요인의 틈새에서 서서히 고유한 가치를 지니면서 새로운 예술양식으로 자리 잡게 된다.

바로크는 고전주의와 대조적인 개념으로 그 미학적 특징을 구분해 왔다. 유럽 예술의 미학적 관점도 헬레니즘과 헤브라이즘 혹은 바로크와 고전주의라는 양대 축이 교대로 등장하는 것으로 이해하고 있다. 헬레니즘이 그리스 문화 현상을 특징짓는 합리적 · 이성적·현실적·과학적 정신을 반영한 것이라면 헤브라이즘은 유대교의 전통을 헤브라이즘 정신으로 수용한 종교적·의지적·정신적 상상세계를 반영하면서 서구 사상을 형성한 원류로 간주되고 있다. 보통 고전주의와 낭만주의를 유럽 예술사조에서 대조적인 미학으로 간주해 왔지만 바로크와 고전주의를 그 양대 축으로 삼는 것은 생소할 것이다. 그러나 시기적으로 앞선 바로크는 낭만주의가 그 예술적 영감을 공유한 미학이며, 고전주의도 고대 그리스와 로마의 고전, 그리고 르네상스를 모방해 형성된 예술경향을 가리키는 미학이다. 물론 이러한 관점은 19세기 후반, 20세기 바로크 미학자들의 연구에 의한 바로크 재평가 운동에 기인한 바가 크다. 바로크 미학은 르네상스 이후 매너리즘과 로코코, 낭만주의, 인상주의에 나타나는 공통분모가 고전주의와 정반대되는 성향과 대비되면서 나타나는 시간적 공간적 상수라는 것이다. 물론 시대적 조류에 따라 나타나는 미세한 예술사적 사조를 무시하고 바로크와 고전주의를 공통의 상수로 여기는 데는 문제가 있을 수 있다. 그러나 바로크와 고전주의를 확연히 구분해 주는 대조적인 미학적 성향은 다른 예술적 원천들을 이 두 조류에서 흘러간 지류로 해석할 수 있는 근거가 된다.

바로크는 고전주의 등장으로 예술적 영감이 한 시대에 갇혀서 단절된 미학이 아니다. 19세기 말 유럽 전역과 북아메리카로 확대되어 나타나는 모던 스타일은 아르누보, 유겐트 슈틸 혹은 네오 바로크라는 이름으로 다시 등장하면서 17세기 바로크적 영감을 공유하고 있다. 네오 바로크는 장식과 응용미술에서 두드러지며 이들과 깊은 관련이 있다. 바로크의 움직이는 형태, 역동성, 강한 생명력, 장식, 존재와 사물의 변형은 네오 바로크에 나타나는 유기적 형태의 구불구불한 곡선이라는 형식적 모티프를 응용한 것이다.

이와 같이 바로크는 단순히 고전주의의 대립적 미학으로서가 아니라 고전주의를 뛰어넘어 오늘날 예술 장르로 존재하는 양식이 되었다. 바로크는 고전주의를 보편적인 규범으로 받아들이는 데 반대하는 반응을 보여주었고, 변화와 변형이 있는 곳에 바로크가 존재하며, 여러 문화와 언어의 세계화를 주동했던 장르가 되었다. 바로 오늘날 우리의 문화현상과 너무나 닮아 있는 "바로크는 단순히 더 이상 하나의 양식이 아니라 세계의 문화적 다양성을 받아들이고, 이를 통합하고 융합하는 반응이다." 움베르토 에코는 「네오 바로크」의 서문에서 "우리는 새로운 미학적 감수성의 탄생을 지금 목격하고 있다. 그것은 더욱 고풍스러운 것이면서도 진정 포스트모던한 것이다"라고 하면서 현대를 '제2의 바로크 시대'로 규정하고 포스트모던한 새로운 감수성으로 수용하고 있다. 오늘날 문화현상의 탈중심적·반이성적·다층적 사고는 후기 산업사회의 시대적 특징과 바로크 현상의 유사성을 시사해 준다. 뿐만 아니다. 유희성, 상호텍스트성, 탈장르성, 해프닝적 성격, 패러디와 아이러니, 메타 픽션, 다형태와 복합성, 고급문화와 대중문화의 구분 파괴현상, 장르와 양식에서 경계의 소멸, 외관만을 중요시하는 감각적인 이미지, 숨 가쁘게 변화하며 역동적으로 움직이는 현실, 현실을 압도하는 실체 없는 가상이 지배하는 사이버 세계, 광고가 만들어내는 허상 등은 실체에 관심 없고 오로지 현상만을 강조하는 바로크적 철학을 잘 드러내고 있다고 해야 할 것이다.

바로크의 자유사상가들, 피에르 샤롱, 라 모트 르 베예, 생 테브르몽, 피에르 가상디, 시라노 드 베르주락, 바루흐 드 스피노자 등의 들뢰즈적 주름, 주름 속에 접혀진 그들의 삶과 시대적 속살을 들여다 보면서 새삼 바로크를 생각하는 이유가 여기에 있다. '인간사랑'의 담대함과 편집부의 노고에 진심으로 감사드린다.

2011년 3월 곽동준

"역사 연구가 항상
기독교적 변신론(辯神論)을 가장하지 않고
정의와 공감하는 열정에 더 많은 비중을 두고 쓴다면
역사 연구는 오늘날 이를 이용하는 데
결코 도움이 되지 못할 것이다.
모든 혁명적이고 혁신적인 경향에 반하는 아편처럼."

니체, 『비현재적 고찰들』, 3권 IV장.

또 하나의 위대한 세기 : 바로크의 자유사상가들

'위대한 세기'의 정체성. 고전적 사료편찬에 따르면 17세기의 특징을 '위대한 세기'라고 한다. 물론 위대하다. 그러나 왜, 어떤 이유로, 누가? 이런 의문들을 제기하는 사람은 없다. 그냥 당연하게 받아들인다. 따라서 이 말이 어디서 나왔는지, 누가 이런 표현을 썼는지, 그 작가가 누군지 자문해 보면 좀 난감해진다. 이런 말을 흔히 쓰지만 한 번도 그것을 규명하거나 언급하거나 분석해 본 적이 없다.

만일 각 세기를 어떤 용어나 표현으로, 그러니까 단 한마디로 짧게 말한다고 하면 18세기는 '계몽'의 시대, 19세기는 '산업혁명' 시대라고 하는데 20세기는 아직 그런 명칭을 쓰지 않는다. '파시즘'의 시대라고 할 수 있을 것이다. 예를 들면 '중세 암흑 시대'는 폭력과 잔혹함, 야만의 시대 외에 아무것도 없다고 비난한다. 그리

고 바로 곧이어, 그러니까 17세기는 … '위대한 세기'라고 할 만하
다.

　　위대한 세기라는 말에는 다음과 같이 일목요연한 다양한 상
품이 나타난다. 데카르트의 철학, 코르네유의 비극, 파스칼의 『팡
세』, 라신의 『아탈리』, 보쉬에의 추도사, 부알로의 풍자, 세비녜 부
인의 편지, 몰리에르의 희극, 라 브뤼예르의 초상화, 라 로쉬푸코의
『격언집』 등. 코기토, 신나(Cinna)를 위한 자리, 생각하는 갈대, 두
무한대, 앙리에트 드 프랑스(Henriette de France)의 시신, 『시학』부알로
의 고전주의 이론서^{역자}, 그리냥(Grignan)의 시골 필기대, 타르튀프, 동 주
앙, 알세스트와 같은 등장인물들 혹은 격언, 이런 말 속에서 위대한
세기는 기고만장이나.

0 2 0　　17세기의 골동품이 된 이런 것들을 누가, 언제, 어떤 상황에서
추출해서 프랑스의 전시 모델을 만들어냈는지 아무도 모른다. 물론
17세기에 깊은 영향을 미치거나 17세기를 총체적으로 구성하는 작
가, 사상, 흐름 등에서 떼어내어 선택한 것들이라고 전제할 수 있다.
그런데 이 100년 동안에 데카르트 철학, 장세니즘(jansénisme), 정적
주의(quiétisme), 예수회, 기독교, 고전주의밖에 없었을까? 로마의 영
웅들만 있고 교회의 문제점들은 없었을까? 가톨릭 문제를 해결하
기 위해 그리스 형상은 없었을까? 고대로만 돌아가고 17세기 당대
는? 소포클레스와 에우리피데스가 코르네유와 라신의 작품에서 부
활했다고? 페드르와 이솝이 라 퐁텐으로 변장했다고? 플라우투스
와 테렌티우스가 장 바티스트 포클랭(Jean-Baptiste Poquelin)에게서
다시 현신한 거라고? 테오프라스트가 라 브뤼예르(La Bruyère)의 옷
을 입고 있다고? 플라톤의 영혼과 육체는 데카르트 철학에서 '사유

실체와 연장실체' 데카르트는 인간의 이성을 사유실체라고 하고 물질의 존재양상을 연장실체라고 주장하면서 사유실체가 연장실체보다 우위에 있다고 말한다. 연장이란 사물이 공간을 차지하는 것을 뜻하고 실체는 원동자, 즉 그 스스로가 원인이 되어 다른 것들의 근본적 원인 또는 세상 만물을 움직이게 하는 근본적 존재를 말한다^{역자}가 되었다. 이 고대인들의 향연에 왜 데모크리토스나 레우키포스, 에피쿠로스나 루크레티우스는 어디에도 없단 말인가? 17세기는— 사실 성인전에서 걸림돌이 되는—이런 위대한 사상가들을 희생시키면서 어떻게 위대할 수 있는가?

볼테르의 그림자. 이런 역사를 만든 죄인이 있을 것이다. 0 2 1 프랑수아 마리 아루에(François Marie Arouet)라는 사람인데, 볼테르다. 증거물은? 그의 『루이 14세의 세기』다. 물론 이 세기가 '위대하다'라고 명시적으로 언급되어 있지는 않지만, 루이 14세를 옹호하는 기회주의자이면서 이해 당사자로서 500페이지나 되는 그의 책 속에 스며 있다. 루이 14세의 외교, 역사, 정복, (군주)체제, (가톨릭)종교, 전투력, 대외정책, 작품, 평화조약, 무역, 정부 등이 위대하다는 것이다. 물론 그가 이룬 조형예술, 문학, 건축, 문화, 사상, 사상가들도 위대하다.

볼테르는 기념비적인 이 책을 약 20여 년에 걸쳐 썼다. 그는 자신의 삶을 불가능하게 만든 잘못을 저지른 루이 15세의 옹졸한 통치를 정면으로 비방하는 데 유용한—위대한 17세기라는—허구를 창조한다. 그 책은 볼테르의 이와 같은 개인적인 '사소한' 이유

또 하나의
위대한 세기

로 꿈꾸었던 이 17세기를 '위대한' 성(城)으로 만들었다. 이런 의도 때문에 논쟁거리가 되지 않는 것은 거기에 전혀 끼일 수가 없었다. 물론 라가르드(Lagarde)와 미샤르(Michard)의 문학 개론서에는 펠리송(Pellisson), 생 레알(Saint-Réal), 파트뤼(Patru) 같은 시대에 뒤떨어진 사람들의 이름이 이미 나오긴 한다. 그러나 더 중요한 것은 그들이 위대한 세기에 기여한 게 무언지, 그들의 사상이 얼마나 놀라운 것인지 거기에 나오지도 않는다.

예를 들면 1601년 『지혜론』이라는 책을 썼고 이 책으로 엄청난 출판을 거듭했던 피에르 샤롱(Pierre Charron)에 대해서는 한마디도 없고, 슬쩍 지나가는 언급조차 없다. 게다가 수년 동안 재출판을 했는데도 몽테뉴의 이름이 사라지고 그때부터 그의 책은 읽지도 않게 된다. 『팡세』에서 파스칼이 특히 좋아한 적수 라 모트 르 베예(La Motte Le Vayer)에 대해서도 아무 말이 없다. 데카르트와 싸운 사람 중 하나로 에피쿠로스 철학을 현실화시켜 수많은 책을 쓴 대단한 피에르 가상디(Pierre Gassendi)에 대한 언급도 전혀 없다. 시라노 드 베르주락(Cyrano de Bergerac)과 에피쿠로스 철학과 유물론을 담고 있는 그의 『다른 세계』(Autre monde)에 대한 참고자료도 없는 실정이다. 근본적으로 내재해 있는 자유사상의 정치를 저술한 홉스(Hobbes)에 대해서도 침묵하고, 스피노자(Spinoza)에 대해서도 더 이상 언급이 없다. 물론 프랑수아 베르니에(François Bernier), 사뮈엘 소르비에르(Samuel Sorbière) 혹은 가브리엘 쉬숑(Gabrielle Suchon)도 볼테르에 따르면 위대한 세기에 동참하지 않았다는 그 무거운 무게 이외에 나타나지도 않는다.

반면에 포르 루아얄의 장세니즘에 대해서는 한 장을 전부 할

애하고 있다. 마담 기용(Mme Guyon)의 정적주의도 다른 한 장을 할애하고 있으며, 위대한 세기를 선전하는 보쉬에와 부르달루(Bourdaloue), 마시용(Massillon) 등을 고찰하고 있다. 이런 보수주의적인 문화의 거품 속에서 하층민 취향으로 행운과 영광을 누린 교양 없는 사람처럼 몽테뉴가 등장하는 것도 당연하다. 볼테르는 계몽과 철학의 선구자인가? 이게 우리가 긴급히 싸워야 할 또 하나의 신화다.

따라서 볼테르는 균형과 질서, 조화와 순응주의를 추구하는 가톨릭과 군주제라는 고전적인 위대한 세기를 그리고 있다. 그의 사료편찬 관점은 베르사유 궁전, 앙드레 르 노트르(André Le Nôtre)의 정원 도안, 태양왕의 사교 연극, 루이 13세와 동시대 사람들의 음악, 라 캥티니(La Quintinie)의 정원과도 닮아 있다. 거기에서는 모든 것이 제자리에서 절도 있고, 고요하며, 안정되어 있다. 무엇보다 0 2 3도 기하학적이다. 과연 아폴론의 승리다!

바로크의 힘과 권력. 그런데 위대한 세기는 단지 아폴론적일 뿐만 아니라 동시에 디오니소스적이기도 하다. 아폴론적인 측면에서는 질서, 빛, 간결, 고요, 절도, 극적 서사시, 단순성, 투명, 변증법, 수치 등이 있지만 동시에 디오니소스적인 측면에서도 음악, 도취, 노래와 춤, 황홀한 삶, 열정, 신비의 힘, 환희, 자연 등이 눈에 띈다. 볼테르는 아폴론을 그 초석에다 두고 있지만 다른 절반의 존재를 잊고 있다. 바로크는 바로 활력과 에너지, 결합된 힘의 또 다른 세계의 이름이다. 자유사상가는 이런 힘의 연극에서 진화하면서 자유사상의 철학자가 그 옆에서 진보한다.

'자유사상가'(libertin)란 용어는 존재하지만 항상 거의 모든 분야에 다 쓰인다. 처음에는 사람이나 사상의 가치나 신망을 떨어뜨리는 용어였다. 자유사상가는 그 당시에 그랬듯이 '무신론자'를 다르게 부르는 말인데, 로마 가톨릭교회가 요구하는 열정과 정신적 희생과 함께 기독교의 신을 믿지 않는 종교개혁파, 이단자, 자유인, 그 외 다른 사람들이다. 자유사상가는 16세기에 나타나는데, '자유정신의 형제와 자매'라는 흐름에 편승하는 공모자들을 공격하기 위해 칼뱅에게 쓰이던 말이다. 자유사상가의 어원은 로마인들 중에서 '자유인'(리베르티누스)을 정의하는 말이다.

유물론과 쾌락주의적 환경을 잘 알고 있었던 몰리에르가 1665년 『동 주앙』을 썼을 때 자유사상가를 무대에 등장시킨다. 동 주앙이 누구인가? 알다시피 작품의 이 인물은 여자들을 수집하고, 그들을 모두 사랑하며, 여자를 범할 때도 도덕에는 관심 없고 다른 여러 영역에서 선과 악을 비웃는다. 그는 금화 한 닢을 주겠다고 약속한 가난뱅이와 그의 아버지, 그리고 자신이 돈을 빌린 채권자에게도 파렴치하다. 신앙도 없고 법도 없고, 실제로 동정심이나 자식으로서의 사랑도, 어떤 사람에게 빚을 지고도 인정하지 않는다.

그렇다고 그가 허무주의자는 아니다. 2 더하기 2는 4이고 4 더하기 4는 8이라는 것은 믿기 때문이다. 이것은 공식을 넘어서서 중요한 결과에 대해서 지적인 선언을 인정한다는 것이다. 몰리에르는 게 드 발자크(Guez de Balzac)가 그의 책 『기독교인 소크라테스』에서 인용한 모리스 드 나소(Maurice de Nassau)에게 이 용어를 빌렸다. 과학적·유물론적·실험적이라는 공공연한 믿음도 그에게 방법론으로는 통하지 않는다. 즉 자유사상가는 신앙이니 믿음이니 하는 모든 것을 뛰어넘어 입증할 수 있고 진실하고 명백한 것을 신뢰한다. '명확하고 분명한 것' 만 인정한다는 것이다.

자유사상가는 신의 존재를 부인하지는 않는다. 이런 입장에 대해서는 장 멜리에(Jean Meslier)와 1729년 그의 사후에 출판된 『유고집』이 나올 때까지 기다려야 한다. 오히려 그는 악동처럼 이신론자, 신앙절대주의자, 경건주의자, 범신론자, 혹은 다른 신앙론자를 한데 합쳐놓은 것이지만 무신론자는 아니라는 것이다. 물론 신은 존재하지만 그는 인생을 쾌락적으로 사는 사람이며, 인간의 존재에는 게의치 않는다. 이 세상에 대해서도, 도덕이나 정치에 대해서도 그의 존재를 강요하는 것은 아무것도 없다. 이 두 가지 (유신론적·무신론적) 행위를 순수 이성의 질서에 종속시켜야 하는 필요성이 바로 여기서 나온다.

자유사상가는 신을 믿고 싶지만 신을 믿는다고 해서 자신의 이성이나 지성, 관습, 혹은 자아의 관례, 자신의 시간, 육체나 육신에 커다란 결과가 나타나기를 바라지는 않는다. 탈망 데 레오(Tallemant des Réaux)는 그의 『일화집』에서 유명한 자유사상가였던 데 바로(Des Barreaux)가 갑자기 벼락이 치고 천둥이 우르르 쾅쾅 치는 성(聖) 금요일에 베이컨을 곁들인 오믈렛을 배터지게 먹는다고 썼다. 가식을 다 던져버리고 그는 창문으로 불경하게 이렇게 소리친다. "천둥칠 때 먹는 오믈렛이 제맛이야!" 그것이 신의 뜻이지만 자유사상가의 뜻이기도 하다.

4

현학자로 불린 자유사상가. 신은 조용히, 서서히 밀려

나지만 신이 존재하고 사랑을 받는 것 또한 확실하다. 그러나 신 그
자체에 좀더 관심을 가지지만 사람들에 대한 관심은 점차 멀어지
고, 자유와 그 가능성에 자유로운 영역이 등장한다. 따라서 철학적
자유사상(libertinage)방종, 무종교, 무신앙을 의미함^{역자}은 미풍양속의 자유사
상과 밀접한 관계가 있다. 자유사상가의 시를 썼다고 유죄 선고를
받은 테오필 드 비오(Théophile de Viau)는 더불어 사는 삶을 살았다.
신으로부터 자유로운 사람은 도덕이나 적어도 죄악이나 원죄의 두
려움, 과오와 죄의식으로부터도 자유롭다.

1943년 르네 팽타르(René Pintard)가 그의 기념비적인 논문 「17
세기 초 현학적 자유사상」에서 "현학적 자유사상가"와 "미풍양속
의 자유사상가" 사이를 구분한 데 대해 전혀 이의가 없다. 물론 피
에르 샤롱이나 피에르 가상디 같은 철학자들은 오로지 현학적 자유
사상에서 비롯한다. 이 두 사람은 정숙하고 경건한 기독교인—친
구들, 정신의 평정 추구, 욕망의 절제, 육체적 윤리 … 등—으로 살
았을 뿐만 아니라 쾌락적인 삶도 누렸다. 그러나 어느 정도든 유혹
에 넘어가는 여자들, 도박장, 선술집, 놀이장 등이 얼마나 쾌락에 쉽
게 노출되겠는가! 미덕의 모델인 가상디도 오믈렛을 즐기는 시인의
친구였던 뤼리에(Luillier)의 집에 자주 드나들었다.

르네 팽타르는 권위 있는 인물이다. 그의 그림자는 자유사상
의 최고 기사로서 위협적이었고 영향력이 있었다. 그의 사상으로부
터 시작해서 그의 사상에 찬성하고 반대하는 대학들도 있었으며,

감히 그 거목을 공격하지 못했으며, 그가 일군 거대한 작업은 그의 이데올로기와 불가분의 관계였다. "현학적 자유사상가"? "이념적 자유사상가"? "비판적 자유사상가"? 가끔 이 인물은 "쾌락적 자유사상가"로서 그의 신분과 수식어에 따라 변한다. 팽타르는 17세기의 "현학적 자유사상"과 18세기의 사드(Sade)나 라클로(Laclos), 크레빌롱 피스(Crébillon fils)와 같은 "미풍양속의 자유사상"과는 구별된다.

　물론 그런 구분을 할 만하다. 가상디와 그의 측근들의 자유사상은 명주 소파나 프라고나르(Fragonard)아이, 여인, 연인들을 제재로 한 통속화를 그린 로코코 시대의 화가역자의 규방과는 그다지 관계가 없으며, 그네를 밀거나 안방에서 철학하는 것과도 관계가 없다. 『악의 번성』(1801)사드의 소설역자, 『위험한 관계』(1782)라클로의 서한체 소설역자, 『마음과 정신의 방황』(1736)크레빌롱 피스의 소설역자 등은 『에피쿠로스의 철학체계』(1649)가상디의 에피쿠로스 원리 해설서역자와 다른 영역에서 발전해 나간다. 이 때문에 이 점을 정확하게 언급할 필요가 있다.

바로크의 자유사상. 　이런 점에서 "바로크의 자유사상"이 왜 없겠는가? 이 표현은 신보다는 인간에게 더 관심을 가지는 유명한 철학자나 사상가를 특징짓는다고 할 수 있을 것이다. 대단히 가설적인 저승의 존재보다는 소중한 이승의 삶에 더 관심을 가진다. 또한 종교의 가르침보다는 자연과 자연의 법칙에, 천국에 사는 것보다는 물질적인 실재 세계나 지금 여기 이 지구상의 다양한 삶에, 기독교의 십계명보다는 쾌락적인 '치유'에, 성경에서 유래된 금욕적인 이상보다는 행복주의나 고대 쾌락주의에, 초월적인 신학보다는 내재적인 윤리에, 아리스토텔레스의 스콜라 철학보다는 에피쿠로스의 원자론자에, 한마디로 아폴론보다는 디오니소스에 더 관심을 가진다.

바로크는—질 들뢰즈는 '주름'이라고 했는데—어둠 속에 빛의 놀이로 '명암의 대조효과'라고도 할 수 있다. 그것은 어둠 속에 빛의 점이자 빛의 구멍이며, 어둠 속에 빛의 강력한 힘이다. 달리 말하면 빛의 미덕이다. 이렇게 기억하자. 즉 17세기는—스피노자와 가까운—네덜란드의 렘브란트와 그의 「계단 아래 있는 철학자」, 이탈리아의 카라바조와 그의 「샘가에 있는 어린 성 요한」, 프랑스의 조르주 드 라 투르와 그의 「참회하는 마들렌」, 그리고 어둠 속에 다양한 빛의 강력한 힘을 보여주는 세기다. 자유사상 철학자, 바로크의 자유사상가, 자유로운 사상가들은 어둠으로 둘러싸인 시간 속에 빛을 등장시킨다.

이 거장 사상가들은 마찬가지로 다양한 흐름을 통해 바로크에 집착한다. 즉 부자연스럽고 곡선으로 이루어진 피에르 샤롱의 문체, 그의 장황하며 세분되고 분할된 전시방식, 화려한 건축술, 궁륭의 수사학, 작용과 반작용의 놀이, 사고의 소용돌이, 반복, 거울효과도 있다. 또 프랑수아 드 라 모트 르 베예의 호기심 전시실의 인용, 거기에 가득 수집한 이상한 것들, 특이한 것들, 뜻밖의 일화들, 비정형적인 물건들, 참신한 자료들, 수많은 수집품들. 불꽃놀이 화약제조 예술가처럼 순간적인 것에 천부적인 재능을 지닌 생 테브르몽의 언어유희 기술, 즉 담화, 대화, 수식어, 한 줄기 빛처럼 재치 있는 표현을 만들어내는 능력, 솟아오르는 샘, 정원의 분수. 또 일그러진 형상을 능숙하게 보여줄 때, 실수로 허구라고 하는 작품들을 구축해 가는 시라노 드 베르주락 같은 인물의 극단적인 기교, 자신의 방식대로 고전 건축물의 파사드를 바로크 연극의 무대로 변형시키거나 재미있는 이야기를 철학적 교훈으로 변신시키는 기교. 모의해전, 거인과 신들 간의 전쟁, 오페라나 연극의 장치들을 활성화하고 디뉴(Digne)의 참사원에게 영광스럽게 패한 전투에서 지나치게 이용한 아리스토텔레스, 거의 소외된 에피쿠로스, 쓸모 없고 불확실한 데카르트를 철학 무대에서 생기를 불어넣는 가상디의 재능. 마지막으로 『에티카』에서 멋진 존재론적 잠재성을 지닌 성(城)을 제안하는 스피노자의 '더 기하학적인' 건축 등이다.

이 바로크 거장들에게서 인도 왕자의 한 궁중 의사도 만나고, 7권으로 된 『가상디 철학개론』의 작가인 프랑수아 베르니에(François Bernier)도 만난다. 토마스 홉스의 프랑스어 번역자인 회의주의자 사뮈엘 소르비에르(Samuel Sorbière), 별을 보면서 후작들과 철학하는 바스-노르망디 출신의 100살 퐁트넬(Fontenelle), 1700년 『자발적인 독신 혹은 결혼 없는 삶』이라는 제목의 책을 쓴 숭고한 작가, 환속한 수녀 가브리엘 쉬숑(Gabrielle Suchon) … 등도 있다.

바로크 자유사상가의 군도.

바로크의 자유사상들은 군도의 섬 같은 기능을 한다. 물론 그들은 일관성 있는 실체를 구성하고 있지만 각각의 특수성이 있다. 자유사상에 대한 정의를 내릴 수 있지만 항상 정확성과 특성을 감안한 것은 아니다. 자유사상에 대해 일반적인 특징을 설명하고, 대충 윤곽을 파악하고, 그 형상을 이해할 수 있지만 세부적인 내용이 없다. 이렇게 되면 자유사상의 사상과 사상가들로 넘치는 활력을 몇 페이지로 제한하고 그 가치를 그렇게 한정할 수밖에 없다는 것이다.

사실 영원한 신앙심을 가진 사제 가상디와 디오니소스적인 철학자 시라노 드 베르주락을 연결하는 것은 무엇인가? 이러한 군도에 샤롱을 통합할 수 있을까? 그렇다면 그를 어떻게 관능적인 쾌락을 쫓는 생 테브르몽과 공존하게 할 것인가? 아주 멀리 떨어진 것처럼 보이는 작은 섬들로 이루어진 라 모트 르 베예는? 바로크의 주름은 물론 작가, 작품, 사상뿐만 아니라 그 거장들에게도 영향을 미친다. 그렇지만 주된 흐름을 보면 『지혜론』, 『다른 세계』, 『에피쿠로스의 삶과 풍속』, 『고대인들을 모방한 대화』, 『마레샬 드 크레키에게 보내는 편지』 등을 가로지른다. 즉 이런 작품들은 계몽철학을 가능하게 하는 사상의 변증법적인 작업이다.

개략적으로 바로크 자유사상의 내용을 정의하고자 하면 마찬가지로 사상사를 인위적으로 자르는 데 있어 여러 문제와 부딪히게 된다. 이를테면 그것이 등장하고 사라진 시점이 언제인가? 그 기준은 무엇인가? 예술작품이나 정치적 사건, 전쟁이나 책, 비극작가의 탄생이나 철학자의 죽음과 같은 것을 요구해야 하는가? 거기에는 여전히 자의적인 면이 지배한다.

바로크 자유사상은 언제 등장하는가? 『수상록』이 출판되던 해—그러나 어떤 판본? 몽테뉴의 죽음(1592)—가상디가 태어난 해이기도 하다—, 데카르트의 탄생(1596), 카라바조의 그림—어떤 그림?—, 앙리 4세의 살해(1610), 조르다노 브루노(Giordano Bruno)의 사형집행(1600)? 그럴 수 있다. 그러면 최종 시한은 언제일까? 낭트 칙령의 폐지(1685), 생 테브르몽의 작품 출판(1705), 루이 14세의 죽음(1715), 와토의 「시테르 섬으로의 출항」(1717), 퐁트넬의 죽음(1757)? 가장 올려서 잡느냐 가장 내려서 잡느냐에 따라 그 기간을 늘릴 수도 있고 단축할 수도 있다. 약 85년간이냐 혹은 157년간이냐 하는 것이다 ….

주관성을 인정한다면 우선 모호한 이 시기에 대해서는 결국 두 기간을 선택할 수 있게 하는—이것은 바로크 자유사상가들의 군도에 말하고자 하는 바를 의미하는—일관성이 발견된다. 두 철학자의 사망 시기인 1592년과 1677년을 잡아보자. 그 이유는? 한 사상가의 육체적 죽음은 그 사상의 진화가 시작되는 시기이기 때문이다.

따라서 바로 몽테뉴와 스피노자의 죽음이다. 달리 말하면 몽테뉴 철학의 등장과 스피노자 철학의 출현이다. 나는 바로크 자유사상가의 사상을 이 위대한 세기에 몽테뉴의『수상록』을 해설한 것으로 간주한다.『에티카』의 사후 출판이 마무리되는 시점으로, 이 대단한 작품이 나름대로 근본적으로 주기적인 사상에서 바로크 자유사상을 결정짓기 때문이다. 유명한 변증법적 존속과 초월이라는 개념이다. 즉 바로크 자유사상가들은 존재하지만 이해됐기 때문에 보이지 않는 것이다. 따라서 유용하고, 필요하고, 불가피한 것이다.

이 두 시기 사이에 이 철학자들은—같은 시기에 시인, 샹송 작가, 소설가, 극작가들도 존재하지만—아주 뚜렷하고 분명하지는 않더라도 같은 객관적인 관점에서 작업했다. 단지 다음 시기가—

계몽의 세기—그 미스터리를 깨버리기 때문이다. 그들의 공통적인 작품은? 권력논쟁에 의존하는 신앙의 주장이나 종교적 가르침을 상쇄하는 서구적 이성을 그대로 구축하는 것이다. 자유사상은—그 어원대로—자유로워지고자 하는 것이다. 모두가 이런 욕망에 동참한다. 자유롭게 생각하고 자유롭게 살고….

바로크의 자유사상가란 무엇인가?

비록 불완전하고, 단편적이고, 자의적이기는 하지만 이에 대한 정의가 필요하다. 바로크의 자유사상가들도 유사한 역사적 조건에서 생긴다. 첫째로, 그들은 '몽테뉴적 계보'에 속한다. 둘째, 그들은 '회의주의적 해체 방법'을 활성화시키는 독특한 인식론을 제안한다. 셋째, '근본적으로 내재하는 윤리'를 재촉하면서 특별한 도덕을 전개한다. 넷째, '신앙절대주의적·종교적 믿음'을 토대에 두면서 종교문제를 진보적으로 참신하게 고찰한다. 말하자면 그 유래는 같고 방법, 윤리, 종교 등 세 가지 혁명인 셈이다. 이것이 바로크의 자유사상가를 정의하는 밑그림을 구성한다.

자유사상 제1기 : '바로크의 자유사상가는 몽테뉴를 신중하고 정확하게 읽는다.' 알다시피 몽테뉴의 총서와 그의 사상에 대한 연관성은 처음에는 마리 드 구르네(Marie de Gournay)를 거치고, 다음에는 개인적으로 우정 어린 관계를 통해 이 철학자의 "동맹 여성"에 애착을 가진 프랑수아 드 라 모트 르 베예에 이른다. 구르네는 몽테뉴에게서 물려받고, 라 모트 르 베예는 구르네를 계승한다. 몽테뉴의 『수상록』과 샤롱의 『지혜론』은 바로크 자유사상가들의 지침서 역할을 하며, 샤롱의 사상도 『수상록』과 함께 『수상록』에서부터 시작한다. 이 저작에는 중요한 테마가 있는데, 이 보르도 출신의 문집에서 내적이나 외적으로 이미 존재하는 자유사상의 관념을 찾아볼 수 있다.

마찬가지로 '바로크의 자유사상가는 신대륙의 발견에 대해 생각한다.' 1492년은 그들에게 주요한 현상학적 시기로 작용한다. 몽테뉴 총서의 작품에는 마리 드 구르네가 죽고 난 뒤 라 모트 르베예 총서의 일부가 된 여행 이야기들이 많이 들어 있었다. 문명이 비껴간 야생의 자연, 자연적 인간, 항상 다른 존재인 야만인 등이 주요 테마들이다. 즉 존재론적이고 현상학적인 신대륙이 빛을 보게된다. 그것은 더 이상 유럽도, 백인도, 기독교인도 아닌 천상의, 원색의, 자연 그대로의 세계. 하나의 진리는 다양한 진리로 대신한다. 여기에서 방법론적 원근법주의와 상대주의가 나오는 것이다.

게다가 '바로크의 자유사상가는 종교전쟁을 기억하면서 깊이 사색한다.' 성 바르톨로메오 대학살 사건은 엄청난 정신적 충격이었다. 보르도 시장에게 피비린내, 전쟁, 사회적 갈등 등과 같은 그 당시의 공동체 상처는 지속되었다. 말하자면 앙리 4세의 개종, 대외정책의 쟁점, 유럽 전쟁, 차후 신교도 박해, 낭트 칙령과 취소 등은 이런 문제가 해결되지 않았음을 보여준다. 국내 평화에 대한 걱정이 이 철학자들을 꿈틀거리게 한다. 여기에서 신앙절대주의라는 독특한 종교적 입장이 창조되는 것이다.

자유사상 제2기 : '바로크의 자유사상가는 회의주의적 방법에 의존한다.' 하나의 방법이지 그 이상은 아니다. 그 과정은 퓌론식

0 3 3

회의론이며, 방식은 퓌론과 섹스투스 엠피리쿠스지만 아무도 판단 중지나 결론불가로 결론내리지 않는다. 회의(懷疑)는 데카르트처럼 방법론이지 결론은 아니다. 그 무리 중 가장 적극적 회의론자인 라모트 르 베예조차도 확신이 넘친다―특히 자유사상가의 확신이다. 회의는 고대의 낡은 진리에 영향을 미치며, 고대의 도덕적·종교적·정치적 확신을 공격하고 망가뜨린다. (진리를) 의심하지만 (진리의) 재구축에 유익하고 필요한 백지상태를 만들기 위해서다. 백지상태는 조직이 아니라 토대다.

결과적으로 이 사상가들은 회의의 도구를 활성화해서 결과를 생산한다. '바로크의 자유사상가는 사고를 해체한다.' 이러한 해체는 규칙에 따라 분해하고 정식으로 해체하는 것을 가정한다. 결정적인 진실처럼 보이는 것은 개념적인 의심의 대상이 된다. 즉 지적 계층, 사고나 사상, 개념, 관념 속에 결정화된 의미의 층들은 자유사상가의 분석과 해부의 대상이 된다. 진리, 법, 종교, 도덕과 다른 거대한 우상들뿐만 아니라 관습, 풍습, 믿음과 같은 작은 우상들도 비판적으로 그 실체를 벗겨낸다.

그때부터 주목하는 점은 '바로크의 자유사상가는 철저한 철학적 자유를 요구한다'는 것이다. 즉 어원에서 강조된 자유인이다. 그것은 어떤 시대나 세계, 문명의 확신에 대해 지적인 권리를 발휘한다. 그의 원칙은? 세밀하게 검토하지 않고서는 일반적으로 아무리 널리 인정된 것도 믿지 않는다는 것이다. 데카르트도 다른 사상가들처럼 자유사상가와 함께 이런 의심을 공유하는 것이며, 그의 개인적인 확신을 본질적으로 개인화된 방법의 도움을 받아서 공유하게 된다.

이처럼 '바로크의 자유사상가는 근대적 이성을 창조한다.' 알다시피 역사적 관점에서 보면 『방법서설』 이후로, 그리고 가상디의 실패 이후로 이성의 연마로부터 가톨릭을 보호할 수 있게 된 것 같다. 데카르트의 방법과 분석 및 결론은 자신이 잘 알고 있던 자유사상가와 밀접한 관계를 유지한다. 그의 신중한 태도를 보면 이를 입증할 만한 흔적을 남길 수밖에 없지만, 데카르트나 파스칼도 마치 그들이 유명한 자유사상의 거장들과 철학적 논쟁을 벌이지 않은 것처럼 사고하고 결론내렸을 리 없다. 이성은 회의와 마찬가지로 하나의 수단이 된다. 이성이냐 회의냐에 따라 그에게 권력이 주어진 것이며, 그 한계가 정해지거나 전혀 정해지지 않았다. 가상디의 검소한 이성은 시라노의 예언적 이성이나 생 테브르몽의 유연한 이성 이외에도 샤롱의 신중한 이성과는 거리가 멀다.

권력이 주어지든 그렇지 않든, 제한이 있든 없든, 이성을 따르는 믿음의 정도에 대한 차이에도 불구하고 '바로크의 자유사상가는 과학적 모델을 보편화한다.' 전문가 수준으로 과학을 실천하는 자유사상 철학자들이 많다. 이를테면 가상디는 라 모트 르 베예와 시라노 드 베르주락 혹은 이후에 퐁트넬처럼 관성의 법칙을 발견하고, 해부와 해부학을 실천하며, 천문학에 열중한다. 여기에서 과학적 결과나 관찰, 실재에서 나온 추리를 신뢰하는 것이다. 진리를 추리하고 계산함으로써 더 이상 권위에 대한 논쟁을 하지 않는다.

자유사상 제3기 : '바로크의 자유사상가는 고대의 지혜를 다시 활성화한다.' 물론 르네상스가 고대를 재생시켰지만 플라톤의 영향이 지배적이었다. 스콜라 철학도 기독교 이전의 원천에서 이끌어낸 것이었지만 아리스토텔레스를 자신의 명분에 종속시킨다. 가톨릭 고통주의에 빠진 스토아 철학도 어떤 결과를 생산할 수 있었다. 그러나 퓌론과 섹스투스 엠피리쿠스의 회의주의적 상대주의와 안티스테네스와 디오게네스의 견유학파적 반플라톤주의, 아리스티포스와 퀴레네 학파 철학자들의 역동적인 쾌락주의, 소피스트 프로타고라스의 만물의 척도인 인간, 마지막으로 특히 에피쿠로스와 그 측근들의 원자주의와 육체적인 유물론 등에 대해서는 아무 언급이 없었다.

잊혀진 로마와 그리스의 부활은 일상생활 속에서 구체화된 살아 있는 철학을 입증하는 것이다. '바로크의 자유사상가는 존재론적 지혜를 제시한다.' 가상디는 아리스토텔레스에 대한 그의 책 첫 페이지에서 스콜라 철학이 오랫동안 집약되었던 대학에서 자신이 수없이 고통을 당했다고 토로한 바 있다. 그는 개인적 삶에서 결과를 이끌어낼 수 있는 지혜가 더 낫다고 고백했다. 순수 이론인가? 이런 것이 에콜이나 소르본의 자양분이다. 실용성이야말로 새로운 쟁점이다.

고대의 연구에서 모든 것은 경우에 따라 유용할 수 있다. 즉 회의주의자들의 회의, 파렴치한 자연주의와 명목론, 퀴레네 학파의 쾌락주의, 소피스트적 원근법주의, 특히 에피쿠로스의 도덕 등. '바로크의 자유사상가는 에피쿠로스의 내재하는 도덕을 재생하기' 때문이다. 마음의 평정과 육체적·정신적 고통이 없는 쾌락이 어디에서 오는지 정확하게 밝힌 후 그는 그것을 올바르게 사용하기 위해 인간 삶의 규칙이 되어버린 도덕에 호소한다. 미덕? 이것은 하늘, 신, 사후의 삶보다는 지금 여기에서 지상의 행복에 더 관심을 가지는 것이다. 도덕의 초월적 존재에 종말을 고하는 것이다.

이러한 내재성은 지상, 실제, 이승에 대한 관심을 가정한다. '바로크의 자유사상가는 자연 속에서 그 모델을 찾는다.' 최근 여행자들에게 아메리카에서 발견된 원시종족의 미개인은 순박한 모델을 제공한다. 문명의 속박 속에서, 그리고 그의 내면에 선함과 온전함을 숨기고 있는 것에서 멀리 떨어져 자연 속에서 편안하고 자연을 대신하는 이 미개인이 모델 역할을 해야 한다. 파렴치한 야만이 멀리 있지 않으며, 루앙 항에 브라질인들의 몽테뉴는 더 이상 없다.

마찬가지로 '바로크의 자유사상가는 철학적 동물애호를 실천한다.' 검소한 생쥐들이나 먹이를 고르는 훈제 청어, 수음하는 물고기, 금욕하는 개구리, 반플라토닉 수탉에게서도 교훈을 얻는 시노프 출신의 디오게네스 아류로서 자유사상가는 철학적 가르침을 이끌어내기 위해 진드기뿐만 아니라 수많은 동물도 끌어들인다. 동물생태학자들의 조상들이면서 『레이몽 스봉의 변명』을 쓴 몽테뉴의 손자들인 동물이 자유사상가들에게 중요한 역할을 하며, 원숭이와 인간 사이에 본성의 차이보다는 정도의 차이만이 존재하는 것으로 결론내리기 전에 인간 속에서 동물적인 것과 동물 속에서 인간적으로 보이는 것을 찾아볼 수 있다. 이는 몇 세기 후에 다윈이 얻은 교훈이다.

똑같은 사고의 질서에서 유대-기독교적 문화에서 나온 문명이 육체에 대한 성 바울의 증오, 욕망과 쾌락의 혐오, 물질적 질료에 대한 불신을 실천하는 반면에 '바로크의 자유사상가는 육체를 공모자로 다룬다.' 우선 자유사상가는 자신의 육체를 학대하지 않으며, 다음에는 거의 모두가 철학적 방식으로 육체에 관심을 가진다.

가상디의 금주(禁酒) 채식주의에서부터 라 모트 르 베예나 시라노 드 베르주락의 바쿠스 쾌락에 이르기까지 그 스펙트럼은 대단히 넓다. 그러나 어떤 경우든 중요한 것은 파트너로 만들기 위해 육체에 최선을 다한다는 것이다.

왜냐하면 오직 육체만이 알 수 있기 때문이다. 느끼고, 맛보고, 만지고, 보고, 듣고, 실체를 구축하는 뇌에 알려주는 감각적인 육체가 이미지를 만들고 재현을 생산한다. 가상디의 경험적 감각주의는 이것을 입증한다. 즉 우리는 육체의 도움 없이는 세계를 알지 못한다. 여기에서 육체를 비난하지 않고 육체를 학대하지 않는 관심이 생기는 것이다. 육체는 소수의 사물일 수는 있지만 전부는 아니다. 육체는 스스로 기만하며, 정확하지 않지만 육체 없이 행하는 것은 불가능하다. 금욕주의적 이상으로 어떠한 것도 정당화되는 건 아니다. 무엇 때문인가? 신을 즐겁게 하기 위해서? 어림없는 소리다. 바로 여기에서 유물론적 존재론이며 쾌락주의적 윤리라는 것이 나온다.

'바로크의 자유사상가는 선과 악을 초월하는 윤리를 전개한다.' 부도덕하거나 비도덕적 윤리가 아니라 공리주의적 윤리다. 선과 악의 개념을 찾는 건 의미 없는 일이고, 이러한 개념에 대해 고찰하는 것도 쉬운 일이 아니다. 반면에 선행을 목표로 하고 하나의 대상과 관련하여 정의된 악행을 피하고자 하는 것이다. 즉 개인적인 마음의 평정과 집단적인 평온을 실현하는 것이다. 이런 계획을 실행할 수 있는 것은 좋은 일이다. 그들의 도덕은 규정하는 것이 아니고 결과를 중시하는 것이다. 선행과 악행을 위해서 선과 악을 초월하는 것은 스피노자의 『에티카』에 나오고 나중에 프랑스 공리주의자들에게도 다시 나타난다(『반철학사』, 4권 참고).

　게다가 '자유사상가는 웃으며 사려 깊은 철학적 공동체를 실천한다.' 외부에서 요구하고 강요하는 것(우리가 살고 있는 나라의 윤리적·정치적 원칙과 부합하는 것)과 거리가 먼 바로크의 자유사상가는 쾌락적 우정의 원칙에 구축된 존재의 새로운 가능성을 실험하고 실천하는 데 유용한 선택적·미시적 사회를 창조한다. 외부는 집단적 가치를 따르며, 내부는 자유사상가의 양심의 심판을 허락한다. 샤롱의 철학자의 집, 라 테트라드, 퓌테안 아카데미, 파리의 살롱들, 특별한 오텔 드 륄리에, 가상디의 프로방스 산책 등의 모임들이 17세기 전성기에 에피쿠로스 정원에서 영감을 받은 것들이다.

　자유사상 제4기 : '바로크의 자유사상가는 신앙절대주의를 따른다.' 바로크의 자유사상가는 절대 무신론자가 아니다. 대학은 자주 무신론자라는 가정 하에 그들을 비판하기도 했지만 검열을 받을 때 위선적인 규정을 지킨다는 것을 인정했으며, 은밀하게 무신론을 고백했다고 하면서 그들이 쓴 책을 무시했다. 철학자들의 문체를 무시하는 것을 제외하면 그들에게서 분명하고 명확하게 신을 부정한다는 것을 끌어낼 수 없다. 가톨릭교도이면서 에피쿠로스 학파인 가상디처럼 유신론자도 있고, 시라노 드 베르주락처럼 유신론자이면서 범신론자들도 있다. 샤롱, 생 테브르몽, 라 모트 르 베예처럼 대부분 분명히 신앙절대주의자들이다. 데카르트의 표현을 빌리자면 그들은 '예수와 마리아의 종교'를 너그럽게 대하며, (기독교의) 우화나 기적, 말씀들을 빈정거리면서 말해도 종교의 비판에 대해 관심 없다. 무신론이라고 하기에는 아직 때가 너무 이르다.

　처음부터 신을 거역하는 사람은 거의 없다. 그들은 신을 존재하는 그대로 두거나 인간의 운명에 무관심한 쾌락주의자로 생각한다. 이러한 문제에 무관심하면 믿음과 이성, 종교와 철학이라는 아주 뚜렷한 두 영역으로 구분할 수밖에 없다. 하나는 신앙이며 다른 하나는 잘 훈련된 이성이라는 관습이다. 이런 식으로 아주 신속하게 실행되면서 1601년 샤롱과 함께 '바로크의 자유사상가들은 세속성'을 드러낸다. 이것은 로마 가톨릭과 단절되어 내재하는 지혜의 진보를 허용하는 질서와 구분되는 원칙이다. 가상디처럼 독실한 신앙으로 기독교 정신과 아주 근접한 사람들이 있는가 하면, 시라노처럼 무례한 쾌락으로 거기에서 멀어진 사람들도 있지만 모두 신과 함께 한다.

마지막으로 전생이나 사후의 운명을 거의 신봉하지 않고 천국과 지옥에 그다지 관심이 없는 '바로크의 자유사상가는 구조론적 유물론을 옹호한다.' 세상이 진공 속에서 원자들을 결합하고 물질이 모든 실체의 진상이라면 분자들의 화학적 대지와 다르게 사후에 우리에게 일어나는 일을 어떻게 예상하겠는가? 분자들을 구성하는 원자들의 불멸성 … 영혼의 생존인가? 정신의 비물질성인가? 그 정신을 구성하는 미세한 원자들 … 죽음은 천벌이나 영원한 고통과 같은 두려움이라기보다 분자의 결합을 종결짓는 것이다. 이처럼 죽음은 악의 종말이다.

자유사상의 완성과 마무리. 자유사상은 무(無)에서 생긴 게 아니라 몽테뉴에서 유래한다고 이미 언급했다. 사상사에서 흔적을 남기지 않고, 혹은 다음 세기에 아무런 영향을 주지 않고 단번에 사라진 게 아니다. 오히려 그 반대다. 아마도 계몽주의 시대에 역사의 풍문과 광기 속에서 미친 그 영향이 프랑스 대혁명의 계보 속에서 바로크의 자유사상을 지나치게 망각한 것이라고 평가하기 때문일 것이다. 세련된 근대 이성, 무신론으로 발전하는 신앙절대주의, 제한 없는 철학적 자유, 내재성의 찬양, 사상과 종교의 단절, 이 모든 요소들이 결합되어 1789년의 분노를 생성한 것이다.

바로크의 자유사상가들은 로마 가톨릭을 허용하고 무질서와 내란을 피하기 위해 신과 프랑스 군주제를 존중함으로써 그들의 급진적이고 비판적인 잠재성을 제한한다. 그 전에 그들은 신 없이 살아가고, 종교 없이 사고하며, 왕이 없는 정치적 공동체를 실현할 수 있는 가능성이라는 몇 가지 이념에 길들여져야 했다. 신이 없고 구세주가 없는 세계의 가톨릭교회와 철권으로 통치하는 루이 14세 하에서 때가 온 것이 아니었다. 기독교가 정신적으로 너무나 강하게 확산되어 있었다.

가톨릭교도들의 신―천지만물과 우주를 창조한 전지전능한 신, 인간의 원죄를 단죄하는 신, 천국과 지옥을 문을 여는 신 … 전지하고, 어디에나 존재하고, 전능한 신―과 지상에서 신의 화신인 왕을 바다에 던져버리기 위해 프랑스적이지도 않고 기독교 사상으로도 무장하지 않은 철학자, 즉 로마 사도신경이라는 인식의 틀에서 자유로운 사상가가 필요했다.

이런 철학자가 존재한다. 그는 일부 바로크의 자유사상가들이 방탕하는 동안 글을 쓴다. 그는 생 테브르몽의 몸 속에서 바로크의 자유사상가를 만나고, 주의 깊게 데카르트의 저작을 읽고, 그에 대한 책을 써서 1663년 첫 저서를 출판한다. 1670년부터 군주제에 반대하고 민주주의와 공화정을 찬성하는 책을 쓴다. 가톨릭교도들을 따르는 아이들을 위한 (성경의) 역사가 그의 정신을 혼란시키지는 않는다. 유대인이기 때문이다. 그에게는 본고장 공동체의 우화를 따르는 것이 더 이상 죄가 되지도 않는다. 공동체가 그를 버렸기 때문이다. 그는 네덜란드에서 조용히 렌즈를 연마하면서 생계를 유지할 뿐 연금을 구걸하지 않는다. 그 결과 그는 완전한 자유인이다. 그는 세상과 갈라선 신, 창조주 신, 창조된 자연과 끝장을 내는 전대미문의 책을 쓴다. 이 책이야말로 마침내 성 바울의 프리즘으로 도덕을 바라보지 않을 수 있는 중요한 책이다.

  이 사람이 바로 바루흐 스피노자다. 그의 저작은 이 탁월한 사상가의 여러 특징 중에서 프랑스 바로크 자유사상을 완성하고, 보존하며, 능가하고 실현한다. 그의 결정타, 그의 개념적인 파워는 바로크의 자유사상가들을 격하시키고 압도한다. 그러나 바로크의 자유사상가들은 『에티카』와 같은 사상이 가능하도록 애썼다. 그렇게 직접적인 것은 아니다. 왜냐하면 스피노자가 프랑스어로 된 책을 읽지 않았고, 그가 실용적인 언어로 번역한 것도 아니기 때문이다. 다만 많은 사람들과 주고받은 대화와 편지에는 예를 들면 데카르트나 그의 주변 인물들과 벌인 자세한 자유사상 논쟁들이 남아 있다. 심지어 보시우스(Vossius)와 생 테브르몽과도 관련 있을 것이다. 스피노자와 더불어 철학적 시대가 완성되고 계몽사상의 거대한 모험이 준비되고 있다. 본 『반철학사』의 제3권에서는 계몽 시대의 비판적 사상의 계보사를 제시할 것이다.

신앙절대주의적 자유사상가들
Les libertins fidéistes

샤롱과 "신중한 쾌락"

악평. 철학사료에 의하면 피에르 샤롱의 명성은 형편없다. 이때부터 그에 대한 평판은 정말 나쁠 수밖에 없다. 철학사나 백과 사전에 나온 그의 작품에 대한 해설이나 해제를 보면 악의적인 글로 그를 공격하고 있으며, 그의 사상과 철학에 대해서도 같은 글로 도배하고 있다. 그에게 일어날 수 있는 최선의 방법은 그를 괴롭히는 자들이 그를 잊어버리고 그의 존재를 모르고 지나치는 것이다. 적어도 그의 이름을 그의 존재와 연관시키지 않아도 되기 때문이다.

그에 대한 이와 같은 악평은 어디에서 연유한 것인가? 적어도 이런 사상가를 만신창이로 만들어 놓고 서양철학사와 발전에 상당한 영향을 미친 작품을 부정적으로 평가하는 데는 이유가 있어야 하기 때문이다. 데카르트의 회의 개념이나 왕과 보모에게 종교로부터 자유롭게 해주려는 그의 소피스트적인 능력, 파스칼의 '내기의 이론' 파스칼이 주장한 기독교 변증론으로 신이 존재하느냐 존재하지 않느냐는 내기에서 분별력 있는 도박사라면 신이 존재한다는 쪽에 배팅을 한다는 것이다^{역자}과 신 없는 인간의 비참함에 대한 도식, 베일(Bayle)의 도덕적 무신론이라는 혁명적인 원칙, 스피노자의 『에티카』에 나오는 상당수의 사상, 신과 자연의 동일화, 신과 자연 및 이성의 또 다른 이름으로 필연적인 자유에 대한 정의, 슬픈 열정에 대한 전개와 절대적인 선과 쾌락의 동일화 등, 이런 것들이 부분적으로 샤롱의 사상에서 나온다는 사실을 모르는 사람들이 많다. 몽테스키외도 그의 환경결정 이론을 샤롱에게서 빌리고 있으며, 루소는 그의 책을 읽고 인간의 본성이 선하다는 원칙을 세운다.

그에 대한 악평은 어디에서 나오는 것인가? 우리는 문제의 장본인을 알고 있다. 중한 죄를 범했을 때 미스터리는 그 어디에도 없는 법이다. 확인된 사실이다. 그 이유도 다 알려져 있다. 이런 음모가 탄생한 날짜는 이렇다. 이름은 프랑수아 가라스(François Garasse)다. 1585년 앙굴렘에서 태어나고 1631년 6월 14일 46세의 나이로 푸아티에서 죽는다. 직업은 예수회를 위한 청부살인자―예수회에서도 그의 지나친 열정을 염려한다. 범행장소는 모욕과 인신공격이 난무하고 개인적인 불신들로 가득 차 있으며 페이지마다 배신이 넘쳐나는, 험담을 늘어놓은 강력한 책 한 권이다. 이 살인 기계의 제목은 이렇다. '당대의 뛰어난 재치와 이른바 그와 같은 재치의 이상한 교리. 예수회 사단의 프랑수아 가라스 신부가 싸우고 타도한 종교, 국가, 도덕에 여러 위험한 격언이 들어 있음.' 1623년 출판 윤허와 승인을 받은 『이상한 교리』라는 제목으로 알려져 있다.

더 이상 살인의 공식이나 새들의 이름은 중요하지 않다. 원래 샤롱은 "부리와 깃털만 있는 거취조"에 비유되었기 때문이다. 그 후 몇 페이지 뒤로 가보면 그는 "부서지고 망가진 낡은 바퀴"가 되어 있고 … "주정뱅이", "거지", "멍청이", "난봉꾼"에다 "비겁자", "겁쟁이", "창부", "상놈" 혹은 "술집 주인", 혹은 "천한 얼간이", "타락한 양심", "머리가 돈 사람", "우스꽝스러운 독단주의자" … 그 외에도 다른 언어적 유희들이 가라스의 수사와 공유하고 있다.

가라스는 자신의 작업을 자유로운 정신이라고 규정하면서 그 어떤 모욕과 그 어떤 유사한 경멸에도 물러서지 않는다. "우상숭배자", "이단자", "쾌락주의자" 같은, 혹은 "무신론자"와 자유사상가 같은 부적절한 용어를 지속적으로 사용함으로써 오래 전부터 문제 해결을 어렵게 만들고 있다. 거기에 절대이론적 내용이 들어가지 않도록 이런 명칭들을 통해—오늘날 파시스트나 스탈린주의자, 나치 당원과 같이—그를 모욕하는 다신교 숭배자, 정교에서 탈선한 기독교인, 에피쿠로스 제자, 신이나 우상을 솔직하고 분명하게 부정하는 사람, 자기 시대의 도그마에서 해방된 자유로운 사상가와 같이 앞으로 진정한 의미로 그 용어들을 사용할 수 없게 만들었다.

비난과 모욕, 경멸의 대상. 따라서 가라스 신부는 피에르 샤롱의 개인적인 삶과 관습에 대해 공격한다. 즉 샤롱은 스스로 무신론자가 되고 자유사상가의 부도덕한 왕자가 되고자 하기 때문에 스토아 학파와 사도 바울, 기독교도를 경멸하는 에피쿠로스 학파일 것이고, 에피쿠로스의 돼지일 것이다. 따라서 그의 삶은 그런 점을 입증해야 한다. 그러기 위해 중상모략을 실천하면 된다. 알다시피 독을 사용하면 항상 어느 정도 중독이 된다. 가라스와 그 측근들이 얻는 이익은 상당하다. 21세기에도 여전히 그런 영향이 유효하기 때문이다.

그에 대한 자료를 보면 샤롱은 금욕과 순결을 옹호하지만 단지 신에게 목숨을 바치는 사람들에게 한정할 뿐이다. 그는 수도원에 들어가기 위해 여러 방법을 시도한다. 그는 한 수도원 참사원과 콩동(Condom)에 있는 자신의 집에서 수년 동안 순수하게 질녀와 함께 살고 있었다. 그가 경거망동했다는 증거는 전혀 없다. 기독교 살인청부업자로 문필을 날리면서 그의 집에는 추종자, 난봉꾼, 사교계 사람들이 드나들고 머물기도 했다.

수도원에는 그가 은밀한 방과 침대에서 일어나는 일은 전혀 죄악이 아니라고 말하고 다닌다는 소문이 있었다. 샤롱은 이런 종류의 도발적인 발언의 중요한 사회적·정치적 결과에 너무 예민하고 신중하며, 일반 사람들에게 진실이 전달되지 않을 정도로 너무 이론적인 그는 자신의 『지혜론』에서 성과 죄악 혹은 수치심을 명확하게 구분했지만, 신중한 이론가로서 불경하게도 소교구의 신자들에게 이와 같은 강연을 한다고 그를 잘못 생각하는 사람도 있었다.

확실한 에피쿠로스 학파 철학자로서 그는 사치와 필요 이상의 것을 이론적으로 거부하고 자연적이고 필요한 욕망의 유일한 만족을 합리화한다. 옷을 예로 들면서 추위와 악천후로부터 보호해야 하지만 그 이상은 아무 필요도 없다는 것이다. 거기에서 명주니 비단이니 진주니 귀한 천에 대한 그의 비판이 나온다. 그럼 가라스는 어떻게 하는가? 같은 색깔과 비슷한 직물의 수단(繡緞)에 회색 호박

단이 달린 긴 외투를 입고 비버 모피로 깃을 단 샤롱 같은 사람을 소문낸다. 어떤 때는 흰색이나 눈에 띄는 색깔 등 형형색색의 옷을 입고, 또 어떤 때는 표고단의 옷을 입고 다니면서 사방에 알린다.

　물론 예수회의 논리에 의하면, 샤롱은 자신의 강론으로 번 상당한 돈으로 화려하고 사치스런 곳에서 살 수밖에 없다. 그런데 그의 집은 철학적 대상이고, 적절한 장소이며, 콩동에 있는 일종의 에피쿠로스의 정원이다. 그는 대문에 "나는 모른다"라는 말을 써놓게 했다. 라 로쉬마예(La Rochemaillet)에게 보내는 편지에서 건전하고 아름다운 이 장소에 대해 언급하는데, 그곳은 친구들을 만나고 그들과 함께 멋진 서재에서 대화를 나눌 수 있는 곳이다. 이 조용한 지방에서 1601년, 3년간의 작업 후에 두꺼운 책 한 권을 마무리한다. 그곳은 난잡한 곳도 아니고 누추한 곳도 아니다.

　피에르 샤롱은 생전에 가지고 있던 돈을 낭비하지 않기 때문에 죽으면서 상당한 재산을 남겼다. 친구인 몽테뉴의 여동생에게 일부를 주고도 그의 재산은 사후에 콩동의 젊은 사람들을 위해 쓰였다. 젊은 남자들에게 공부하라고 주고, 여자들에게는 지참금으로 쓰라는 것이다. 가라스 신부는 불성실한 사람이었다. 샤롱을 그토록 부당하게 대하고 한 번도 인정한 적이 없던 그가 죽고 난 후 아이들을 돌보겠다는 글을 쓰지만 그렇게 했다는 한 점 증거도 없다. 결국 이 예수회 사도는 이웃을 사랑하고 진실을 존중하는 데 문제가 있는 사람이었다. 피에르 샤롱은 소아성애 도착자나 사치를 부리는 사람도 아니고, 댄디를 흉내내거나 낭비벽이 있는 사람도 아니며, 무관심한 부모도 아니라서 현자로 살았던 것으로 보인다. 그러면 그의 진정한 초상은 무엇인가? 그는 고독한 철학자이자 노동자이며, 침묵과 고요를 즐기는 사람이다. 또한 그는 진정한 철학자다. 그의 좌우명? "무와 평화"다.

피에르 샤롱은 이미 디오게네스 라에르티오스(Diogenes Laertios)가 그의 『에피쿠로스의 삶』에서 언급한 내용 때문에 괴로워한다. 이 자는 에피쿠로스를 중상모략하고 그의 작품을 읽지 못하도록 악평하며, 그의 사상에 접근하지 못하도록 어떤 존재에 대한 기억을 해치고 있다. 누가 사창가로 변한 집에서 미소년들과 잠자리를 하는 등장인물이 나오는 책을 읽고 싶겠으며, 누가 소도시의 거리에서 이상한 옷을 입고 산책하겠으며, 누가 도덕책을 쓰고, 자신의 교구를 그 어미에 그 딸을 위한 막연한 장소로 바꾸겠는가? 누가?

현자의 초상. 샤롱의 삶과 작품은 그의 도덕성과 정직, 일관성을 입증해 준다. 첫 저작에서 마지막 저작까지 그는 항상 기독교인이었다. 물론 교회가 기독교인을 좋아해서가 아니라, 신앙과 기독교 교리를 생각하는 지적인 철학자로서 『무신론자, 우상숭배자, 유대인들에 대한 세 가지 진실』(1593)에서 기독교 교리를 가톨릭의 진실이라고 공언하기에 이른다. 이 생각에 대해 그가 다시 언급한 적은 없다.

이 서적상의 아들에게는 형제와 자매가 24명이다. 그는 법을 공부한 뒤에 변호사가 되지만 법조계에서 아첨할 수 없어 변호사직을 그만둔다. 이때부터 앙제, 아쟝, 카오, 보르도, 콩동 등 지방에서 잘 알려진 설교와 강론 연설자로서 재능을 펼친다. 공식적으로 그는 기후 때문에 파리를 좋아하지 않는다. 그는 곳곳을 다니며 강단에 선다. 게다가 네이락 궁정에서 마르그리트 드 발루아 왕비의 설교자가 된다. 그는 가톨릭교회에서 여러 직책을 맡는다. 사제, 설교자, 주교좌 교회의 참사원, 신학을 가르치는 참사원, 주교좌의 학교장, 교구 참사회 대표, 성가 대원, 주교 총대리, 여러 소교구의 주임사제 등등. 한때 그는 샤르트르회나 셀레스틴회 수도사가 되고 싶어했다. 그러나 사제들이 그의 수도원 입회에 반대하고 나섰다. 그는 이런 많은 가톨릭 직책을 맡으면서도 무신론자였고, 신앙이 없는 사람이었으며, 방탕한 사람이었다.

1580-1590년 10년간 피에르 샤롱은 미셸 드 몽테뉴를 만났다. 이 사건은 그에게 기회이자 불운이었다. (몽테뉴와의 만남은) 우선 그에게 기회였다. 왜냐하면 보르도 주교좌의 학교장으로 그는 일상적으로, 사적으로 그 철학자를 자주 만났기 때문이다. 그들의 대화는 알려져 있지 않다. 누구도 자신들의 책에서 그들의 우정을 언급하지 않기 때문이다. 친구의 이름조차도 『수상록』이나 『지혜론』에서 한 번도 나오지 않는데, 그러나 두 사람은 몽테뉴는 로마 사람으로, 샤롱은 (아리스토텔레스의) 『니코마코스 윤리학』의 독자로서 이 주제를 길게, 실질적으로 전개해 나간다.

또한 (몽테뉴와의 만남은) 그에게 불운이었다. 왜냐하면 사람들은 샤롱을 그의 인물됨과 이른바 그의 경거망동한 행동을 공격하지 않았을 때는 그를 철학자로 살해했기 때문이다. 그가 수도사로서 살았다거나 가톨릭 동맹에 가입했다가 잠시 후회했음을 상기시키면서 그를 반종교개혁의 전사로, 신학과 가톨릭 옹호론자로 한정하기 위해 『기독교 담론』(1600)을 그 근거로 내세운다. 또는 그에게 철학적 중량감을 인정하면서도 몽테뉴를 표절하고 하나도 독창적으로 쓴 것이 없는 도적으로 취급하기도 한다. 또 가라스의 불경한 주장을 순전히 단순하게 다시 거론하면서 그를 최악의 자유사상가로 간주한다. 또한 헤겔과 같은 반열에 두면서도 실수에 대해서는 곧바로 그의 철학자적 자질을 부정한다. 그가 사상을 심사숙고의 대상으로 여기지 않기 때문이다(얼마나 우스꽝스러운 가정인가!). 결국 그의 사상에 대해 조금의 여지를 남겨둔다고 해도 그를 회의주의자로 탈바꿈시켜 버린다. 그런 딱지는 특히 저작에서 그를 좀더 평가할 수 있는 기회를 저버리는 것이다.

사상의 일관성. 다음 주장에 대해 어떻게 생각하는가? 가장 우스꽝스러운 주장들은 제쳐두자. 헤겔이 자신의 『철학사 강의』에서 샤롱과 몽테뉴는 철학이 아니라 "보편적인 문화"를 제기한 것이라고 하는데, 그 저작에서 오로지 가설적인 선구자들만 허용하는 이 독일 철학자가 우스꽝스럽다는 것이다. 또 다른 오해는 샤롱이 몽테뉴의 『수상록』을 개작해서 거기에 혼란과 무질서, 어색함을 덧붙였다는 것이다. 결국 『지혜론』은 『수상록』을 요약하고 있는 것 같다는 것과 800쪽의 요약본이라는 것이다.

마지막으로 샤롱을 있는 그대로 접근해 보자. 왜냐하면 아주 오랫동안 사람들은 그의 작품을 읽으려 하지 않고 몽테뉴의 영향을 찾아내고자 했기 때문이다. 그들이 친구이므로, 특히 한 사람을 스승으로 혹은 노예나 제자로 여기면서 그 증거를 찾아보자. 몽테뉴에 관한 전문가들은 샤롱의 저작에서 문장, 사상, 『수상록』에 나오는 은유를 인용한 것들을 추적한다. 그러나 그 당시의 눈으로 책을 읽어야 한다. 즉 저작권도 존재하지 않지만 문학적 재산과 보호—인용을 강조하는 괄호, 각주, 참고서적 등—도 인쇄상의 관례도 존재하지 않았다. 몽테뉴는 (혼란스럽고 모순된) 종교적 사건에 호소하지 않고 자신의 저작에서 고대와 때로 당대의 사상을 똑같이 삽입한다.

거기에 몽테뉴는 있는가? 그렇긴 하지만 마찬가지로 다른 사람들도 있다. 이를테면 기욤 뒤 베르(Guillaume du Vair)나 쥐스트 립스(Juste Lipse)는 몽테뉴와 똑같이 지적 대화 상대자로 역할을 한다. 뒤 베르의 『불변론』(1590)은 샤롱에게 슬픈 열정의 이성−상상력−창작이라는 관계, 가난으로서 악의 상대성, 자식이나 친구를 여읨, 죽음, 또 절제와 중용의 필요성, 신의 존재 증거로서 종교의 보편성, 선천적인 선에 대한 믿음, 철학의 치유법, 그 밖에 수많은 주제들 … 등에 수많은 사색의 기회를 제공한다.

마찬가지로 쥐스트 립스도 『불변론』(1584)과 함께 지혜에 도달하기 위해 열정에 대한 규정의 필요성, 운명의 장난으로부터 승리를 거둘 수 있는 힘의 구축, 자아에 대한 자아의 절대적 권위, 오로지 이성으로부터 지혜를 구축할 가능성, 동시대적 사색의 단계를 세우기 위한 고대 사상의 활용 … 등과 같은 일련의 또 다른 주제를 제공한다. 특히 몽테뉴나 기욤 뒤 베르, 쥐스트 립스에 속하지 않는 다른 사상들도 그 당시의 분위기 속에서 존재한다.

따라서 샤롱이 그 당시 시대정신의 일부를 반영한다고 해서 그가 사고방식을 표절하는 것으로 간주하지 마라! 『지혜론』은 작가

0　5　3

의 독창성의 부재를 입증하기보다는 그 당시 역사가 요구하는 것을 듣고 사상의 모범을 제공하고 있다. 즉 지혜는 기독교 신학에서 자유롭고, 고대 그리스 로마의 자료에 의존하며, 이론이 아닌 치료를 위한 철학의 진정한 욕망을 실천하는 것이다.

5

회의주의자의 대립. 그의 작품에 접근해서 텍스트를 연구하고자 하면 마찬가지로 회의주의 철학자 샤롱이라는 또 다른 공통점으로 마무리해야 할 필요성이 생긴다. 누구나 "나는 무엇을 아는가?"(Que sais-je?)라는 메시지를 뚜렷이 새긴 몽테뉴의 일화를 알고 있다. 우연히 샤롱이 콩동의 자신의 집 대문에 "나는 모른다"(Je ne sais)라는 문패를 걸어놓았을 때 호사가들은 여러 엉뚱한 소리를 내놓았다. 그가 몽테뉴의 '나는 무엇을 아는가'가 지니는 역량을 이해하지 못했다는 둥, 의문문을 평서문으로 바꿔서 미화했다는 둥 몽테뉴의 메시지를 척박하게 했다는 둥….

"나는 모른다"라는 단언에 회의주의의 문체와 특성이 거의 나타나지 않을 뿐만 아니라, 예외없이 그의 모든 책에서 몽테뉴와 같은 명제, 같은 사고, 같은 권유를 언술하는 데 일생을 보낸 철학자를 퓌론과 같은 회의주의자로 변형시키는 것이 확실하다. 이 문패와 함께 샤롱은 이렇게 단언한다. 확실한 것은 어렵고 신중하게 얻어진다. 모든 진실은 허술한 것 같다. 의심은 발견하는 기능—데카르트도 기억하겠지만—이 있지만 체계적인 것은 아니다. 즉 거기에서 방법론적 의심은 진리의 확신이 아니라 사상의 테크닉이다. 샤롱은 자신의 저작에서 진리로 통하는 것, 그리고 흔히 공통점과 여론, 대중의 믿음에 속하는 것을 정확하게 검토한다. 그는 수많은 사람들의 '견해' 보다는 현자의 '지식' 을 제안한다.

몽테뉴를 단면으로 잘라서 그의 역동적이고 헤라클레스적인 사상을—스토아, 회의주의, 에피쿠로스 시대 등 줄줄이—이런 라벨을 붙이는 데 가두어 버릴 수 없는 것과 마찬가지로 샤롱도 어떤 범주 속에 정할 수 없다. 물론 그를 (쾌락의) 정원이나 (아테네의) 김나지움으로 제한한다면 스토아 학파의 제자나 퓌론의 적수로 만들 수 있을 것이다.

이런 모든 것이 일부분 사실처럼 보인다. 그는 동시에 그 당시에 모든 사상가들처럼 편협하지 않은, 총체적인 고대 철학을 통해 작업했기 때문이다. 회의주의자 샤롱? 그렇게 부르고 싶다면. 스토 아 학파 샤롱? 그렇게 부를 수 있다. 에피쿠로스적 샤롱? 그럴 수 있다. 견유학파 샤롱? 물론이다. 그러나 분명한 건 다른 모든 것을 배제하는 그 어느 하나는 분명 아니다. 『지혜론』은—항상 지적하고, 논평하고, 판단하기 쉬운—어떤 기준이나 인용, 차용으로보다는 이 저작의 색채나 문체, 어조, 보편적인 음색으로 더 가치가 있다.

고대의 연구. 샤롱은 자신의 세계관의 본질을 스토아 학파에서 빌리고 있다. 즉 이성, 우주, 자연이 동일하다는 것인데, 이 세 가지 본질은 하나의 같은 실재 속에서 존재하며, 여기에는 총체적인 생물을 유지하는 힘과 역량, 에너지가 흐르고 있고, 그 토대가 되며, 생성된다는 사고를 말한다. 신이란 기독교와 대단한 관계가 있는 게 아니라 이교적 범신론과 더 관련이 있다는 것이다. 피에르 샤롱은 존재론과 잠재하는 신학을 생성하는 이 우주론에다 스토아 도덕에 대한 취향을 더한 것이다. 즉 "인내하고 삼가라"라는 스토아의 격언은 어느 시대에나 다 통하던 유명한 격언 아닌가!

샤롱의 『지혜론』은 (스토아 학파의) 회랑뿐만 아니라, 원래 아주 가까운 (제논, 크루시포스, 클레안테스, 안티스테네스의 주요한 사상을 공유하는) (아테네의) 김나지움에서도 옳은 길을 가르쳐 주는 자연법칙의 우월성과 동물들의 교육적 역할을 차용하고 있다. 다이어트하는 생쥐와 (먹이를) 고르는 청어, 수음하는 물고기, 디오게네스의 현상학적 문어 … 등을 기억할 것이다. 『레이몽 스봉의 변명』에 나오는 몽테뉴의 강의에 대해 샤롱은 인간의 동물성을 찬양하거나 동물의 인간성을 묘사한다.

스토아 철학과 견유학파로부터 그는 자유는 필연성, 즉 자연의 법칙에 따른다는 생각을 한다. 그것이 행복과 지혜에 이르는 왕도다. 즉 자연에 대해 우리가 어떻게 행동해야 하는지, 무엇을 할 수 있고 또 해야 하는지 요구하는 것이다. 개와 고양이, 새와 진드기도 우리에게 그것을 가르치고 있다. 동물을 인간에게 종속시키고 다음에 창조의 정점에 아담과 뱀을, 다음에 그 주변을 그 아래에 배치하는 기독교적 선택에 반대하면서 피에르 샤롱은 그 둘 사이의 본성이 아닌 정도의 차이에 대한 개념을 옹호한다. 다윈은 나중에 이 탁월한 가설에 자신의 과학적 공식을 내놓게 될 것이다.

샤롱은 가끔, 아니 자주 동물이 인간보다 더 우월한 위대함을 보여준다고 덧붙인다. 사실 동물은 자살의 쾌락을 위해 생명을 내

던지지 않으며, 고통과 괴로움을 가하는 것을 즐기지 않는다. 동물은 먹기 위해서 죽이는 것이지, 거기에 다른 어떤 끔찍한 이유가 없다. 게다가 동물은 자신들에 반하면 죽이고 싶어하는 살인의 충동을 즐기는 아담과 이브의 아들들カ인과 아벨^{역자}처럼 행동하지도 않고, 그들이 온갖 이유로 만들어내는 불행을 자신들에게 닥친 수많은 불행 탓으로 돌리지도 않는다. (기독교적) 인간보다 (냉소적인) 개가 더 뛰어나다!

이와 같은 쾌락주의적 선택은―자아의 증오에 대한 비판―특히 수많은 에피쿠로스적인 계기로 『지혜론』에 영향을 미친다. 물론 몽테뉴처럼 샤롱도 플라톤의 '이데아'나 피타고라스의 '수'와 마찬가지로 에피쿠로스의 '원자'를 믿지 않는다. 그러나 『수상록』의 몽테뉴처럼 그는 에피쿠로스의 삶도 작품도 과소평가하지 않는다. 그는 "쾌락의 대가"(III, 39)의 엄격함, 준엄함, 곧음, 정직, 절제, 도덕성을 칭찬한다. 그리고 나서 그는 자연적이고 필연적인 기준에서 시작해서 욕망의 규정과 그 차이, "정신의 진정한 고요함", 즉 마음의 평정과 절대적인 선의 동일시(II, 서문과 II, 12), 죽음, 괴로움, 고통, 행복에 대한 치료법을 나름대로 다시 다룬다.

그가 플라톤을 참고했다는 점은 발견되지 않는다. 선과 악에 대해서도 마찬가지다. 이원론을 찬성하지 않는 샤롱은 육체와 영혼을 아주 밀접하게 결합된 것으로 여기고 불가분의 것으로 여긴다. 한 번(I, 2) 그가 육체의 "궁핍"과 영혼이라는 "작은 신"에 대해 언급하기는 한다. 그러나 작품을 반쯤 읽으면서 악의를 가진 성급한 독자에게 믿음을 주기 위해 그렇게 한 것 같다. 샤롱은 플라톤의 『파이돈』과 그의 죽음 예찬을 참고하지 않고, 그것을 비판하지만 교묘하게 플라톤주의는 물론 기독교 교리도 참고하지 않는다. 『국가론』을 조금도 인용하지 않는 이 콩동 출신 철학자의 정책은 완전한 권력을 지닌 왕이 아니라 부드럽고, 양식 있고, 절제하고, 정당한 왕자에게서 나오는 것이다.

　　스콜라 철학을 상징하는 철학자인 아리스토텔레스도 전혀 등장하지 않는다. 그러나 샤롱이 사랑과 우정의 문제에 대한 대목을 쓸 때나 가정 경제에 대해 탐구하거나 그가 '윤리적 미덕'을 미덕으로서 고찰하면서 가정, 올바른 환경, 절제, 신중함을 언급할 때, 몽테뉴를 표절한 이상으로 『니코마코스 윤리학』을 읽었을 것으로 상상할 수 있다.

　　고대 연구의 시점에서 『지혜론』을 다시 읽어볼 수 있을 것이다. 흥미진진한 건 아니지만 … 회의주의적·스토아 학파적·냉소적·에피쿠로적 색채뿐 아니라, 플라톤이나 아리스토텔레스적 채색의 부재가 독특한 그림을 만들어내고 있다. 위대한 고대 그리스 로마인들의 아고라와 포럼에서 시행된 이 시장에 통일을 부여하기 위해 총체적이고 기본적이며 상징적인 어떤 형상이 존재한다. 그가 소크라테스다. 플라톤이 아니라 소크라테스가 디오게네스와 아리스티포스의 방식으로 자아를 구축하고자 하며, 지혜를 추구하고 그것을 원하며 철학적 삶을 구축하기 위해 자신의 존재에 모든 것을 연출하고 있다. 『지혜론』은 모든 사람들을 위해 소크라테스적 명제를 제시한다.

7

자신의 내면에서 움직이는 것 찾기. 피에르 샤롱의

시도는 보다 효과적으로 시의적절한 지지를 받지 못했다. 즉 그것은 소크라테스적 구상과 새로운 세기를 위한 세일레노스그리스 신화에 나오는 사티로스로, 디오니소스의 양부이며 가정교사다[역자]의 지혜의 원칙을 활성화하고자 하는 의지였다. 우선 자신을 알려고 하고 자신이 누구인지 알고자 애쓰는 일이다. 이런 의미에서, 단지 그런 점에서 그는 몽테뉴의 제자로서 뛰어난 사람이다. 그러나 막연한 모방을 바라지도 원하지도 않았을 스승에게서 벗어나는 훌륭한 제자로서 샤롱은 성실하지만—그는 자신에 대해 의문을 가지면서 인간을 찾아 떠난다—또 불성실한 제자다. 그가 발견하는 것은 자신이지 몽테뉴가 아니기 때문이다. 몽테뉴는 그에 대해 언급하고 여러 일화도 이야기하며, 두 가지 특징을 구분하지 않고 문학적 · 철학적 자서전을 스케치한다. 샤롱은 1인칭에 대한 의존에서 벗어난다. 그는 자신의 좌우명—"무와 평화"—을 드러내고, 이어서 콩동에 있는 자신의 철학적 집에 대해 언급하면서 '나'라고 언급한 것은 단 두 번이다. 그 외에는 한 번도 '나'라고 말한 적이 없다. 그것도 단 두세 줄로.

0 5 9

기억나는 건 연장자인 몽테뉴가 자신의 말이 사고난 일, 고양이의 신비, 숲이나 성(城)에서 강도를 만났던 일 등을 이야기하고, 자신의 남근에 대한 소식을 전해주며, 자신의 구레나룻으로 여성들과 입맞춤을 즐긴 일을 기억하고, 빛깔이 연한 포도주와 굴에 대한 열정을 이야기한다. 주교좌 성당의 참사원에게 그런 일은 아무것도 아니다. 그는 물론 자신의 내면으로 사물을 보지만 이론을 끌어내고 정수를 끄집어내기 위해서다. 그는 인간을 탐구하기 위해 떠나며 인간과 함께, 그리고 인간에 의해서, 인간을 위해서 인간의 잠재적인 지혜를 구축한다.

거기서 내면적 성찰에 대한 찬사가 나온다. 자신이 할 수 있고 해야 하는 것을 알기 위해 우리가 어떤 존재인지 알려고 애쓰자. 이것은 매순간의 주의와 세세한 관심을 필요로 하는 오랜 작업이자 상당한 작업이다. 곤충학을 인내를 가지고 연구하듯 또 하나의 자아처럼 스스로 관찰하는 것이며 말과 행동, 행동과 제스처에 눈길을 멈추는 것이다. 책의 육체 속에서 샤롱은 좀더 나아가서 가장 은밀한 생각, 그 기원, 움직임, 지속, 반복에 대해 의문을 제기한다. 그것은 "자신의 내면에서 움직이는 것"을 확인하는 것이라고 그는 썼다. 구멍, 구석, 외진 곳, 모퉁이, 감옥, 비밀스런 곳 등도 무시하지 않는다. 거기다 그는 꿈, 즉 밤에 찾아오는 꿈에 대해 관심을 가질 필요성도 덧붙인다. 바로크적 근심, 그리고 근대적 근심 말이다.

세속적 지혜의 창조. 몽테뉴를 다시 살펴보자. 피에르 샤롱은 보르도의 주교 학교를 이끌어 가다가 그때 각자의 영역에서 처음으로 몽테뉴를 만난다. 그 당시 몽테뉴는 『수상록』 첫 두 권을 출판했고, 보르도의 시장으로 새로운 임무를 준비하고 있었다. 확실한 것은 1586년 7월 2일, 그 지역을 휩쓴 페스트가 발병한 직후다. 이날 몽테뉴가 피에르 샤롱에게 베르나르디노 오키노 (Bernardino

Ochino, 1487-1564)의 책 『교리문답서 혹은 진정한 기독교 체제』(1561)를 한 권 준다. 그 책 속 페이지에 그곳 지주는 헌사, 서명, 날짜를 쓰고 라틴어로 이렇게 덧붙인다. "금서" ….

왜 금서인가? 로마 가톨릭교회가 읽지 못하게 할 만큼 다분히 악마 같은 이 책에는 어떤 내용이 들어 있는가? 이탈리아 사람 베르나르디노 오키노의 책—프랑스어로 된—을 몽테뉴가 샤롱에게 선물로 보내줄 정도로 이 두 친구들은 어떤 관계를 유지했는가? 이 『교리문답서』를 둘러싸고 이 책에 대한 논의가 있었을까? 아마 그럴 것이다. 그러나 그 이유를 전혀 알지 못한다. 가설이 있긴 하지만 ….

그렇게 가정하고 예상할 수 있는 내용이 있기 때문이다. 즉— 작은 눈의 작은 베르나르—베르나르디노 오키노는 끊임없이 음모를 꾸민다. 완벽한 설교자인 그는 돌도 눈물 흘리게 만드는데, 이 프란체스코파는 수도사가 되었고 개신교로 개종하지만 사제직을 사임하지 않는데, 자신의 설교에서 개신교를 활성화하기 위해서다. 특히 다른 무엇보다도 신앙의 우월성에 대한 생각이다. 위협을 받으면서 쫓겨다녔고, 추방당해 결국 스위스에서 목사생활을 했으며, 결혼해 가장으로, 홀아비로 그는 16세기 후반 유럽을 방랑하며 떠돌아 다니다 1564년 모라비 지방의 재세례파 공동체에서 죽음을 맞았다. 그의 나이 77세였다.

그러면 그의 책은? 오키노는 사형제 폐지를 옹호하지만 특히 정신적·시간적 영역의 분리를 옹호한다. 그는 법관과 수도사들이 각자 자신들의 영역에서 발전해 가기를 바란다. 물론 그 생각은 새로운 건 아니다. 이탈리아에서 마르실 드 파두(Marsile de Padoue)가

0 6 1

샤롱과
"신중한 쾌락"

1324년 『평화의 옹호자』에서 그런 견해를 지지했다. 따라서 훨씬 전이다. 이 생각은 교회가 믿는 것과는 반대로 무신론도, 나쁜 신자도, 이교도도 아니라 속인이다. 각자는 자신의 입장이 있으며, 종교적 입장에서 정치적 사건의 개입도 아니고 그 반대도 아니다.

물론 몽테뉴는 철학, 그러니까 도덕과 신학의 자율적인 생각을 지지하지만 샤롱은 한 걸음 더 나아가서 이 주요 저작의 첫 부분에 분명하게 그 영역을 알려준다. 즉 그는 신학자들이나 성직자들을 위해, 또는 교회를 위해 글을 쓰지 않는다. 첫 줄에서부터 밝히고 있지만 "수도원이나 공의회 생활을 위해 교육시키는 것"을 원하지 않고 "신의 지혜가 아닌 인간의 지혜를 위해" 글을 쓴다는 것이다. 이것은 철학사에서 대단히 충격적인 일이다. 물론 단도직입적으로 말하면 이것이야말로 세속 도덕의 출생 신고서인 셈이다. 그게 1601년이다.

세속이라 함은 종교나 신학, 복음서에서 자유로운 것을 의미한다. 그러나 자유롭다는 것은 부정하거나, 등을 돌리거나, 체계적인 반대 입장을 취하는 것을 의미하지 않는다. 가치 전도의 시대가 온 것은 아니다. 참고로 피에르 샤롱과 "그의 강력한 진영"에 경의를 표하는 니체를 기다려야 한다. 독립, 자율, 구별, 경계. 이편, 저편, 이쪽, 저쪽, 여기, 저기. 두 개의 성역, 두 세계, 두 우주가 각각 그의 법칙을 규정하고 있다. 말하자면 이단으로 화형된 조르다노 브루노(Giordano Bruno)는 로마의 묘지에서 그 시신이 아직 식지 않은 시기에 하나의 혁명을 가져온 것이다.

발다사르 카스티글리오네(Baldassarre Castiglione)가 1528년부터 『궁중인의 서』에서 신중하게 도덕과 종교로부터 자유로운 연구를 시작했다. 이 저작에서 그는 보편적인 인간이나 특별한 인간과 거리가 먼 궁정인과 귀족을 향해 자비, 양식, 페이소스, 위대한 영혼, 숭고한 육체와 영혼을 찬양한다. 조바니 델라 카사(Giovanni Della Casa)는 1558년 직접 그의 『갈라테오』에서 세련미의 입문서, 삶의 방식과 좋은 매너―예의, 예절, 예법, 우아함, 대화―등을 실천한다. 그러나 거기서 여전히 연구 대상으로 삼은 계급은 아주 제한되어 있는데, 바로 귀족이다. 그러나 모든 다른 사회적 범주는 예외다. 그후 발타자르 그라시안(Baltasar Gracián)은 그의 저작들(1647년 『궁중인』과 『보편적 인간』)에서 그들을 모방한다. 그러나 서민들은 이런 일에 무관심하며, 복음서로도 충분하다. 그가 침묵 속에서 연구하든 괴로워하든 그에게 요구하는 것은 이런 것이다.

피에르 샤롱은 모두를 위해서, 그리고 그 누구를 위해서든 책을 쓴다. 그의 독자는 프랑스 궁중이나 지방의 귀족 또는 왕도 아니고, 가톨릭교회의 신학자들이나 성직자들도 아니다. 더구나 아리스토텔레스적 스콜라 철학의 전문 철학자들도 아니다. 그는 서문부터 "인간다운 인간"에게 전한다는 것이다. 몽테뉴는 스스로 말한다. 특히 덧붙여 우연히 『수상록』에서 자신을 교화하기 위해 무언가를 찾는 사람들에게 말한다. 샤롱의 입장에서 그는 자신의 말을 모든 사람들에게 전한다. 그래서 세속적일 뿐만 아니라 명백하게 보편적이다.

9

사제의 자손. 다시 보르도로 돌아가 보자. 몽테뉴는 후사에 아들이 없음을 한탄한다. 자신의 아내, 어머니, 딸들이 자리를 차지하고 있는 이 가정에 대를 이을 사위가 없는 것도 아쉬워한다. 그는 귀족계급을 확고하게 구축했는데, 생선장수가 평민 출신을 극복하기 위해 그의 탑 예배당에서 자신의 문장(紋章)을 그리게 할 정도로 좋아했으며, 아버지가 죽고 난 후 신선한 평민계급의 흔적을 모두 지워버렸다. 그리고 그는 피에르 샤롱에게 미셸 세뇌르 드 몽테뉴(Michel Seigneur de Montaigne)의 문장을 전달한 것이다. 뭐라 할까? 물론 주교좌 성당의 참사원에게 무슨 소용 있겠냐만, 이와 같은 일화를 고사하더라도 독신자나 순결하고 정숙한 사람에게 전했던 것으로 여겼던 공식적인 문장, 이름, 귀족 신분임을 기독교인에게 전하는 것은 무엇을 의미하는가? 샤롱은 아이를 가질 수 없고, 그의 신분상 자신의 육신과 뼈를 물려받는 후손은 금지되어 있기 때문이다.

이때부터 그러한 현실은 몽테뉴가 샤롱과 논쟁을 계속하고, 자신의 생각을 옹호하며, 당당한 정신적인 후속작품을 낼 기회를 기다린다는 것을 의미한다. 『지혜론』은 몽테뉴가 죽고 난 뒤 빛을 본다. 이 책은 샤롱이 낳은 자식과 같다. 자신이 낳은 성실하고 불성실한 자식이지만 종속되거나 독립해서 다른 데로 가버린 자식이며, 자신의 육체와 영혼에서 나왔지만 자신의 육신과 정신에서 자유롭고, 그것을 부정하며, 잊고 초월하기 위해 이런 재능을 이용할 수 있는 그런 자식이다. 죽음을 초월해서 몽테뉴와 샤롱은 이와 같은 활동 속에서 역사사료에서도 그 진정한 가치를 소홀히 한 우정을 실현한다. 왜냐하면 몽테뉴에게 에티엔 드 라 보에시(Etienne de la Boétie) 이후와 그를 능가하는 어떤 것이 있었기 때문이다.

10

바보, 천치, 멍청이들. 피에르 샤롱이 잠재적이고 세속

적인 지혜를 찾아 그의 무한한 연구를 시작할 때 먼저 '인간이란 무
엇인가?' 하는 질문에 답하고자 한다. 그는 결국 운명적으로 이 문
제를 해결하지 못하고 흔히 공범인 신학자와 철학자의 관점에서 보
고 오히려 해부학이나 생리학, 의학개론에서 찾고 있다. 인간은 우
선 여러 물질, 기관, 감각─거의 모두가 "둥글거나 원" 모양이라고
생각하는 여러 조각─을 조합한 것이다. 뼈, 골수, 근육, 정맥, 피,
신경, 동맥, 힘줄, 인대, 연골, 기질, 지방, 내장, 위, 유미임파액^{역자}, 비
장, 허리, 창자, 심장, 폐, 뇌, 코, 입 등. 이보다 더 물질적이고 유물론
적인 것은 없다. 인간은 인간으로서, 무엇보다도 육체라는 물질적
인 인간이다.

    이 육체는 영혼이나 육신에서 절단되었거나 잘렸거나 분리된
것은 아니다. 물론 샤롱은 영혼과 육체라는 두 원칙을 지지하지만
육체가 영혼을 불멸하고, 영원하며, 무형의 실체로 만드는 것이 아
니라 인간의 지적인 삶에서처럼 동물의 감각적인 영혼이나 식물의
소용돌이 모양 속에서 작용하는, 오히려 "생명을 불어넣어 주는 본
질적인 형태"(I, 7)다. 사실 로마 가톨릭적 영혼이라기보다─"프네
마"(pneuma)영혼, 기운, 바람^{역자}나 "피지스"(physis)물질, 본질, 자연^{역자} 등─
스토아적 영혼이다.

    게다가 그는 영혼과 육체를 분리하지 않는다. 두 개의 분리할
수 없는 실체처럼 이 두 원칙은 고립되어 있지 않다. 그들의 결합은
절대적이며, 그 관계는 총체적이다. 몽테뉴는 승마 사고를 당한 우

0 6 5

연한 계기로 발견한 이 진리를 가르친다. 샤롱도 마찬가지로 유물론자가 아니라 "영혼은 모두 육체 속에 있다"(I, 7)는 일원론인 이 명제를 옹호한다. 형태가 물질 속에 있듯이 영혼은 육체 속에 있으며, 이 둘은 분리해서 생각할 수 없고 단 하나의 "실체", 주체 전체, 즉 동물을 구성하고 있다.

　　샤롱은 육체의 중요한 기관—리비도는 생식기, 천부적인 능력은 간, 생명은 심장, 지식은 뇌 등—에서 영혼을 본다. 따라서 비물질적이지만 기관을 한정할 수 있고, 볼 수 있으며, 위치를 정할 수 있다. 특수한 부분들과 함께 방사상의 중심으로 구성된 이 일원론은 가장 내재적인 시각과 유사하다. 샤롱은 죽음 이후에 영혼은 종교의 영역이라고 생각하는데, 교활한 생각이지만 이것은 『지혜론』

의 주제가 아니라고 결론내린다.

비가톨릭적인 신.　샤롱은 분명 기독교인이다. 그를 이중인격적 인물이라고 상상하는 것은 말이 안 된다. 주일 낮에 그는 미사를 하고, 신앙고백을 하며, 성례를 지내고, 기독교를 찬양하는 책을 쓴다. 무신론적 밤에는 난봉꾼이 되고, 빌어먹을 놈들의 친구가 되어 불경한 생각을 선동한다. 누군가 악의를 가지고 『세 가지 진실』과 『지혜론』 사이에 모순을 본 것 같다. 즉 앞의 책은 어떤 경우에도 가톨릭을 옹호하지만, 두 번째 책은 그다지 가톨릭적이라고 할 수 없는 글을 서술하고 있기 때문이다.

　　그런데 1594년부터—첫 저작인 『무신론에 대항하는 세 가지

진실 : 우상숭배자, 유대교인, 마호메트교인, 이단자와 분리주의자』
가 나오는 시기—1603년까지—그가 죽은 해—샤롱의 생각은 변
함이 없는데, 유대교나 신교, 이슬람교, 무신론보다 가톨릭이 우월
하다는 것이다. 그것은 한 가지 아주 간단한 이유 때문이다. 즉 가톨
릭은 자기 나라 종교이며 형제 살육, 잔인과 고통의 종교전쟁에서
겨우 벗어난 프랑스의 국내 평화를 지지하기 때문이다. 신은 보편
적이지만 숭배에 의해 정해진 다양하고 특별한 형태다. 몽테뉴에
따르면 사람은 페리고르프랑스 아키텐의 도르도뉴 지역^{역자} 사람이나 독일
사람처럼 가톨릭교도로 태어난다는 것이다. 종교? 그것은 사회적
연대의 대리자이며 공동체적 유대다. 물론 교회는 이런 논쟁을 높
이 평가하지 않는다. 1603년 신앙절대주의라는 동기 때문에 이 책
을 용인할 수 없다고 선언한 소르본도 마찬가지다. 그와 같은 현상
은 많다.

　피에르 샤롱의 신은 『팡세』의 신과는 그다지 관계가 없다. 그
유명한 아브라함과 이삭, 야곱의 하느님 말이다. 샤롱은 그리스도
의 아버지를 지지하지 않는다. 이 책에서는 전혀 생각할 수 없는 일
이 일어난다. 육체의 형태, 얼굴을 재현하는 인간의 형상도, 신의 몫
인 감정과 열정, 그리고 사랑도 믿지 않는다. 질투하고 복수하고 인
간의 행동을 계산할 수 있는 신, 화 잘 내고 분노하는 신, 얼마나 황
당한가. 심지어 봉헌, 번제, 기도, 간청으로 교감하는 능력도 믿지
않는다. 더구나 신이 인간과 직접적이고 개인적이며 특별한 관계를
가지고 있다는 것도 믿지 않는다. 모든 믿음 앞에서 『지혜론』의 저
자는 루크레티우스와 에피쿠로스 학파들이 부정하지 않았던 단어,
"미신"(II, 5)이라는 말을 사용한다.

결론적으로 우리는 당연히 신으로부터 기대할 것이 아무것도 없지만 두려워하고 무서워할 것도 없다. 최후의 심판? 이런 수사적인 경우에도 그것은 있을 수 없다. 신의 저울, 영혼의 저울, 지옥과 천국행? 이것은 현자나 철학자와 아무 관계가 없는 이야기들이다. 최후의 저주, 영생을 위한 구원? 두려울 것도 없으며 몽테뉴도 믿지 않지만 샤롱은 이런 가설 자체를 설정하지 않는다.

신의 두 체제. 그러면 파스칼식의 대안을 대신하는 철학자들의 신인가? 그렇다. 말하자면 철학자의 신이다. 신학자들이나 성직자들에게 신학을 대신하는 철학자의 신, 그러나 그 신은 내재하는 인간의 지혜 영역에 또 다른 신을 불러온다. 그 신은 이성이고, 이성은 자연이며, 자연은 필연이다. 이처럼 가장 간단하게 이 문제가 해결되었다. 피에르 샤롱의 저작에서 이 세 단어(이성, 자연, 필연) 중 하나를 읽을 수 있고, 한 단어를 선택하면 유리하게 나머지 두 단어를 대신할 수 있다(III, 38).

전에 그런 관념은 스토아 학파들에게 있었다. 이후에는 수년 후 자유사상가의 사상에 의해 강하게 다듬어진 스피노자의 글 속에서 다시 나타난다. 『에티카』의 제4권 서문에서 찾아낼 수 있는— 신, 즉 자연— "데우스 시베 나투라"(Deus Sive natura)라는 유명한 공식이 있다. "신, 즉 자연"이라는 공식은 『지혜론』(III, 2)에도 명백하게 나온다. 이 공식과 명제들이 거기서 나온다. 즉 자비로운 이 신은 순수 실천이성의 이상 속에 존재하고, 실재를 조직하고, 거기에 의미를 부여하며, 현실과 그 양식을 구축한다. 왜냐하면 신은 이성, 실재, 의미, 존재하는 것과 일치하기 때문이다. 신과 세계 사이에 구분은 없다.

신? 자연은 우리에게 신을 가르쳐 주고, 또한 자연은 우리에게 신을 발견하는 법을 가르쳐 준다. 자기 성찰이 거기로 인도하고, 우리 내면에서 자연에 속하는 것에 대한 의문으로 진실에 이른다. 동물은 이 본질적인 이성에 도달한다. 자연에 어긋난 인간은 자연이 그들에게 가르쳐 주는 것을 따라가야 하는 목적지를 잊어버린다. 따라서 신이 그들에게 말하는 것이다. 최고의 선이 곧 평온한 정신과 같은 것이라면 마찬가지로 자연에 따르는 삶(II, 3)이다. 신, 즉 자연의 의지에 대한 샤롱의 사상은 따라서 기쁨을 생성하며—스피노자에게도 마찬가지로—그의 세속적 도덕에 대한 쾌락주의적 자연을 입증하는 것이다.

그 결과 오직 그의 여러 저작을 읽는 동안 도중에 사라진 그 지성만이 샤롱의 작품을 반기독교와 무신론의 전장으로 만들어 버린다. 왜냐하면 한편으로 그는 성당 부속학교 교장으로서 가톨릭의 필요성을 가르치고, 다른 한편으로는 우리에게 신이 자연 속에서 이성과 일치한다고 말하기 때문이다. 신은—그 경우 프랑스의—사회적·정치적 공동체의 존재와 지속에 필요하며, 이성은 내재하는 인간의—사실 보편적—지혜의 존재와 지속을 허용해 준다.

이 두 가지 선택 사이에 어떤 모순도 없으며, 두 질서의 구분, 집단과 개인 사이에 합류점과 더불어 실제로 근본적으로 세속적인 사고가 나타나며, 한 국가의 특수성과 주관적인 다양한 절대권력이 존재한다. 이처럼 이 주교좌 성당의 참사원은 일요일 미사에 가는 것을 정당화한다(II, 5). 이것은 첫 번째 사고체제의 의무다―그러나 신을 위해서가 아니라 그를 위해서다―이것은 두 번째 사고체제의 원칙이다. 제단 앞에서 이 가톨릭교인은 자기 나라 교회에서 기도한다. 그는 신이 명령하는 것이 무엇인지 물어보고 그의 내면에 자연과 이성의 힘을 간청한다. 기독교인은 그 직무에 참여하면서 자기 나라의 본질을 지키고 지혜의 우월성을 확신한다.

존재의 즐거움을 향하여.　피에르 샤롱의 내재하는 신

학, 단일론적 존재론, 세속적 현상학을 이해했다면 신은 물론 존재하지만 에피쿠로스나 루크레티우스, 에피쿠로스 학파들에게도 존재한다. 즉 신의 존재가 인간에게 일상생활에서 영원한 위협을 표현하는 것은 아니다. 오히려 강심제처럼 존재하는 데 도움이 된다. 끊임없이 신의 시선 아래 산다는 것을 읽어야 한다. 즉 그것은 끊임없이 자연의 지배 아래 살아가는 것이고, 끊임없이 이성의 질서에 따라 살아가는 것이다. 이것이 두려움, 즉 신이 내릴 심판의 두려움―슬픈 열정―에 대한 강한 동기를 심적으로 몰아내는 것이다.

886쪽에 이르는 『지혜론』에서 (인간의) 원죄나 잘못, 지옥, 신의 저주나 분노에 대한 고찰을 찾는다는 것은 헛수고다. 혹은 보통 성 아우구스티누스 이론 이후에 전개되어 온 성본능의 비난, 육체의 불신 등도 나오지 않는다. 푸에타르 신부(Père Fouettard)로 변장한 신이 없는 자리에 오래 전부터 존재해 왔던 도덕이 본래의 모습을 되찾는다. 즉 평화와 기쁨이 넘치는 상호 주관성에 염두를 둔 올바른 행동규칙을 갖춘 명제다. 몽테뉴의 친구인 샤롱의 작업은 그런 일에 모든 것을 바친다.

그의 첫 작업은 기독교에 대한 비판으로 고통과 괴로움에 대한 문제에 집착한다. 샤롱은 사람들에게 일상적으로 닥쳐온 불행에다 설상가상으로 악을 겪게 하고—테렌티우스가 말했던 헤아우톤티모로우메노스(heautontimoroumenos)—가톨릭에서 죽음을 교묘하게 이용하는 점을 공격한다. 괴로움? 고통? 그는 에피쿠로스의 제자로서 이와 같은 것들을 유일하고도 가장 큰, 절대적인 죄악(III, 22)으로 여기고, 이것을 막아야 하고 절대적으로 피해야 한다는 것이다. 이것이 모든 도덕의 우선적인 과업이자 모든 쾌락주의적 윤리의 토대다.

이러한 사고의 질서 속에서 인간은 소극적인 태도를 더욱 키워갈 뿐이며, 사후의 고통을 만들어낸다. 그러나 신-자연-이성-필연이라는 현상학적 조합을 잘 알고 있어서 두려워할 어떤 이유도 없는 것이다. 거기에 샤롱이 덧붙이는 것은 인간이 신의 이름으로 신을 위해 스스로 고통을 겪는 광경—시련, 고행, 고행자가 걸치는 옷, 광란의 금욕주의, 성적 절제 등—을 즐기는 신은 아주 이상한 신성을 정의한다는 것이다. 존재의 즐거움을 빼앗는 것은 중대한 잘못이다. 왜냐하면 자연에 반하지 않고 중용으로 실천하면 어떤 것도 금지되어 있지 않기 때문이다.

목적? "존재를 정정당당하게 즐기는 데"(II, 2) 있다. 삶을 거부하는 것? 삶이 제공하는 것을 지나치는 것? 죽음을 더 원하는 것? 오락과 기타 여가 시간을 금지하는 것? 먹고 마시고 사랑하는 것처럼 본성적 기능을 싫어하는 것? 매혹적인 고통을 찾는 것? 불순한 정신, 병든 영혼의 기호들은 수없이 많다. 이런 치명적이고 병적인 타락에 대해 샤롱이 이 책의 서문부터 권하는 즐거운 지혜를 목표로 삼아보자. 즉 그것은 "즐겁고, 자유로우며, 기쁨이 넘치고, 격조 있는, 말하자면 경쾌하지만 아주 강하고, 고상하며, 관대하고, 드문" 철학이다. 이것이 호사가들에게 알리는 강령이다.

절제된 쾌락. 또 하나의 쾌락주의적 기호로 절대적으로 자아 속에 존재하는 쾌락이 아니라 상대적으로 쾌락의 관행에 대한 비난이다. 샤롱은 성의 문제에 대해 약간 미루어 왔다. 어떤 이유 때문에 성은 부끄러운 것인가? 성은 신이 원하는 것이기 때문에 자연스러운 것이다. 나아가 성은 자연스럽기 때문에 신성하다. 그는 리비도가 목적에 이르기 위해 결합과 종의 확산을 원하는 자연 속에서 그 정당성을 발견한다는 신성한 계획을 시작한다. 이처럼 쾌락은 자연의 양념이다. 이때부터 육체적 쾌락은 잘 이해된 이성의 영역에 속한다.

가톨릭이 모든 사람에게 금욕을 원한다면 그것은 잘못이다. 샤롱은 사제들의 독신을 요구하지 않는다. 또한 성직자를 자유로운 성적 본능으로 유도하지 않으며, 기독교의 신을 위해서 일생을 바칠 경우 절제의 우월함을 확인한다. 반대로 어떤 사람에게는 얼마나 우스운 생각일까! 성과 거기에 따르는 쾌락을 금지한다고? 그런 왜곡이 신을 즐겁게 하는 것이라니 얼마나 해괴한 말인가?

성적 본능은—먹는 것, 마시는 것, 잠자는 것, 세상과 관련된 모든 양식과 마찬가지지만—지나친 것, 지나치게 부족한 것, 지나치게 소비하는 것은 피해야 한다. 너무 지나쳐서도 안 되고 너무 부족해도 안 된다. 금욕주의나 절제, 영원한 순결도 안 되고 방종이나 사치, 난잡함도 안 된다. 손 전부가 아닌 손가락 끝으로 먹을 때처럼. 몽테뉴를 인용하면서 샤롱은 천사를 그리려고 하다가 인간은 결국 짐승을 그린다는 것이다. 파스칼은 기억할 것이다. 해결책? 중용, 올바른 절도, 균형, 결핍과 방탕 사이의 적절한 거리다. 부부의 성에 대해서 그는 심지어 이런 조언을 하기까지 한다. 즉 "절제된 쾌락" 혹은 "신중하고 양심적인 쾌락"(III, 12)을 위해서 한 달에 세 번. 그러나 샤롱은 직설적인 숫자는 아무에게도 의무사항이 아니라고 재차 언급한다.

에피쿠로스적인 교훈은 기존의 평온함을 혼란시키는 일에 관여하지 말라는 것이다. 신중함은 자기 만족과 자기 존재의 자유롭고 충만한 기쁨을 허용하는 모든 미덕을 목적으로 삼는다. 동참하는 것은 항상 가능하지만 자신을 희생하는 것은 결코 안 된다. 우리의 힘, 자율, 독립, 절대적인 힘을 구성하는 것을 스스로 지켜야 한다. 현자에게 열정과 감정을 억제하면서 투쟁으로 얻어진 마음의 평정을 위험에 빠뜨리는 상태나 사건, 상황, 사람보다 더 최악은 없다.

유쾌한 지혜의 기술. 세속적이고 내재해 있는 지혜를 어떻게 실현할 것인가? 치명적인 열정에서 벗어나서 신중한 쾌락을 생각하는 육체는 치료를 통해 죄의식에서 벗어난다. 샤롱은 허약함, 공허함, 불안, 불행, 거만, 오만, 운명의 장난 등—파스칼의 "신 없는"—인간의 불행을 두려워하는 초상화를 그린다. 즉 "인생의 초기에는 황금의 씨앗, 중년에 더러움과 불행의 자루, 악취와 벌레들로 들끓는 고기, 그리고 종말"(I, 36장 서문). 이건 숭고한 바로크적 문장이다. 인간 본성의 생생한, 너무나도 생생한 진실의 초상화다.

불행에서 벗어나기 위해서 (기존의 온갖 관념을) 일소하자. 데카르트가 『방법서설』에서 사용한 표현이다. 샤롱은 순수해지기 위해 영혼을 비울 필요성에 대해 여러 번 언급한다. 그러면 이 순백의 바탕을 어떻게 얻을 것인가? 대다수 사람들이 가지고 있는 생각과 견해, 공통점을 제쳐두고 현상학적으로 정리한다. 데카르트는 방법론적 회의를 하라고 한다.

일단 이런 단순한 원인을 발견하면 우리 내면 속에 끓어오르는 이성에 의지하는 것으로 충분하다. 이성은 항상 훌륭한 조언자다. 목표? 미덕 중에 미덕인 지혜에 이르는 것이다. 지혜는 우리가 이성에 의해 자연에 적응하는 기술을 정의한다. 즉 그것은 각자의 본성에 적응된 삶에 최선의 방식을 선택하도록 해주고 자신의 욕망과 사상을 제어할 수 있게 해준다. 그것은 신-자연-이성과 필연에 따르는 신앙심을 나타낸다. 또한 자아와 자아, 그리고 자아와 타자들 사이에 부드러운 마음을 사로잡는다. 그것은 올바른 명상과 신중한 행동, 절제하는 태도의 가능성을 열어준다. 현자는 지혜로 살아가는 법을 알고, 따라서 두려움도 괴로움도 없이 죽을 수 있다.

그와 같은 방법은—욕망의 계산법이나 쾌락의 규정 등—에 피쿠로스의 방법과 혼동할 만큼 닮아 있다. 따라서 자연스런 욕망,

즉 올바른 욕망을 다른 것과 구분하는 것이다. 자연스런 욕망? 먹고, 마시고, 입고, 동료를 존중하는 것, 이 모든 것이 누구나 다 알고 있는 올바른 균형 속에 있다. 그 나머지 자연에 반하는 것들은 모두 피하고 오히려 그런 것들이 나타나지 못하게 하는 것이다. 일단 그런 것들을 사라지게 애쓰는 것보다도 훨씬 더 간단하다. 기피의 전략이다.

피해야 할 것들 가운데 "분노의 열정"은 두려움, 슬픔, 분노, 증오, 질투, 복수 등 "슬픈 열정"이라는 표현으로 스피노자에게서도 나타난다. 이런 것들은 대부분의 사람들에게 일상생활의 연속이다. 현자는 그것의 정의, 출현방식, 표명, 위험, 불성실 등을 억제하도록 한다. 일단 이론적으로 규정되면 현자는 최소한의 인식표지로 거기에 사로잡히지 않도록 침착하게 대처한다.

두려움? 소용없다. 실재는 약삭빠르며, 흔히 갑작스럽고 예기치 않게 나타난다. 그리고 두려워하는 것은 위험을 확대하는 것이며, 위험이 없음에도 불구하고 그 위험을 현재화하는 것이다. 실재와 싸우는 것은 옳은 것이다. 그러나 풍자와 허구, 환상과 싸우는 것은 안 된다. 너무도 많은 불행이 이미 존재하고, 잠재적인 불행으로 고통을 겪는 것은 쓸데없는 일이다. 실재로도 충분하다. 슬픔? 필요 없다. 파스칼에게 미래의 식량인 기분전환이 더 바람직한 것 같다. 마음을 즐겁고 부드러운 것으로 전환하는 것은 무기력한 상태에 효과적인 치료법을 제공한다. 분노? 특히 안 된다. 분노를 폭발시키는 것은 상대가 옳음을 인정하는 것이고, 이는 상대가 바라는 바다. 증오? 절대 안 된다. 싫다고 생각했던 사람을 오히려 동정하는 것이다. 욕망? 피해야 한다. 탐욕은 항상 평정을 잃는 대가를 치른다. 우리가 원하는 바를 얻게 되는 시기를 생각해 보라. 그런 생각을 간직하고 있으면 우리의 마음상태도 똑같아진다. 구두수선공이나 재력가가 탈곡해야 할 곡식과 같은 것이다. 복수? 정반대로 악은 사람을 타락시키고 관용은 사람을 위대하게 만든다. 이 치명적인 악순환에 가담하지 말자. 질투? 안 된다. 다른 것을 의심하더라도 자신의 욕망을 의연하게 하는 것이 더 낫다.

　　그 기술은 간단하다. 불리한 점을 유리하게, 부정을 긍정으로 바꾸는 것이다. 장애물? 자신의 능력을 측정해 보는 기회다. 어려움? 자신의 에너지를 동원하는 이유다. 권태? 자신의 의지를 긴장시키기 위한 기회다. 이런 모든 열정은 우리를 현자로 만들게 하는 데 도움이 되어야 한다. 자신의 성격과 기질을 단련시키는 유용한 기술로써 증오의 감정을 찾아 이를 피하고 억제하는 능력을 잘 찾아내 보자.

무신론적 미덕의 출현. 이 세속적이고 내재적인 지혜는 신도 있고 종교도 있지만, 이 두 가지 낡은 사례를 새롭게 정의함으로써 사제와 신학자를 피하고 현자와 철학자에게 모든 자리를 양보하는 것이다. 교회와 소르본이 『지혜론』을 탐탁지 않게 여긴 것도 당연하다. 양측은 피에르 샤롱에게 기독교의 배타성을 너무 선명하게 드러내는 몇 구절을 승인된 표현에 따라 '완화하도록' 요구한다. 이 주교좌 성당 참사원은 그 책의 재판작업을 하고 있었는데, 1603년 11월 16일 일요일 오후 1시경 파리의 생 장 드 보베가(街)―다비

두쇠르(David Douceur)라는 예쁜 이름에 어울리는—편집자의 집으로 가다가 갑자기 죽었다. 그 전부터 심장마비로 자신의 건강에 대해 주의를 기울이고 있던 차였다. 너무 늦었다. 그는 그 당시의 표현에 따르면 거리에서 넘어져 뇌출혈로 쓰러졌다.

의사들은 그의 사망을 신고하고, 이어서 이를 번복한다. 아, 몰리에르가 (그의 작품에서) 그랬지 … 피에르 샤롱이 무덤에 들어가고, 지하묘소에서 나오고, 이어서 그의 죽음을 확인했다고 한다. 이틀 뒤 생 틸레르 교회에서 그의 장례식이 치러졌다. 교회의 중앙홀에서 사제복을 입은 그의 모습이 나타났다. 그의 일생을 시작했던 그곳에서 끝이 났다. 바로 62년 전 세례를 받았던 그 교회다.

그의 사후 피에르 샤롱의 사상이 먼지의 띠처럼 퍼져나갔다. 그의 저작들은 재판을 거듭하고 수없이 읽혔으며, 위대한 세기에 크든 작든, 공식적이든 주기적이든 상당한 영향을 미쳤다. 자세히 살펴보면 『지혜론』에서 미덕을 찬양하지만 특히 혁명적인 사고가 발견된다. 이를테면 반종교적이거나 신앙심도 없고, 심지어 무신론적 '이면서' '고결' 할 수 있다(II, 3과 II, 5)는 것이다. 그런 사고는 『역사, 비판 사전』(1696)에서 피에르 베일의 사상으로 통한다. 이것이 약 한 세기 전에(1603) 피에르 샤롱의 글에서 나타난 것이다.

거기에다—자유사상가들에게 중요한 것인데—가면(II, 2, 8, 9)과 행동을 분리한 것은 칭찬할 만하다. 그 세속적 개념은 신앙과 이성, 종교와 철학적 지혜를 분리할 것을 가정한다. 그러면 한 사람이 동일인일 경우 어떻게 하는가? 샤롱은 그와 같은 모순을 이렇게 해결한다. 밖에서는 어떤 식으로 말하고 행동하고 속으로는 원하는 대로 자유롭게 생각한다는 것이다. 절대로 정신과 판단, 양심의 자유를 포기하지 않는 것이다. 세상을 위해 행동을, 자신을 위해 모순적인 또 다른 생각을 하는 것이다. 육체는 어떤 사물을 말해야 하고, 국가의 원칙과 법, 풍습과 관습에 충실하다는 것을 보여주어야 한다. 반면에 정신은 자신이 원하는 것을 아주 자유롭게 믿을 수 있다. 현자는 대부분의 사람들보다 한발 더 빨리, 더 멀리 나아가기 때문이다. 그가 속으로 생각하는 것을 아주 큰 소리로 말한다면 틀림없이 그는 충격을 주거나 최악의 경우 혼란을 일으킨다는 것이다. 그러나 국가의 평화는—현자처럼—흔들릴 필요가 없다. 따라서 현자는 공공연하게 겉으로는 자신의 이성에 반하지만 이성에 의해서 스스로 이성을 온전히 간직하고자 한다.

피에르 샤롱은 분명 죽었고 땅 속에 묻혀 있지만 혁명적인 명제를 던져졌으며, 실제로 전복적인 사상에 촉매제 역할을 했다. 고결한 무신론자, 가면을 쓴 철학자는 논쟁, 사상, 글, 책, 풍자문을 남기고 모든 계층의 사회와 철학적 공동체에 논의를 열어놓은 것이다. 샤롱은 또 하나의 위대한 세기, 대안의 세기, 회의주의자, 쾌락주의자, 유물론자, 에피쿠로스 학파, 즉 바로크 자유사상가들의 세기를 차례로 혹은 동시에 실천한다. 이때부터 기독교 정신은 서서히 그러나 돌이킬 수 없을 정도로 사라지기 시작한다.

II

라 모트 르 베예와 "자아쾌락"

신중한 자의 초상. 프랑수아 드 라 모트 르 베예의 여러
작품집—소책자, 소(小)논설, 대화, 담론, 고찰, 판단, 견해, 설교, 회
상록, 독백—에서 자서전적인 요소를 찾는 일은 소용없다. 겨우 한
두 가지 속내 이야기를 발견하지만 그것을 추론해야 하고, 이미 이
인물에 대해 알려진 것을 가지고 가정하고 추측해야 한다. 작품 전
체가 비밀스런 무대의 전면을 차지하고, 등장인물은 그의 담론에서
사라진다. 그보다 더 신중한 사람이 있을까? 불가능하다.

신중한 사람이란 어떤 사람인가? 라 모트 르 베예와 동시대의
바로크인 발타자르 그라시안(Baltasar Gracián)이 『신중한 사람』(조젭
드 쿠베르빌은 『보편적 인간』이라고 잘못 번역함)에서 내린 정의를 다시
살펴보자. 신중한 사람은 예수회에 따르면 영웅의 자세 중 하나로
자신의 때를 기다릴 줄 아는 사람이다. 그는 화려하지 않은 위대한

영혼의 소유자로 아주 침착하다. 그는 항상 스스로를 지키면서 동참할 줄 알고, 절대 자신을 희생하지 않으면서 소외시키지 않는다. 날카로우면서도 헤아릴 수 없는 사람이다. 신중하면서 남의 이목을 끌지 않을 줄 안다. 별난 사람이지만 적절한 거리를 유지하면서 예의를 실천하는데, 본질은 지나치게 남의 이목을 끌지 않는 것이다. 그라시안의 현자는 『영웅』이라는 책에서 품행과 스타일, 품위를 가리키는 "뭐라 말할 수 없는" 또 다른 이름인 미덕을 실천한다.

프랑수아 드 라 모트 르 베예는 르네 팽타르(René Pintard : 축복과 비난을 일삼는, 현학적인 자유사상에 대해 비판적인 최고 권위자)가 잘못하여 사람에 비유한 뱀장어보다는 귀족적인 논리를 따르면서 자신을 숨기고, 경계하고, 날카로운 눈에다 고집스럽고 고독한 행동을 하는 소심하고 신중한 고양이에 더 가깝다. 그가 여기서 갑오징어의 먹물 같은 구름을 찬양하는 것은 판단이 느린 황소의 거짓 순박함(회의적 판단중지)이나 철학적으로 이탈한 구유의 동물인 당나귀의 솔직함(회의적 무지)을 훨씬 더 찬양하기 위해서다.

신중한 고양이, 착한 어린 황소, 순박한 당나귀를 섞은 것은 파악하기 어려운, 따라서 상투적인 표현 속에 가두고 오해 속에서 화석화하기 쉬운 철학자의 특징이다. 그는 기독교인이면서 무신론자로 통하고, 회의주의자이면서 교조주의자처럼 보이며, 철학자이면서 자유기고가라는 어둠 속에 남아 있다. 또한 바로크인으로 기회주의자라는 인상을 주고 그의 책을 아무도 읽지 않는—보잘것없는 작가, 평범한 사상가, "프랑스의 플루타르크"라는—보수주의적 사료상의 판단을 되짚어 보고자 한다.

2

세기의 빛 속에. 바로크 철학자로서 상징적 인물인 라 모
트 르 베예는 빛과 어둠, 즉 공적인 빛과 철학적 어둠 속에서 살았
다. 폴 발레리가 블레즈 파스칼에게서 차용한 지독한 우울증에 대
한 사상, 명제, 이론이 그에게서 비롯되었다는 것은 놀랍다. 그는 무
대의 전면에 자신의 사상을 밀고 나가면서도 자신을 숨기고 은폐한
다. 그러면서 그는 무대 뒤에 남아 있다. 우선 세계관과 본질이 있
고, 다음에 어둠의 놀이 가운데 필요에 따라 인물, 작가, 지각하기
어려운 조물주가 있다.

그 세기의 빛 속에서 프랑수아 드 라 모트 르 베예는 1588년 8
월에 태어났다. 이 시기에 베네치아의 두칼레 궁전에서 틴토레토는
「천국」에서 육체의 홍수, 뒤엉킨 살, 뒤죽박죽 입체감, 왜곡된 대혼
란, 움직임의 걸작, 일련의 동심원 아라베스크, 바로크 장르의 모델
을 격자양식으로 그렸다.『고대인을 모방한 대화록』의 저자 라 모
트 르 베예의 사상은 식물성의 생명력, 확장하는 힘, 디오니소스적
활력을 공유하는 틴토레토의 그림을 생각하게 한다. 그는 향일성의
식물이 자라는 것처럼 사고한다.

어린 시절 르망에서 법학도와 의회 변호사를 거쳐 18세부터
검사대리. 37세에 약 20년에 걸친 실습을 한 후 아버지가 죽으면서
그는 결국 주교좌를 이어받았다. 미래의 오를레앙 공작인 앙주 공
작의 가정교사가 되었을 때 그는 주교좌를 포기한다. 리슐리외의
마음을 사기 위해 주문을 받아 쓴 스페인 황제파의 목표나 프랑스
신교 동맹을 찬양하는 자들을 공격하는 책, 또 앙투안 아르노

라 모트 르
베예와
"자아쾌락"

(1612-1694)프랑스의 사제, 신학자, 철학자, 수학자. 장세니스트의 수장 중 한 사람 역자를 분노하게 했던 『이교도들의 미덕론』이라는 제목으로 장세니스트들의 공격을 주도한 저작, 혹은 대공들의 교육 현실에 대한 출판물 등을 내놓았다. 프롱드 난이 한창일 때 마자랭과 안 도트리쉬와의 관계 덕분에 한때 미래의 루이 14세를 가르치기도 한다.

그는 약삭빠르게 『영혼불멸에 대한 기독교 담론』을 쓰고, 실체 속에서 영혼의 우월성을 통해 결국 영혼의 존재를 입증한다. 이 소책자로 인해 프랑스어의 순수성에 대해 보즐라를 저주하고, 문법학자들이 해결하지 못한 살아 있고 역동적이며 변화하는 언어에 대해 편견을 가지고 있음에도 불구하고 그에게 아카데미 프랑세즈의 문이 열린다. 그가 죽자 라신이 그의 자리를 이어받는다. 라신은 그

의 강론이 보존되지 않도록 최악의 역할을 했다고 한다.

빛의 상실. 궁중에 정통하고, 대공들과 가까우며, 유럽의 수많은 나라로 늘 외교 여행을 다녔고, 자신의 이름으로 서명한 책의 저자로, 대공들의 교육자이자 어원적으로 궁중 작가로서 라 모트 르 베예는 자신의 사적인 삶을 숨긴다. 그럼에도 그에 대해 알려진 것은 무엇인가? 훌륭한 그리스 웅변 교수의 과부와 32세에 늦은 결혼, 33년간의 평범한 부부생활, 사제가 된 총명한 아들, 아버지의 전집 편집에 공동 참여한 아들.

그의 나이 67세에 아내의 죽음. 그리고 9년 후 사랑했던 아들이 차례로 죽는다. 부알로와 몰리에르의 친한 친구였던 아들은 35

세에 안티몬금속 화학요소, 원자번호 51번^{역자}을 투약한 그의 무능한 두 명의 의사 때문에 목숨을 잃는다. 사제로서 한창 때 … 몰리에르, 위대한 몰리에르는 친구인 피에르 가상디의 제자로서 아버지에게 보내는 멋진 위로의 소네트를 쓴다. 그는 이런 개인적인 고통을 소재로 토마 디아푸아뤼스(Thomas Diafoirus)몰리에르의 『상상병 환자』에 나오는 인물^{역자}와 다른 의사를 창조해서 강한 구토성 포도주를 먹여 환자들을 저승으로 보내는 연극을 썼다.

아들을 잃고 홀아비가 된 라 모트 르 베예는 76세에 40대의 젊은 여자와 재혼을 한다. 친구들의 빈정거림 … 늙은 회의주의 현자의 무관심 … 『타르튀프』(1664)를 옹호하기 위해—그는 용의주도한 사람이다—그가 익명으로 글을 쓰는 것도 당연하다. 그가 독신자(篤信者)들 때문에 『동 주앙』(1665)에서 자유사상가의 초상이나 『마음에도 없이 의사가 되어』(1666)에서 의사들의 쾌락 살인을 특히 즐긴 것으로 추정된다. 『인간 혐오자』인용된 작품들은 모두 몰리에르의 희극임^{역자}의 알세스트는 라 모트 르 베예가 모델이라고 알려져 있다.

1672년 5월 9일 그가 죽었을 때 84세였다. 8권 7집으로 된 『가상디 철학개론』의 저자 프랑수아 베르니에(François Bernier)는 12년 동안 아우랑젭1658년부터 1707년까지 대무굴제국의 마지막 군주^{역자} 궁중의 전문 의사였는데, 이상한 회의주의자가 마지막 숨을 거두기 전 이런 질문을 하더라는 것이다. "도대체 대무굴제국으로부터 무슨 소식을 들었는가?"

그가 죽기 2년 전에도 정정했던 그는 외설적인 책으로 통했던 젊은 시절에 쓴 『6일간의 전원 이야기』를 재출판했는데, 율리시즈의 삶의 일화를 우의적으로 해체한 멋진 냉소적 실천이다. 페넬로페를 지킨 호메로스의 주인공은 님프들이 사는 동굴로 돌아갔는데, 여기에서 라 모트 르 베예의 명백한 주제를 발견할 수 있다. 즉 바위투성이와 지질학적 조국보다는 여자의 치마폭에 숨어서 누린 더 달콤한 동굴을 선택한 것이다.

악마적 인물? 라 모트 르 베예가 죽었을 때 그는 신중하고 사려 깊은 자에서 악마적 인물의 전형이 되었다. 은폐한 무신론자, 숨은 무교자, 이해하기 어려운 작가, 유능하고 교활한 수사학자, 이중 언어 신봉자, 어둠 속의 자유사상가이자 빛 속의 기독교인, 같은 방법으로 아첨하면서 모든 대공들과도 편안한 기회주의자, 사실 그는 리슐리외가 죽자 뻔뻔하게도 그의 후계자인 마자랭과 끈을 잡는 데 필요한 것을 동원한다.

계몽주의의 계보에 열중한 18세기 반철학자들은 무신론자였던 그를 17세기 무신론의 아버지라고 불렀다. 볼테르는 장 멜리에 (Jean Meslier)처럼 그에게 철학자라는 명칭을 사용하면서 그의 독특한 사고를 발전시키고 그의 배후를 짚어보기 위해 그의 사상에 '방탕아 아루에(Arouet) … ' 라는 이상한 말을 붙여서 오해를 샀다.

그 당시 대학 전통은 그의 입장에 대해 분명하지 못했다. (남의 이론에서) 추출한 방법에 익숙한 사람은 에피쿠로스의 저작을 인용하면서 그를 (쾌락의) 정원의 제자로 여긴다. 그에게서 엄격한 (퓌론의) 회의주의의 전형을 보는 사람도 있다. 제3자는 여기저기서 안티스테네스(Antisthène)고대 그리스 철학자로 BC 390년경 견유학파의 창시자^{역자}나 아리스티포스(Aristippe)고대 그리스 철학자로 소크라테스의 제자이며 쾌락주의 학파의 창시자^{역자}를 존경하여 참고하는 것이라고 한다. 그에게 견유학파나 막연하게 쾌락주의적 요소가 약간 있다고도 한다. 이 외에도 회의주의를 비약적으로 강조하여 비록 그가 숨겼지만 무신론이 확인된 것으로 결론내리는 사람도 있고, 그가 신앙절대주의와 공공의 선을 따르라고 조언하는 점에서 로마 가톨릭을 참고하면서 그의 솔직한 기독교적 참여로 결론짓는 사람도 있었다. 이 시기 대화 속에서 의지와 이성의 힘에 대한 그의 주장을 분석하면서 다른 모든 지적들을 피하고 최종적으로 그를 스토아 학파라고 확실한 근거를 내세우기도 한다.

그러나 모든 바로크 자유사상가들처럼 그에게 고대의 연구는 '동시에 일어나는' 진원지처럼 변함없고 명백하다. 고대 사상은 탄광처럼 필요할 때는 언제나 추출하기 위해 공공연한 기능을 하기 때문이다. 많은 방법을 통해서도 파악할 수 없는 라 모트 르 베예는 우리가 기대하는 어디에도 존재하지 않는다. 물론 무엇보다도 싫어했던 고대 교조주의자들을 풀넘하는 제자도 아니다. 퓌론의 제자인가? 물론 그렇지만 그의 『활사법』을 읽은 정통 독자가 아닌 것만은 확실하다.

마리 드 구르네이(Marie de Gournay)의 친구로서, 또 사총사(피에르 가상디, 가브리엘 노데, 기 파탱과 함께 모이던 친구들의 아카데미)의 활동적인 멤버로서, 몽테뉴의 독자로서(그는 라 투르에서 몽테뉴가 죽고 난 후 유명한 '양딸'인 마리에게 넘겨진 출판사의 일부를 상속받는다), 피에르 샤롱의 팬으로서 그는 '처음에는' 기독교인이었다가 '후에' 회의주의자로 돌아섰다. 그의 사상은 진기한 물품 전시실에 숨겨진 쾌락과 함께 바로크 시대에 생산된 혼합 장르이며, 일종의 공상이다. 그는 퓌론과 예수를 혼합한 인물이며, 손가락 끝에 회의주의적 비유를 지닌 성 바울이다.

이처럼 악마적 인물이나 타락한 천사의 냉소적 웃음과 거리가 먼, 그의 오명과는 정반대로 라 모트 르 베예는 '회의주의적 기독교인' 혹은 '기독교적 회의주의자'의 균형 잡힌, 독특하며 참신한 사상(적어도 아주 최근의 사상인데, 1562년『활사법』의 역자인 앙리 에티엔은 그의 가톨릭 교리를 숨기지 않기 때문이다)을 제시했다. 약간의 가톨릭적인 면과 약간의 퓌론적인 면은 있어도 … 그러나 아직 무신론은 아닌 것 같다.

자아의 사용법. 라 모트 르 베예는 알려지지 않은 인물로서 다른 사람들처럼 자신의 무력함, 기질, 개성, 성격을 가지고 어떻게 철학적인 문제를 탐구하는지 파악하기 위한 대단히 중요한 비밀이 하나 있다. 이런 모든 편견과 함께 하거나 대항하면서도 그는 자신의 본성으로 살아가기 위해 사색하고, 생리학적 · 생물학적, 그리고 특별한 필연성이라고 할 수 있는 것을 보편적인 진실로 변화시킨다. 그는 또한 어떤 제도를 완성함으로써 자신의 진정한 모습이 되려고 한다. 이것은 핀다로스의 시의적절하지 못한 교훈이다.

이 고백은 어디에서 나오는가? 이것은 그의 작업을 전체적으로 이해하기 위한 유용한 정보를 얻는 방식이 전혀 아니다. 그러나 말이 났으니 말인데, 이처럼 텍스트의 육체 속에 파묻혀 있거나, 여러 예들이 축적되어 『우정론』이라는 제목의 『소(小)개론』 중에 하나의 논거가 교묘하게 뒤섞여 숨어 있다. 라 모트 르 베예는 "자아와 조화를 이루며 살아가는 것"을 자랑하는 사람이 아무도 없다는 것을 확인했다. 자서전적 디테일을 갈망하는 이 회의주의자에게 그런 생각을 다시 해볼 가치가 있었다. 즉 라 모트 르 베예는—이것은 그의 말인데—"우유부단한가?" "결단성이 없는가?" "정신이 불안정한가?" "모순에 구속되어 있는가?" 그럴 수도 있을 것이다···. 구조적으로 어떤 입장을 정하지 못하고 단호하게 옹호하지 못하는 이 사람은 자신의 깊은 본성에 숨어 있는 회의주의를 찬양하기 위해 경우에 따라 다른 사람들의 교조주의를 공격하는 이유가 여기에 있다. 그는 자신의 기질에 따라 생각하고, 그럴 듯한 성격은 의도된 결정으로 바꾸고 난 다음, 자신이 기피하는 것을 다시 제 것으로 삼는다. 그때부터 본성적인 이 회의주의자는 세련된 독단주의자들의 적이 된다.

0 8 7

그 결과 전술한 위대한 세기의 모든 거장과 바로크 사상가들처럼 그에게도 이중 언어나 암호화된 글쓰기, 기호화된 술어, 가면의 실천, 은폐의 전략, 암묵적인 것 같은 자유사상 등 대학의 상투적인 언사를 무익한 길로, 길이 아닌 길로 간주하게 될 것이다. 라 모트 르 베예는 소르본 대학의 왜곡된 실천보다는 존재론적 사상의 새로운 예를 제공한다. 즉 그는 글쓰기를 통해 자아존재의 사용법을 해결하고자 한다. 이런 의미에서 그는 미셸 드 몽테뉴의 충실한 제자로 빛을 발한다.

영악한 자, 비극적인 자, 고독한 자. 라 모트 르 베예는 우정을 믿지 않는다. 그가 쓴 『우정론』을 보면 라 보에시(La Boétie)를 위해 몽테뉴가 세운 종이 묘지가 생각난다. 그는 우유부단한 사람인데, 세상을 있는 그대로 보거나 혹은 비극적으로 바라보며, 세상을 아름답게 바라보지도 그렇다고 암울하게 바라보지도 않는다. 인생 말년에 몰리에르의 영감이라고 할 수 있는 『슬픈 산문』을 쓰면서 그는 세상에 대한 지극히 명확한 시선을 보여준다. 로마 방식의 우정일까? 그것은 허구, 환상, 공상, 헛된 바람, 신화일 뿐이다. 오레스테스와 필라데스의 우정인가? 하나의 우화일 뿐이다. 그는 가까이나 멀리서 이런 라틴식 수사적 우정을 실행해 본 적이 전혀 없다. 동류의식이나 기회와 관심의 관계가 사실 속에 존재하지 않는 감정과 혼동되어 있다. 그리고 사물과 세계의 흐름으로 혼란스럽고 불안한 영혼의 바로크적 움직임을 존재론적으로 요구한 이 사람은 현자에게는 친구가 필요없다고 결론내린다. 그의 이상은 자신과의 고독과 자율, 그리고 평화를 가정하기 때문이다. 지상의 행복? 그것은 마음의 평정상태다. 달리 말하면 문제의 해결책 찾기를 포기하는 것과 같은 무념무상의 상태다.

어떻게 해야 하는가? 무절제를 배제하는 것이다. 씨당나귀의 습관을 잘 아는 훌륭한 회의주의자로서 라 모트 르 베예는 뷔리당의 당나귀 이야기를 알고 있다. 즉 선택하지 않는 것이 또 하나의 선택이다. 물 한 동이나 귀리 여물을 먹지 않으려던 긴 귀를 가진 당나귀는 배고프고 목이 말라 죽는다. 거기서 판단유보나 부정과 무(無)

가 아니라 중간과 균형을 위해서 그 유명한 퓌론식 '에포케' (판단중지)가 나온다.

구체적으로? 예를 들면 우정 속에서 그가 몬타누스파157년경에 프리기아의 예언자 몬타누스가 시작한 종교운동에서 비롯된 그리스도교의 이단 종파^{역자}를 따르지 않더라도 정반대의 길로 가지 않았고, 선택친화적인 모든 관계가 불가능하다고 생각했다. 사총사 모임과 유명한 퓌테안 아카데미^{피에르 뒤퓌와 자크 뒤피라는 형제가 운영하던 파리의 유명한 현학자들의 아카데미역자}에 정기적으로 참여하는 그는 시라노 드 베르주락을 자주 만났고, 몰리에르와 속을 터놓고 지냈으며, 인텔리 대귀족들의 특권적 관계도 알고 있었다. 그는 에피쿠로스 학파인 피에르 가상디와 함께 천문학 관찰에 참여했으며, 아리스토텔레스 학파로 국가의 이성에 대해 대화 상대자였던 가브리엘 노데, 혹은 세상 관습의 원천이 되었던 여행자 디오다티(Diodati)도 함께 했다. 라 모트 르 베예는 편견 없이 자유롭게 토론하는 신중한 전위대를 구성해서 허구화된 우정보다 체험한 우정을 실천한다. 몽테뉴에게 로마식 극단이나 염세주의적 결점과 마찬가지로 라 모트 르 베예는 모든 것을 언급하지 않거나 그 때문에 본질을 숨기지 않을 균형을 옹호한다. 대화와 교류 속에서 호의와 화합이 중요한 역할을 한다.

0 8 9

정치에서? 대공들과 세력가들의 유능한 유혹자 혹은 아첨꾼으로 여겨졌던 그는 왕자들에게 민첩하게 가정교사를 제안하는 디오누시오스 시라쿠사 궁중에 자주 드나드는 아리스티포스를 표방하지만 자유로운 인간으로서 정신의 독립을 간직하고 있다. 앙주 공작, 어린 루이 14세, 안 도트리쉬, 리슐리외, 마자랭뿐만 아니라 지위가 더 낮은 저명인사들 등 그 당시의 세력가들을 알고 지냈다.

그러나 거기서도 자신의 영혼을 잃지 않았다. 근 50년 동안 그의 철학적 출판물들이 이를 입증하고 있다. 너무 가깝지도 않고, 그 외면에도 불구하고 너무 멀지도 않게 그는 적절한 거리를 실천한다.

더 지엽적인 것이지만 자신의 진정한 절제 이론을 파악하기 위해 말하는 것인데, "요리학"의 『맛있는 식사론』에서 라 모트 르베예는 극단적인 고행과 단식, 궁핍, 바쿠스제라는 말을 쓰지 않는다. 성 피오르(Saint-Pior)가 사막에서 50년 동안 하루에 마른 빵조각 하나와 올리브 5개밖에 먹지 않은 것도, 페트로니우스가 가장 아름다운 팔레르노 산 포도주에 잰 암퇘지의 수많은 외음부를 맛본 것도 문제의 유일한 지침이었던 배고픔을 덜어보기 위해 필요한 것이었다. 비록 그가 때로 술에 취하는 것을 정당화할지라도 『회의주의적 향연』을 보는 것은 때로는 알코올이 억제되었던 것을 풀어주기 때문에 진리를 얻는 방법과 같다. 맛있는 식사는 사총사들의 저녁 식사에 대한 기억으로 식욕을 북돋우고 육체와 정신을 만족시킨다. 온갖 방탕에 빠져서 자유사상가 친구들을 자주 만났을 것으로 가정하는데, 그것은 착각이다. 에피쿠로스의 정원은 간소하고 지적이며 우정이 넘치는 연회의 모델이지, 페트로니우스의 『사티리콘』처럼 일종의 망상이 아니다.

일상생활과 철학생활 (그의 친구 시라노 드 베르주락은 그가 철학자로 살았다고 말한 적 있다)에 속하는 수많은 주제에 대해 라 모트 르베예는 적절한 거리를 두는 같은 원칙에 따라 실행한다. 패션은? 당시의 우스꽝스러울 정도로 유행에 빠지지 않고, 긴 끝을 가진 기다란 부츠나 발목에 부푼 가죽 풀무가 있는 장화를 신지 않으며, 그다지 새것도 아니고 사용하지도 않은 옷이지만 화려하지 않아도 아무도 놀라게 하지 않는 옷을 더 좋아한다. 잠? 경솔하게 잠을 깨지 않는 것이다. 불면증 환자들을 동정하며, 마르모트처럼 잠자는 것이 아니라 육체가 요구하는 대로 해주는 것이다. 돈? 견딜 수 없는 빈곤도 아니고 재산을 얻기 위해, 또 때로 재산을 보존하기 위해 지나치게 군림하는 재산도 아니다. 규칙? 지나침도 아니고, 지나치게 없는 것도 아니며, 적절한 중간이며, 신중함과 그 유명한 평정심이며, 진정한 무념무상을 일으키는 혼란의 부재상태다.

철학적 삶의 일관성. 라 모트 르 베예는 살기 위해 궁중을 자주 드나든다. 그에게 가족이 남긴 재산이 없기 때문이다. 팽타르는 스스로 부인하면서도 그렇게 말했다. 그러나 그는 전혀 반박하지 않는다. 그는 탁월한 강론을 펼치는데, 목적은 다르지만 사람들 각자에게 구체적인 내용 때문이다. 왕가의 가정교사로서 자신의 교육 서비스를 제안하기 위해 『황태자 교육론』을 쓴다. 일단 그런 역할이 주어지자 그는 여러 권의 책을 더 쓰는데, 『왕자의 지리』, 『왕자의 도덕』, 『왕자의 수사학』, 『왕자의 경제학』, 『왕자의 정치』, 『왕자의 논리학』 등 실제적이고 이론적인 작업들이다. 추기경 리슐리외를 위해 『뤼첸의 전투론』이나 『네덜란드의 휴전 제안론』 등을 출판하고, 그를 아카데미 회원으로 청원한 리슐리외에게 『영혼불멸의 기독교 소론』을 바친다. 그는 항상 먹을 것을 위해 일하고, 아첨꾼으로서 자신의 소임을 다한다.

철학자로서 이런 상황 말고 다른 영역에서도 자신의 사상의 깊이를 표현한다. 특히『고대인들을 모방한 대화』의 시리즈뿐만 아니라, 등장인물의 다양한 사상을 공식화하기 위한 여러 계기가 된 『소책자와 소개론』에서도 나타난다. 이 철학자는 양심의 심판으로 자신의 기독교적 회의주의에 대한 분명한 사상을 자유롭게 표현한다. 동시에 정치, 외교, 교육학 전문가로서 '판단유보'가 도교와 같은 무기력함이나 무행동이 아니라, 국가의 법과 관습을 따름으로써 중용을 위한 행동이라는 것을 보여준다. 이보다 더 일관성이 있는가?

인간, 삶, 작품, 사상을 이해하기 위해 '모랄린' 니체가 모랄을 반어적으로 말한 것이다^{역자}은 제쳐두자. 팽타르 이후 그를 우스꽝스럽게 만드는 위선적인 태도는 그 의도를 짐작케 한다. 그의 사상이 아닌 것을 끌어내고, 그의 개념이 아닌데도 그의 탓으로 돌리며, 그의 침묵이 본질을 구성하고 있었을 때도 그가 쓴 글이 마치 아무 의미가 없는 것처럼 그의 작업에 접근한다. 그런데 그 텍스트를 고문시키면서 그가 침묵하는 것을 보여준다고 주장하는 쪽은 대학이다. 라 모트 르 베예가 신의 존재를 인정한다면 그것은 자신의 무신론을 은폐하기 위해서다. 그가 기독교인이 되어야 할 필연성을 언급하는 것도 그의 무신앙을 더 잘 숨기기 위해서다. 물론 그는 자유사상과 자유사상가의 존재를 숨긴다. 그가 종교를 인정할 때 그의 말을 아무것도 아닌 것으로 여긴다. 그가 침묵한다면 자신의 침묵에 대해 그의 의도를 이단으로 일반화해 버린다. 이런 식으로 그에게 철학자로서 삶의 교훈과 작품을 희생시키고 열렬한 지지자에게는 적절한 색깔로 덧칠한다.

철학적으로 진기한 물품 전시실.

알렉산더 코이레 (Alexandre Koyré) 이후 프톨레마이오스의 닫힌 세계에서 코페르니쿠스의 무한한 우주로 가는 현상학적·존재론적 결과는 대단히 발전해 왔다. 그러니까 아리스토텔레스적 기독교적 지구중심설이 근대적 태양중심설로 바뀌면서 세계관은 변했을 것이다. 고대 세계의 종말, 근대성의 탄생 등. 신, 공간, 정신, 물질, 우주, 시간, 세계, 계보학 이런 모든 것을 달리 사고하게 된 것이다. 유한 속에 정리정돈되어 계층화된 우주, 관념적인 우주의 존재, 질서정연한 공간, 하늘의 세속화를 허용하는 우주의 파괴. 즉 인간은 이제부터 자신의 고유한 법칙을 따르는 세계, 다시 말해 알레고리나 이론적 허구가 아니라 수학적 공식화로 귀결할 수 있는 세계를 재발견한 것이다.

0 9 3

그러나 또한 잊고 있는 것은 이 천문학적 혁명의 중심 이탈과 마찬가지로 1492년 신세계의 발견을 함께 놓고 생각해야 한다는 것이다. 이 시기는 코페르니쿠스적 종류의 지적·개념적 혁명도 나타난다. 이때부터 백인과 기독교 유럽의 제한된 세계에서 종교적·철학적·현상학적 관점의 확산과 더불어 다양하고 복잡하며 유색의 우주로 이행한다. 여행 이야기는 적어도 인식체계 변화의 경제 속에서 유성의 운동에 대한 발견만큼이나 중요한 역할을 한다. 코페르니쿠스의 하늘에서 일어나는 현상이 마찬가지로 크리스토퍼 콜럼부스의 육지나 바다에서도 일어나는 것이다.

이 바로크 운동에서 라 모트 르 베예의 철학적 특징은 중심이 사라지고 타원이 등장한다는 것이다. 『신성의 주체에 대한 대화』에서 신을 "어디에도 중심이 있고 어디에도 주변이 없는 관념적인 영역"으로 정의하면서 블레즈 파스칼이 교육적 대중성을 제시하는 대헤르메스의 사상과 은유를 재활용하는 것은 당연할 것이다. 적어도 파르메니데스 이후 더 많은 초점과 중심의 사라짐, 원과 구의 종말, 완벽한 알레고리, 압도된 움직임, 타원, 볼록곡선, 오목곡선, 달리 말하면 바로크의 본질이 남게 된 것이다.

이 시대의 특징적인 것들 가운데 하나가 진기한 것들의 전시실인데, 거기에는 희한하고, 이국적이며, 이상하고, 엉뚱하며, 그림 같은 물건들이 뒤죽박죽 진열되어 있다. 라 모트 르 베예의 철학작품은 종이로 만든 진기한 물품 전시실과 같다. 사실 거기서 겉으로 보기에는 잡다하고 다양하며 되돌릴 수 없는 골동품같아 보이지만, 처음 보기에 무질서와 모순에도 불구하고 하나의 진실이 다양한 진실이 되는, 말하자면 하나의 지시대상이 부재하고 무질서를 피할 수 없는 새로운 세계관을 유도한다.

가상디의 친구, 그러니까 라 모트 르 베예의 친구이며 루벤스와 편지를 주고받는 사이, 또 갈릴레이의 대화 상대자인 니콜라 페레스크(Nicolas Peiresc)는 당대의 가장 아름다운 전시실 중 하나를 소유하고 있다. 이런 잠재적인 박물관에서 흔히 멀리서 왔거나 시간이나 공간을 초월한 물건들을 발견하게 된다. 즉 이집트의 미라, 브라질 깃털 외투, 티벳 신발, 드문 새 부리, 희한한 보석(취석, 화석, 호박 등), 목매어 죽은 사람들의 정액으로 생산된 것으로 믿는 만드라고라, 오직 크리스마스 저녁이나 출산 일에만 피는 제리코 장미, 일각수의 뿔이 된 돌고래의 이빨, 혹은 괴물, 키메라 등. 즉 용이나 히드라, 사실 가오리와 도마뱀 또는 토끼와 뱀 사이에 멋지게 기워놓은 것 같다.

프랑수아 드 라 모트 르 베예의 작품을 읽는 것은 진기한 물품 전시실로 그의 시선을 움직이는 것과 같다. 물론 개념뿐만 아니라 보석이나 귀금속, 보기 드문 껍질로 장식하거나 유명한 예술가들이 그린 가구도 있다. 그가 사상가 혹은 철학자로 의사를 표현할 때 수많은 수식, 화려함, 양(量), 무질서, 생생한 확장에 너무나 익숙한 바로크 예술가의 문체와 기질을 가지고 실행한다. 아폴리니즘? 라 모트 르 베예의 대척점에 있는 직선, 수직과 수평선, 분명한 평면, 간결한 파사드와 극단적인 조합이 아니라 힘과 에너지, 풍성함으로 구축되어 있는 미덕이다.

선과 악의 이쪽. 이 철학자가 자신의 논증을 세우는 유동적인 복안은 교훈적인 독서를 방해하는 것이다. 라 모트 르 베예는 찬사나 비난, 찬양이나 불신을 이용하지 않는다. 그의 작업은 선과 악의 '저쪽'이 아니라 '이쪽'에 위치하고 있다. 전에는 잘못과 원죄 전의 아름다운 시절처럼 순수한 상태였다. 남극의 땅에서, 티벳의 산기슭에서, 중국의 강둑에서, 페루 건축물들의 그늘에서, 아이슬란드 땅의 차가운 바람 속에서, 아나톨레의 뜨거운 모래 위에서, 마르코 폴로나 바스코 다 가마의 발자국에서 이 철학자는 자신의 사상을 전개한다. 즉 세계를 시각적으로 설명하거나 우주를 훔쳐보듯 고찰하는 방식이다. 성경은? 코란이나 여행담 그 이상도 그 이하도 아니다. 그는 신세계의 발견자처럼 간주하거나 정복자처럼 생각하

라 모트 르
베예와
"자아쾌락"

고 대서양을 횡단하는 배의 선창처럼 결론내린다.

　　유대-기독교 도덕이 우리의 태도를 결정하고 그것이 육체의 사용방식을 정하는가? 물론이다. 라 모트 르 베예는 이에 대한 반대의 글이나 언급도 전혀 없다. 그러나 유럽을 넘어서 다르게 생각하고, 다르게 살고, 다른 방식으로 사물에 접근하는 사람들이 있다는 것을 분명히 밝히고 있다. 숟가락을 사용하는 사람도 있고, 손으로 먹는 사람도 있다. 근친상간에 영벌(永罰)을 내리는 나라도 있고, 아버지가 딸의 처녀성을 빼앗는 나라도 있다. 어떤 종족들은 죽은 사람들을 매장해서 벌레의 먹이가 되게 하는가 하면 구워서 먹는 종족들도 있다. 신이 인간의 행동을 판단한다고 믿는 사람도 있고, 신은 돌에도 있고 식물이나 동물에도 있다고 믿는 사람도 있다.

　그 결과 철학하는 민족학자로서, 혹은 민족학을 하는 철학자로서 이 회의주의 기독교인은 책과 서재보다는 다른 장소와 공간에 살고 있는 사람들의 관습과 풍습에 대해서 사고한다. 예를 들면 관습상 세상의 진기한 물품 전시실에서 나오는 교훈이 유대-기독교적 교리보다 더 중요하다. 물론 10계명도 있고 성경도 있지만 이 철학자는 저 너머의 세계도 저쪽의 세계도 아닌 지적 한계의 이쪽 세상에서 사고한다.

동물 성애, 식인종, 분식성(糞食性).　이른바 고대인들을 모방하는 대화의 관점에서 보면 라 모트 르 베예는 연극무대의 등장인물들과 함께 있는 작가처럼 행동한다. 다 아는 얘기지만, 칼

데론 데 라 바르카(Calderón de la Barca)17세기 스페인 황금 시대의 바로크 극작가이며 시인. 희곡 「인생은 꿈」으로 유명하다^{역자} 이후 "인생은 꿈"이며, 연극은 실제만큼 진실하고, 세계는 연기와 같은 일관성을 지닌 허구다. 등장인물들은 객석에서 연기하고, 무대에서 벌어지는 삶은 일상적인 삶과 전혀 다르지 않다. 마르셀루스, 오라시우스, 디오토리우스, 디비티아쿠스, 크세노마네스, 에라스트 등은 『회의주의적 향연』에서 평상시와 다름없이 친구들처럼 의견을 교환한다.

에라스트(사랑하는 사람, 그리스식 사랑에서 능동적인 사람)도 회식자들과 함께 대화에 끼어든다. 그는 신선한 자연으로 둘러싸인 신세계에서 발견한 것들을 얘기한다. 그 자연은 우리에게 무엇을 가르쳐 주는가? 식인풍습에도 야만적 논리가 아니라 합리적이고 마땅한 이유가 있다. 식육성, 분식성, 동물 성애, 동성애, 근친상간, 자위도—"관대한 외과학"이나 "신경의 기만"도—마찬가지다. 동물이나 원시부족, 최초의 문명도 이런 식이었기 때문에 이 모든 것은 전혀 자연에 반하는 것이 아니다.

로마 가톨릭의 금기사항은 전혀 문제가 안 된다. 더군다나 라모트 르 베예는 고대인들이 아주 먼 시간과 지리학에서 그들의 자연스런 반응을 보여준다는 것을 입증하기 위해 구약성경의 수많은 인용 앞에서 주저하지 않는다. 구약성경의 전체는 성경을 티벳 여행객의 여행담과 꼭 같은 인식론적 민족지학의 자료로 바꿔버리는 이 회의주의와 아이러니 철학자에게 증거자료가 된다.

더 자세하게 살펴보자. 동물 성애를 예로 들면 호메로스와 베르길리우스를 선두로 위대한 신화 이야기가 이를 입증하는데, 파시파에(Pasiphaé)그리스 신화에서 미노스 왕의 아내이며, 반은 인간이고 반은 황소인

미노타우로스를 낳은 것으로 알려져 있다^{역자}와 황소, 세미라미스(Sémiramis)
바빌론의 전설적인 여왕으로 반은 여자이고 반은 물고기처럼 생긴 여신이다^{역자}와 말
등이다. 역사가들도 마찬가지로 이를테면 헤로도투스는 숫염소와
짝을 이룬 이집트 여자들을 이야기한다. 시릴 드 노보가르디아(Cyr-
ille de Novogardia)의 독자인 라 모트 르 베예는 모스크바 공국에서도
동물들과의 성교가 있었다는 사실을 알고 있다. 작가는 인간이 성
적으로 숭배했던 암소의 살과 우유의 소비를 정당화하기 때문이다.

그리고 수많은 여행담이 이를 확인해 준다. 이를테면 포르투
갈 사람들은 동인도에서 원주민들이 '페스카도무제'(Pescadomuger)
라는 물고기가 자신의 아내와 너무나 닮아서 아내처럼 생각한다는
사실을 발견했다. 모잠비크의 흑인들도 같은 지적을 했다. 마찬가
지로 니콜라 콘티(Nicolo Conti)는 코생 강에서 멀지 않은 곳에서 같
은 종류의 동물이 물에서 나와 둑 위에서 불을 켜고, 다른 물고기들
을 유인해서 성경에 따라서 그것을 먹는다는 보고를 하고 있다. 다
른 증거들은? 이것들뿐만 아니다. 티티카카 호수의 둑 위에 사는 우
로스 다코스타는 인간이라기보다—그들의 성이 이를 입증하는
데—수상생물로 정의되고 있다. 고대로 돌아가 보면 플리니우스고
대 로마의 중요한 작가이며 자연주의자^{역자}는 아르고스에서 거위와 올레누스
와의 러브 스토리, 기타 연주자인 글라우케와 숫양과의 러브 스토
리도 얘기한다. 그 외에도 해면동물을 잡는 어부와 사랑에 빠진 바
다 송아지 이야기도 들어 있다. 장 레옹(Jean Léon)에 의하면 여자들
이 치마를 들어올리면 여자들에게 용서를 구하는 (무슨 일로 그러는
지 모르지만) 일부 사자들의 습관도 보고되었다.

공상들이 난무하는 진기한 물품 전시실을 좋아하는 이 철학

자는 괴상한 결합으로 마무리하면서 말도 안 되는 처방을 내놓는다. 즉 독수리와 암늑대 사이의 결합이나 타조의 결합, 즉 가금류와 낙타의 결합. 물고기들도 마찬가지다. 이처럼 리노바토스와 스카티노라자를 번식하는 상어와 가오리 사이의 그림 같은 사랑도 있다. 라 모트 르 베예는 단 한 쪽에 진기한 물품 전시실의 동물성애적 목록을 작성했다.

🐌

사상을 숨기고 펼치기. 라 모트 르 베예는 이와 같은 일련의 푸리에주의자공상적 사회주의^{역자}적 특징으로 무엇을 노리는가? 그것은 중첩을 통해 혼란을 일으키고, 얼떨떨하게 하며, 기존의 확신을 방해하고, 불안하게 하며, 의심을 불러일으키는 것이다. 이런 다양한 진실이 내가 오래 전부터 믿고 있는 진실을 무효로 한다면 어떨까? 세상 전체가 옳다면. 즉 내 생각이 틀리다는 것이다. 반면에 세상이 틀리면 내 말이 옳은 것이다. 그러나 반대자의 의견이 상대방보다는 옳다는 내 말을 어떻게 입증할 것인가? 몽테뉴의 말이 옳다면, 우리가 진실이 아닌 것을 야만이라고 인정한다면 이 세상에 야만은 없으며, 모든 것이 가능하고, 적어도 모든 것이 가치 있는 것처럼 보인다. 높은 것도 낮은 것도, 오른쪽도 왼쪽도 없으며 나침반도 없다. 표지를 정해주는 것은 아무것도 없고, 다만 정신적 도취상태와 개념적인 취기만 있을 뿐이다. 그것은 적어도 혼란을 중지시키는 확신이며, 퓌론식 '에포케'에 이르기 위한 서막이자 방법이다.

정(正)은 반(反)을 부르고, 곡선은 오목곡선을 유도하며, 긍정

0 9 9

은 부정을 생성한다. 회의주의적 변증법은 산술을 제안하는데, 거기서 무의미하거나 중립적 결과를 목표로 하는 반가치가 동반되어 나타난다. 흑백, 즉 색깔의 부재와 좌우, 고저, 즉 위치 측정의 부재, 그리고 여기와 저기, 이런저런 사정에 따라 이런 말 저런 말을 하고 덧붙이는 등. 이런 역동적이고 변증법적인 놀이, 영원한 움직임, 이런 의미에서 이것은 바로크적인 놀이이며, 득은 실과 같다. 이런 다양한 상황들이 나타난다.

라 모트 르 베예는 질 들뢰즈가 독점적으로 바로크의 특징을 '주름'이라고 한 은유를 먼저 사용했다.『고대인들을 모방한 다섯 가지 대화』중「완고함에 대하여」에서 그는 "우리가 바라보는 장소에 따라 아주 다른 형상을 재현하는 주름으로 만들어진 이미지"에 대해 언급한다. 동시대 사상가는 이 주름 이미지를 통해 사라지는 힘과 선을 입증해낸 것이다. 인간은 모든 사물의 척도라고 한 프로타고라스의 먼 옛날 제자처럼 이 회의주의 철학자는 관점주의의 진실, 즉 하나의 진실은 존재하지 않는다는 생각을 한다. 더구나 그는 이것을 굳게 믿고 있다.

그의 일생이 주름이다. 철학도, 글쓰기도, 등장인물도, 논증도, 결론도 마찬가지다. 라 모트 르 베예의 입장에서 보면 의도적인 전략이 틀림없는데, 그는 음악, 미술, 문학, 건축뿐만 아니라 우리가 언제나 잊고 있는 철학에 주입되어 있는 그 시대의 형태와 힘의 함축성을 인정한다. 기독교의 회의주의적 작품은 이 숭고한 모순어법과 더불어 루벤스가 그린 육체, 베르니니가 새긴 대리석, 혹은 제수알도(Gesualdo) 이탈리아 르네상스를 대표하는 최후의 마드리갈 작곡가로 약 150곡을 남겼고, 그 당시 가장 혁신적인 작곡가로 유명하다[역자]의 오페라와 같은 방식으로 그 시대의 정신 속에 새겨져 있다.

작가의 삭제. 그는 자신을 숨기고, 자신의 유일한 사상의 무대 전면에서도 자신의 본명을 지우고 익명 속에서 명멸했다. 따라서 프랑수아 드 라 모트 르 베예는 고대인들과의 대면에서도 익명으로 자신의 자리를 대신했다. 나이 마흔을 넘겨서 첫 저작을 출판하는데, 『고대인들을 모방하는 네 가지 대화』가 그것이다. 그러나 본명이 아닌 오라시우스 투베로라는 이름이었다. 80세 넘어서 나온 『6일간의 전원 이야기』를 출판하고, 재판할 때 투베르투스 오셀라라는 이름을 썼다.

눈이란 뜻의 우쿨루스를 줄인 라틴어 오셀루스(ocellus)에서 나온 오셀라(Ocella)는 보는 것을 의미하는데, 르 부아예(Le Voyer), 즉 견자라는 뜻이 진전된 형태, 르 베예(Le Vayer)와 일치한다. 투베르투스는 '투베로'에서 작은 언덕을 의미하는 라 모트가 되었다. 이 철학자는 언덕 위에 앉아서, 언덕에서 세상을 바라본다. 자신의 몸을 숨기고 훨씬 더 잘 보는 것이다. 그리고 언덕은 프로이트처럼 「요정의 동굴」을 쓴 방탕한 작가에게 『6일간의 전원 이야기』에서 6일간의 이야기 중 넷째 날, 그 성적(性的) 암시를 피하지 못했을 것이다.

익명으로 자신의 이름을 숨길 뿐만 아니라 은폐된 장소에서 자신의 출현을 숨기는, 즉 작품은 잘못된 편집장소(프랑크푸르트), 잘못된 편집자(장 사리우스), 잘못된 연도로 출판된다(첫 네 편의 대화

라 모트 르 베예와 "자아쾌락"

에 대한 실제 연도인 1630년, 나머지 5편의 대화 실제 연도인 1606년으로 하지 않고 1506년으로 앞당김). 그 작품은 단 35부만 찍었는데, 그 중 한 부가 데카르트의 손에 들어가게 된다. 그는 이 책을 두고 1630년 5월 6일 메르센에게 '고약한 책'이라고 언급한 바 있다.

신중함과 침묵에 대한 욕망이 라 모트 르 베예에게 대단히 강한 것 같다. 그렇지 않았다면 화형대에 오른 조르다노 브루노와 쥘 세자르 바니니가 되었을 것이다. 현명한 회의주의자는 권태에 과감하게 맞서지 않으며, 자신의 중요한 사상을 위해 위험을 감수하지만 지속적인 고행으로 얻은 소중한 신중함과 침묵을 끝까지 지킨다. 중요한 것은 무엇인가? 무대, 극장, 작품, 인물들, 연기, 줄거리, 교훈이지 작가가 아니다. 역전의 인물들은 무대 뒤에 있는 법이다.

접기, 펼치기, 과잉 접기. 주름에 대한 테마를 계속 변형시켜 보자. 라 모트 르 베예는 육체 속에 똑같은 비틀림, 자신의 텍스트의 오목한 곳과 중심을 움직인다. 작가는 사라지지만 그렇다고 사상이 펼쳐지지 않는다. 빛과 어둠의 놀이는 텍스트에서 계속 나타난다. 거기서도 고전 사료편찬, 달리 말하면 대학의 접근이 가면과 암호화된 은폐, 심연의 원칙으로 배열된 변장의 전략을 중시한다.

산문적이라기보다 오히려 그 당시에 높이 평가된 회화적 명암효과를 보자. 즉 라 모트 르 베예(1588-1672)는 화가 카라바조(1571-1610), 라 투르(1593-1652)와 렘브란트(1606-1669) 등과 동시대 사람이다. 그러나 내가 알기로 이 세 사람들은 자신들의 그림에서 멋진 검은 색에서 아무것도 숨기지 않는다. 어둠은 영롱한 빛에 필요한 가치로 작용하고, 어둠을 뚜렷하게 하는 밝음을 가능하게 한다. 이 철학자의 저작들은 부분적으로 신중한 태도와 그 당시의 바로크적 사상의 동질성을 통해 빛과 어둠의 변증법을 자극한다.

이 바로크 철학자는 명증함과 분명함의 데카르트적 욕망을 무시한다. 낮의 밝음과 밤의 어둠을 좋아하는 물질로 연구하면서 그는 가끔 밤의 밝음에 대한 낮의 어둠을 제안한다. 빽빽하게 그려진 텍스트의 아름다운 밤에 잠재적인 최대한의 형태로 모든 불로 빛나는 사상의 불빛이 솟아날 준비를 하고 있다. 즉 라 모트 르 베예의 주요 명제다.

따라서 유동적이고 뒤틀린 이 사상을 그의 보편적인 건축 안에, 어떤 명확한 사고 안에 담아보자. 즉 진실은 존재하지 않고 다만 진실처럼 보이는 것만 존재할 뿐이다. 지나침을 비난할 수 있으므로 중용을 바라자. 이성은 무기력하므로 관습을 따르자. 독단론은 삶을 망치므로 회의주의가 삶을 유혹한다. 고요하지 않음은 혐오스러울 수 있으므로 정지상태가 우리를 구원한다. 이 철학의 총체가 본질로 이끈다. 즉 이것은 『늙음에 대하여』에서 전달된 교훈인 "자아의 쾌락"이다.

1 0 3

14

밤의 논리. 이 철학자의 바로크적 어둠을 분명히 밝혀보자. 연기를 만들고 수평선을 어둡게, 담화를 모호하게 만드는 방법

라 모트 르
베예와
"자아쾌락"

중 하나는 '인용을 반복하는 데' 있다. 물론 그 당시 책을 사고 읽는 사람들은 거의 없다. 사람들 거의 전부가 문맹이고 가난하다. 사제들이나 약간의 교육을 받은 귀족들이 라틴어를 읽는다. 따라서 세네카, 플루타르크, 바로크 시대의 다른 주역들에게서 빌린 것을 사람들에게 번역할 필요가 없었다. 그러나 라 모트 르 베예는 키케로의 라틴어에다 아리스토텔레스의 그리스어, 원래 언어에서 인용한 속담들에서 온 스페인어와 이탈리아어로 확대한다.

몽테뉴 이후 텍스트나 작품의 경제 논리에서 인용이 차지한 역할을 우리는 알고 있다. 남의 생각이나 다른 사람의 명제 등은 물론 공개적으로 동의하지 않아도 되지만 상감기법처럼 흔적 없이 독자에게 제안할 수 있는 것이다. 루크레티우스는 『사물의 본성에 대해서』에서 신들은 인간에게서 나온 것이고, 인간은 신을 창조해서 두려움을 쫓는다고 썼다. 물론 라 모트 르 베예는 루크레티우스의 말을 인용은 하지만 말하지 않는다. 어쨌든 그렇게 전해지고 있다.

때로 참고문헌도 무시된다. 그것을 분명하게 요구하지 않기 때문이다. 그 당시 저작권은 존재하지 않았고, 따라서 인용에 대한 법도 존재하지 않았다. 윤리도 고려되지 않고, 그 출처를 드러내지 않고 빌리거나 선취할 수 있으며, 악의도 무례함도 없다. 『수상록』은 물론 많은 인용문뿐만 아니라 키케로, 세네카, 플루타르크의 사상으로 이루어져 있다. 텍스트의 구조가 자료보다 더 중요하다. 이처럼 라 모트 르 베예는 피에르 샤롱의 선(善)에 대해 두세 번 언급하지만 샤롱을 인용하지 않았고, 샤롱의 제안인 '무와 평화'를 차용해서 『회의주의적 향연』의 대화 상대자인 크세노만의 입을 통해 그의 제안이 언급하고 있다.

철학적 연극. 수많은 인용 후 작품 속에 나타나는 또 다른 주름, 『대화편』. 플라톤은 귀중한 편지를 대화형식으로 빌렸지만 약한 대화 상대자들인 고르기아스(Gorgias)나 프로타고라스(Protagoras) 편의 소피스트파, 필레보스 편의 퀴레네 학파로 구성되어 있다. 이처럼 온갖 미덕을 지니고 모든 능력을 부여받은 플라톤화된 소크라테스와 함께 (남을) 속이는 것은 더 쉽다. 물론 그는 키케로지만 허구화된 대화의 목적 내에서다. 혹은 아리스토파네스처럼 이상하고 플루타르크처럼 심오한 루키아노스다. 항상 서로 대화를 주고받고 있다는 인상을 주지만 최후의 원칙에 따른다. 즉 오류에 대한 진실, 악에 대립된 선, 의견에 맞선 관념 등등.

라 모트 르 베예에게 대화의 실천은 이런 논리에 따르지 않는다. 그의 글에서는 각자가 상황에 따라 틀리거나 옳을 수 있기 때문이다. 어떤 경우는 진실을, 다른 경우는 오류를 가정하는 이중 원칙에서 대화가 실행되지 않는다. 독자에게 현기증이나 취기, 어지러움, 불균형, 불안을 일으키기 위해서 무대를 설계하고 사상의 스펙터클을 제안하는 것이 어떤 생각을 기만하는 것보다도 그에게 더 중요하기 때문이다. 무기력에다 심리적·정신적·예비적 지적 상태를 일으키는 데 부심하면서 제자리를 빙빙 도는 춤을 추는 이슬람교 수도승처럼 말을 주고받는다.

라 모트 르 베예는 어디 있는가? 익명의 조직 속에 은폐해 있는가? 여러 인물들 속에 숨어 있는가? 단 한 사람 속에 있는 전부인가? 모든 사람들 속에 있는 일부인가? 그는 완전히 에라스투스주의

1 0 5

라 모트 르
베예와
"자아쾌락"

자에라스투스는 스위스의 의사이자 종교가로 교회와 국가의 관계에서 국가권력지상주의를 중시함^{역자}이며 근친상간, 자위, 호모, 동물 성애 등등을 찬양하는가? 그는 『찬양할 만한 무지의 대화』에서 오라시우스와 대화하는 테라몽 속에 자신을 숨기고 자기 나라의 법과 관습, 종교를 따라야 한다고 하는가? 노총각으로 살다가 그 후 오랫동안 결혼했고, 홀아비가 되고, 자기 딸만한 나이의 젊은 여자와 뒤늦게 재혼한 그가 결혼의 미덕을 찬양하는 독신자 카상데르나 독신을 찬양하는 결혼한 필로클레스를 닮았는가? 그의 변신은 무한하다. 라 모트 르 베예는 타르튀프나 동 주앙, 알세스트와 여러 디아푸아뤼스가 무대 위에서 활기차게 말하며, 무대를 차지하고, 막이 내리면 사라지는 몰리에르 장르를 구체화한다.

익명으로 나온 첫 저작 『풍부한 인용』, 두 번째 『대화기법』이 나온 후에 세 번째는 『변증법적 마술』이다. 이 철학자의 사상은 고대 그리스 로마 저작에서 추출하거나 무대 등장인물들의 연기, 또 말의 거울놀이 등에서 나오는 유동적인 결과다. 대화의 변증법은 (강한) 힘을 희생시키고 유동성을 수없이 늘여가기 때문이다. 그것은 아폴론적 건축물보다 오히려 억제할 수 없는 식물성의 풍성함이며, 고전적 샘에 있는 움직이지 않는 돌에 대한 바로크 분수의 물이다.

담화가 끝나면 즉각 반론이 따른다. 다음에는 반론의 반론이다. 몇 차례의 반론이 오고간 후 더 이상 반론이 따르지 않는다. 즉 누가 누구의 명제를 반론하는가? 이미 반론의 반론인가? 그렇지만 시작의 대상은 무엇인가? 어떤 명제인가? 이처럼 『회의주의적 향연』에서 작품 전체의 주요 대화에 여섯 명의 등장인물이 등장한다.

즉 마르셀루스, 오라시우스, 디오도루스, 디비티아쿠스, 크세노마네스, 에라스트 등이다.

　　마찬가지로 익명은 개념적인 인물과 실제 생애가 뒤섞이는 양상들을 가로지른다. 즉 노데나 디오다티의 회의주의자와 교의주의자다. 교의주의자는 자신이 말하고 자신의 생각을 드러낸다. 회의주의자는 모방하고 드러난 명제를 비판하지만, 그렇게 하기 위해서 그 명제들을 명확하게 다시 표명한다. 제3자는 자신의 관점을 제안하면서 제1관점에 대해 제2관점을 없애버린다. 즉 이 관점 저 관점에 대해 가식적인 그는 모든 사람을 지지하지 않는다. 흔적이나 향기, 소멸, 퓌론식 정원에서 향기나는 소용돌이처럼 서로 오고간 생각들이 남아 있다.

　　허구적 구술, 진정한 바로크 건축이 거울과 빛의 놀이에 추가 된다. 즉 구두점으로 파괴된 형식 혹은 시기에 따라 리듬을 맞추고, 길이를 늘리며, 일화의 목록과 동일한 전개 속에 삽입된 통사구조에 의해 윤곽이 잡힌 형식이다. 라 모트 르 베예는 은유도, 알레고리도, 스타일의 양상도 남용하지 않으며, 격자구조로 된 진기한 물품 전시실을 담는 데 혼신을 다한 소목장이가 그 전시실의 가구를 다루듯이 그의 글쓰기를 세공한다.

16

어둠 속 빛의 흔적들.　익명과 인용, 변증법으로 은폐된 어둠 속에서 때로 해명이 되는 희미한 빛과 채광이 보인다. 그러나 그런 자료들은 많지 않다. 두세 개의 자료에서, 특히 『작가의 편지』

에서 라 모트 르 베예는 단서를 제공한다. 서론에서 "문체의 자유", "밀수입품", "우화", "역설"―회의주의자에게 모든 것은 우화이며 역설이다 ― "자유사상가의 손", "카프리스"와 '환상', "자유사상 텍스트의 엉뚱함", "데모크리토스의 웃음" 등에 대해 언급한다.

거기에 내밀한 이야기, 독특한 기술적 제안―출판하기 전 9년간 수사본으로 남아 있음―및 후원과 신의에 대한 무시, 어리석고 시기하는 독자들의 가시돋친 말, 구속의 거부, "무지하고 사악한 시대", 종교적인 것들의 외양에 대한 제거, 그다지 많지 않은 소책자의 글쓰기를 위해 공고된 선호도 등이 첨가되어 있다. 그리고 난 다음 바로크 은유가 차지하고 있다. 즉 "환한 빛의 섬광과 대낮"보다는 "친근한 서재의 어둠"을 더 좋아하는 분명하고 솔직한 감정이 나타나 있다. 라 모트 르 베예는 자유사상가의 엠블렘으로서 "어리석은 다수", 서민들, 어둠에 싸인 수많은 것을 좋아하지 않는다. 오히려 그는 계몽을 위한 제한된 공동체, 즉 테트라드, 세나클 뒤피, 아카데미 퓌테안 등 본질이 작용하는 새로운 철학적 무대를 선택한다.

게다가 우리는 자유사상가들이 자신의 일상적인 본질을 확보해야 하는 사람들, 즉 손수 일하고 자신의 육체와 육신, 영혼, 자유, 지성을 포기해야 하는 구속된 사람들을 위해 어떻게 글을 쓸 것인지 잘 알지 못한다. 젊을 때부터 들에서, 시장에서, 작업장에서, 바다에서 일한 농부와 생선장수, 목수, 어부가 어떻게 책을 통해 배우고, 독서를 좋아하며, 외국어를 이해하고, 교양 있고 현학적인 세계에서 발전하며 철학의 변증법적 미묘함을 파악할 수 있겠는가? 그들의 소득에 비해 비싼 책값도 그런 것을 접하기 어렵게 할 수 있을 것이다.

　그러면 자유사상가는 누구에게 자신의 의사를 전달하는가? 누구를 위해 글을 쓰는가? 책을 읽고 쓰고 막연하게 생각할 줄 아는 (극소수의) 여자들과 (많은) 남자들, 잠재적으로는 어원적 의미에서 교양 있는 사람들을 위해서다. 다시 말하면? 사회적 제도를 재생산해야 하는 엘리트를 교육시키는 임무가 주어진 사제들과 여러 성직자들이다. 일부의 귀족도 포함되지만 전부는 아니다. 교육받은 계급인 일부의 군대. 그 당시에 그런 사람들은 거의 없다.

　자유사상가로서 샤롱을 선두로 라 모트 르 베예는 "서민들의 숨결이 전염될까" 두려워한다—『말하는 공통적인 방법에 대한 회의주의적 소(小)개론 : 상식을 갖지 않기』에서 언급되었다. 그렇지만 그들은 그다지 두려워하지 않는다. 희귀하고 귀한 작품들은 예나 지금이나 "독단론"이나 "회의주의론", "무기력"이나 "실어증" 사이에서 선택을 비웃는 가난한 사람들이나 문맹자들의 손에 들어가지 않기 때문이다.

　따라서 어둠은 서민들에게 잘 어울린다. 그것은 그들에게 맡겨두자. 빛은 은밀하고 사려 깊으며 신중한 사람들에게 적합하다. 오히려 사려 깊고 절제 있는 방법으로 (찬양론적) 어둠 속에 (철학적) 명증성을 비추어 주는 역할을 맡은 밝은 전위대에 기대하자. 자유사상가들의 타닥거리는 밝은 소리는 재빨리 나타났다가 재빨리 사라지는, 밀집한 전기 아치의 짧은 푸른 빛과 닮아서 순간적인 빛의 밀도에 의해 검은 어둠이 재빨리 그 영역을 다시 휩쓸어 버린다.

17

철학자의 우화들. 다 아는 얘기지만 라퐁텐은 이 세계에서 인간의 열정이나 행동, 작고 큰 논리를 빌리는 동물을 등장시키는 기술이 탁월하다. 라 모트 르 베예도 유머와 아이러니, 웃음을 이용하기 위해 동물 우화에 의존한다. 우는 헤라클레이토스를 달래는 데모크리토스에게 인정받은 제자로서, 개념적인 말장난으로 플라톤의 추리를 아연실색하게 만드는 디오게네스와 아리스티포스의 먼 제자로서, 혹은 수탉이나 파리를 가지고 철학적으로 증명하는 데 최선을 다하는 루키아노스의 제자로서 라 모트 르 베예는 자신이 특히 아주 특별한 애정을 가진 당나귀와 소, 갑오징어나 공작새도 끌어들인다.

우선 갑오징어부터 살펴보자. 『영혼불멸에 대한 기독교 담론』에서 작가는 물론 제목처럼 영혼을 찬양하지만 이 책은 그다지 기독교적인 영혼을 보여주지 못했다. 영혼불멸의 증거가 행동과 결과에 있기 때문이다. 그 책으로 아카데미 회원 자격을 청원하고 취득하는데(이 책자는 우선 그런 계획을 제시한다), 그 유명한 먹물을 발사하면서 사라지는 갑오징어의 찬사를 덧붙여 놓았다. 항상 검은 색은 빛을 포기하고 고요함을 되찾는 데 유용하다.

다음에는 공작새다. 『상식에 대한 개론』에서 라 모트 르 베예는 고대의 주제로 돌아간다. 또 다시 그는 빛과 어둠의 은유에 따라, 밤의 사상을 통해 낮의 사상을 수정한다. 바로 그 때문에 그는 모든 색깔을 펼칠 수 있고 깃털이 움직일 때마다 변할 수 있는, 안상반점이 있고 얼룩덜룩하며 화려하게 치장한 공작의 깃털과 닮은 그런 깃털을 원한다.

마지막으로 소와 당나귀의 경우다. 물론 구유는 철학적 외양간과 그리 멀지 않은 개념이다. 라 모트 르 베예는 소에게서 "불가항력적인 늦음"을, 당나귀에게서는 인간의 무지라는 은유를 받아들인다. 이 알레고리로부터 그는 자신의 예배당에 대한 본질적인 철학의 두 가지 교훈을 끌어낸다. 즉 판단중지에 대한 필요성과 회의적 무지에 대한 결론이다. 모든 진실을 부정하는 사상의 두 가지 진실, 즉 '에포케'와 무지다.

당나귀는 그가 좋아하는 동물이다. 그의 『당대의 희귀하고 뛰어난 당나귀 품종』은 대화 전체가 당나귀에 대한 글로 채워져 있다. 그 저작은 루키아노스 드 사모자트나 아필레이우스, 혹은 1585년 『페가소스 말 무리』의 서두에 나오는 당나귀 찬사—"신성한 당나귀"—의 저자인 조르다노 브루노의 정신 속에 있는 특이한 걸작이다. 당나귀는 어리석고 고집 세며 우둔한 동물의 전형으로서 아이러니하게도 다양한 변화와 유희적인 발상, 화려한 암시를 주는 동물이다.

당나귀의 초상은 바로크 자유사상가의 자화상으로 혼동할 만큼 닮았다. 즉 신중하고, 고결하며, 관능적이고, 검소하며, 잘 웃고, 독립적이며, 복종하는 것도 따르는 것도 좋아하지 않고, 강하며, 용감하고, 용기 있으며, 충실하고, 말이 없으며, 인내하고, 연속 가격에도 전혀 쓰러지지 않고, 참아내며, 명예와 관대한 경멸을 실천하는 이 "길마를 얹은 철학자"는 회의주의적 경향을 띠며, 우리가 대화의 주체다. 그의 근심? 철학적으로 본성의 비밀에 기대는 것이다.

물론 라 모트 르 베예는 동물의 리비도적 평판을 강조한다. 즉 그는 "꼬리 밑에 악마"를 감추고 있으며, "사랑의 금괴"에 대한 명성은 『황금 당나귀』 이후로 더 이상 없다. 따라서 그에게서 성(sexualité)을 빼앗지는 않을 것이다. 그 문제를 간단하게 해결하기 위해 유용한 손을 사용하지 않기 때문이다. 『6일간의 전원 이야기』의 작가는 항상 성에 대한 것들을 즐겁게 생각했다.

회의주의적 쾌락주의. 라 모트 르 베예는 디오니소스와 그의 철학적 일화를 좋아한다. 이를테면 이 견유학파 철학자가—그리스와 바로크—연극에서 물러날 때다. 어떤 이유 때문인가? 바보처럼 웃기 위해서 그런 게 아니라 다른 사람들이 일상적으로 하는 것과는 정반대로 하려는 의도에서다. 사람들은 앞으로 나가면서 벽 안으로 들어가는가? 이 철학자는 뒤로 후퇴한다. 상식에 어긋나게 가치를 뒤집어 보자. 대다수 사람들의 눈에 보이는 진실은 대부분 절대 속에 오류를 가리킨다.

부정확하고 거의 믿을 수 없는 도구의 도움으로 느끼고 지각하는 육체가 만드는 사실임직함과는 정반대로 진실은 존재하지 않는다. 만물의 척도인 인간은 다소 피곤하든, 다소 젊든, 잘 먹든 굶주리든, 건강하든 병이 들든, 활기차든 느리든, 기쁘든 슬프든 자신의 육체가 언제 주관적인 정보를 주는지 안다고 믿는다. 진실은 그것을 가지고 있다고 주장하는 개인들마다 수없이 많다. 그러면 진실은 없는가? 어디에도? 절대? 무슨 이유로? 우리는 진실한 것에 이르기 위해 아주 불완전한 도구를 사용하고 있을 뿐이다.

사물은 장소와 시간의 상대성이나 지리와 역사의 고통에 따르기 때문에 의미는 회의주의적 판단중지이며, 그 유명한 '에포케'이다. 우리의 철학자는 거기에 쾌락주의의 계보에 중요한 역할을 제공한다. 즉 정신을 불확실하게 두고 우리의 시간과 장소, 역사와 지리의 사실임직함에 따르는 것으로 만족하는 것이며, 『회의주의 철학론』의 대화에 나오는 수많은 표현들, 즉 "인간의 최고 행복", "정신의 완벽한 고요함", "진정한 휴식", "확고한 만족", "행복의 종착점" 등을 생성하는 것이다. 이것은 무아지경에서 얻는 찬사, 즉 존재와 삶의 달콤함이다.

자유로워지기 위해 복종하기.
회의주의는 판단중지 이론에다 국가의 법과 관례, 관습에 복종할 것을 권한다. 이런 제2기가 없다면 이 철학자의 쾌락주의적 논리는 불완전하고 이해할 수 없을 것이다. 라 모트 르 베예의 프랑스는 36년간의 내전(1562-1598), 유럽 군주의 행운과 불행 등 종교전쟁과 프로테스탄트들과의 갈등(1572년 생 바르텔미 사건)에서 벗어난다.

능숙하고 적절하게 가톨릭교도가 된 프로테스탄트 왕, 앙리 4세의 개종, 루터파와 예수파에게도 프랑스 왕국에서 종교와 숭배의 자유를 허용하는 낭트 칙령의 선언(1598), 국내 문제에 재무장관 쉴리의 임명, 유럽에서 군주의 복귀 등은 사회적·국내적 평화정치를 담보했다. 그러나 라바약(Ravaillac)의 앙리 4세 살해(1610년 5월 16일)는 그와 같은 희망에 종식을 고한다. 섭정과 루이 13세의 집권

라 모트 르
베예와
"자아쾌락"

(1614), 그의 가톨릭 반종교개혁의 개입 등은 정치와 이 문제에 관심을 가진 철학자들에게 프랑스를 위험한 곳으로 변질시킨다. 프롱드 난(1648-1650)이 그리 멀지 않았다.

이런 상황에서 회의주의적 정치는 어떤 것일까? 라 모트 르 베예는 『회의주의적 정치를 다루는 대화』에서 그 문제에 접근한다. 회의주의적 정치? 혹은 정치에 대한, 즉 모든 정치에 대한 회의주의적 접근? 그 공식은 이중적 접근을 허용한다. 즉 주제에 따라 다양한 관례와 관습에 대해 판단을 중지하는 것. 즉 군주제? 공화제? 귀족제? 모든 제도가 존재하고 세상을 바라볼 때 모든 제도가 다 가치있는 것으로 보인다. 이론적 · 철학적 · 회의주의적 관점에서 지혜는 그 판단을 중지하도록 한다. '에포케'와 고요함이다.

그러나 제3자가 말하는 것처럼 '어떻게 할 것인가?' 구체적으로 이 판단중지는 바람직한 것 같지만 이와 같은 프랑스의 현실에서 어떻게 생각하는가? 물론 이 회의주의 철학자는 지혜롭게 생각하지만 어떻게 해야 하는가? 물론 이런 상황에 맞도록 할 것이다. 그러나 이런 경우에 "지혜롭게 행동한다는 것"은 무슨 의미인가? 몽테뉴의 『수상록』과 샤롱의 『지혜론』을 잇는 라 모트 르 베예는 『고대인들을 모방하는 대화』의 끝에서 두 번째에서 자신의 입장을 분명히 밝힌다. 즉 국가의 법과 관례, 그리고 관습을 따르는 것이다. 회의주의적 진실 다음에 정치적 사실임직함을 따르는 것, 즉 가톨릭과 세습적 프랑스 군주제다.

프랑스가 왕국이라고? 그런 징조를 받아들이자. 프랑스는 장자 상속권의 원칙에 따라 군주권을 상속한다고? 그러므로 왕의 장남은 아버지가 사망할 때 순서에 따라 왕이 된다. 프랑스는 로마 가

돌릭교회의 장녀라고? 인정한다. 기독교의 합법성에 의문을 제기하지 말자. 이성은 어쨌든 그 때문에 무기력하다. 드러난 진실과 특히 그 결과에 대해 만족하자. 즉 왕은 지상에서 유일한 지배자다. 하늘의 권력은 유일신의 손에 있기 때문이다. 바로 이런 식으로 철학자처럼 자유롭게 생각하고 겉으로 자유인으로 행동한다. 그러나 복종하는 사람들처럼 복종하지만 다른 곳에서는 항상 천박함을 경멸한다.

회의주의적 윤리? 회의주의적 정치가 존재하듯이 회의주의적 윤리도 있다. 그 바탕은 같은 원칙— '에포케'와 관습—에 따르는 것이다. 『회의주의 향연』에서 보았다시피 크세노만(Xénom-anes)은 동물 성애, 분식성, 근친상간, 호모 섹스, 식인성의 문제를 검토하고 몽테뉴의 제자로서 야만적이 아닌 다른 실천으로 결론내린다. 자연에 반하는가? 물론 아니다. 자연 속에 그런 것들이 있기 때문이다. 타락한 것인가? 선이든 악이든 그런 것은 전혀 아니다. 순수하고 단순히 있는 그대로의 사실이다. 그때부터 그런 문제가 정당화되고 인정되는가? 이처럼 생각한다는 것은 결과로 행동하는 것을 가정하는가? 근친상간이 자연스럽다고 해도 자기 딸하고 잠자리하는 것이 제3의 문명에서 일어나는 일인데 프랑스에서 정당할까? 그것은 아니다.

    물론 퓌론식으로 생각하는 것이지만 자기 나라의 관습에 따라서 행동해야 한다. 특히 전문적인 회의주의자는 이런 선택이 적

법하다고 생각한다. 왜 다른 사람들의 진실을 받아들이기보다는 자신의 오류를 따르는 게 더 나을까? 하나의 진실이란 없으며, 진실처럼 보이는 것이 수없이 많을 때 또 다른 오류보다 하나의 오류를 따르게 하는 것은 무엇인가? 페르시아 사람은 어떻게, 왜 안 되는가?

어떤 대화에서는 결혼을 구체적으로 검토한다. 작가는 기꺼이 결혼한 사람을 등장시켜 독신을 위한 담화를 계속하고 노총각을 등장시켜 합법적인 부부의 장점을 자랑한다. 바로크적 교차어법이며 고전적 논의다. 결혼을 찬성하는 경우를 보면 독신은 권태롭기 때문에 플라톤도 결혼을 권유한다. 집의 관리를 양도할 가능성, 여자들의 도덕적 위대함과 교제의 장점, 침대의 파트너 쉽게 영원히 다루기, 따라서 방탕한 파트너 기피하기, 시간과 함께 성격의 해결, 고요한 정신을 위해 위험한 열정에 대한 폭력적 공모, 옛날의 달콤한 관계 등이 있다.

결혼에 반대하는 경우를 보면 다음과 같다. 지혜와 평화의 종말. 물론 육체의 일부는 편안하겠지만 나머지의 포기를 감수해야 한다. 그들 사이에 단 한 사람을 위해 모든 쾌락을 희생해야 한다. 결혼하면 습관적으로 사랑하는지, 사랑해서 사랑하는지 알지 못한다. 여자들의 끔찍한 성격, 즉 낭비벽 있고, 수다스럽고, 피상적이고, 완고하고, 고집 세고, 거짓말 잘 하는 성격. 무기력을 가장하지 않는 한, 사랑의 맹세 후에도 끈이나 불, 파탄 이외에 달리 그런 성격들을 피할 수 없다는 점. 자신의 자유를 포기하고, 구속되며, "고래의 음경"을 사용해도 틀림없이 배신당하고 기만당하며, "피할 수 없는 경적"을 향해 간다. 아이들과 온 가족의 권태, 가정의 지루한 일을 피할 수 없다. 최선은? 필로클레스는 사랑으로 사랑을 치유하고 "육체의 변화"를 축복하는 것이라고 한다.

질문으로 되돌아가서 어떻게 할 것인가? 회의주의 철학자는
자신의 판단을 중지하고, '에포케'를 실천하며, 의심하고, 찬반을
대면하고, 중립을 생성해서 변증법을 무력화한다. 그러나 회의주의
적 인간은? 그는 어떻게 행동하는가? 결혼의 권태를 받아들이는 사
람과 미리 결혼의 암초를 피하는 자유사상가를 분리해야 하는가?
혹은 이미 경험한 방법에 따라 결혼에 대한 자신의 생각을 마음속
으로 간직하거나, 그 이상으로 다른 사람들에게 어리석은 짓을 조
롱하는 사람들처럼 행동하고 마을 교회에서 정식으로 결혼할 것인
가? 라 모트 르 베예는 모든 상황을 실험한다. 즉 오랫동안 독신으
로 지냈고, 오랫동안 결혼생활을 했으며, 잠시 홀아비로 지내다가
곧장 재혼했는데, 항상 '이론적으로는' 회의주의 철학자였지만 '실
제로는' 보통의 프랑스 사람이었다.

뛰론의 『활사법』을 직접 선택할 수 있다. 물론 정신분열증은
자유롭고, 비판적이며, 극단적인 양심의 심판과 겉으로는 대다수가
법을 따르고 있다는 사실 사이에서 위협하고 있다. 생각하는 사람
과 그렇지 않은 사람 사이를 구분하는 것은 무엇인가? 자신의 상태
의 의식, 본질에 이르는 전략적 계산이다. 즉 환희, 고요함, 내면의
평화, 고대 철학자가 행복주의나 쾌락주의 방식으로, 또한 17세기
사상가, 바로크 자유사상가가 지향하는 것이 바로 이런 것이다.

회의주의적 기독교도. 정치적 군주제와 윤리적 순응주

라 모트 르
베예와
"자아쾌락"

의의 연관성이나 전체적으로 기독교에 대한 존중 정신은 이상하지만 실현 가능한 환상인 '회의주의 기독교'를 등장시킨다. 바로크 건축의 구성은 수많은 개념적인 왜곡과 정신적인 관점의 변화 및 지적인 변형을 가정한다. 이런 환상적 시도에서 거짓 추리들이 꽃필 수 있을 것이다. 그런 것들을 지적해 보자.

이성의 비판은 이성의 관례와 함께, 그러나 이성의 질서에 따라 이루어진다. 한 가지 도구로는 거의 실현 가능성이 없는데, 어쨌든 어떻게 결론내려야 하는가? 진실은 진실이란 이름으로 비판한다. 즉 불가능한 진실과 진실인 것처럼 보이는 실제를 구분하는 수단은 동의의 문제가 아니다. 물론 회의주의는 독단주의를 비판하지만 또 다른 독단주의라는 이름으로 비판한다. 의심이나 판단중지는 본질 이외에는 아무것도 허용하지 않는다. 가톨릭과 세습군주제는 한 번도 공격받은 적 없고, 존경이나 존중받지 못하며, 권고 사항은 아니었더라도 최상의 가정에서 운영되었다. 정치적으로 위험한 대상에 대한 의심은 무엇인가? 의심의 장점을 배제하고 전부를 의심하는 것, 진실이 존재하지 않음을 확인하지 않고 진실을 금지하는 것, 독단적으로 독단주의를 비판하는 것, 이런 모든 것이 회의주의 철학을 죽이는 것이다.

이러한 개념이라는 암초 사이를 항해하고 턱을 높이 들어 지평선 멀리 바라보며 철학적 배의 뱃머리에서 가식적으로 거리낌 없는 체하면서 라 모트 르 베예는 이런 주장을 한다. 즉 이성은 종교문제를 의심하는 데 사용하지 말아야 한다는 것이다. 그 세계에서 이런 진실은 중요하다. 왜냐하면 그것은 "신앙의 신비"나 "신의 재능", "기독교의 거대한 물리적 빛", "드러난 진실", "하늘의 초자연적 은총", "인간 정신의 초월"에 관계되는 일이고, 이와 같은 모든 표현은 대학의 불량한 독서를 제외하고 보통 신앙절대주의적 작가의 무신론에 대한 반대를 입증하기 때문이다. 신은 신의 일에 신경 쓰고 우리는 인간의 일에 전념하자. 그 교훈은 (에피쿠로스의) 『메노이케우스에게 보내는 편지』에 직접 나온다.

라 모트 르 베예에게 신에 대한 고찰이나 정의, 본성, 이름, 계보 등은 어디에도 나오지 않으며, 교황이나 교회, 로마, 심지어 기독교의 기적이니 성사(聖事)도 없다. 따라서 찬성도 반대도 없다. 이 철학자는 원시인들의 신이나 폴리네시아 성직자들에 대해 그리스 로마 우화나 아메리카 인디언의 종교를 비판적 어조로, 때로 비웃거나 흔히 파괴적인 어조로 전개한다. 페루 신의 해석은 기독교인들의 신을 조용하게 만들어 버렸다. 적어도 그 도구는 17세기 바로크 자유사상가의 손아귀에 들어간다.

신앙절대주의자의 초상화를 완성하기 위해 그는 가톨릭 교리를 비판하지 않고 기독교에 더욱 찬사를 보낸다. 폴 드 타르스(Paul de Tarse)의 저작들을 읽으면서 라 모트 르 베예는 명확한 명제 한 가지를 제시한다. 즉 회의주의적 진실? 기독교 교리. 기독교적 진실? 회의주의. 이보다 더 분명할 수 없다. 그게 그거다. 전자의 실현은 후자의 실현을 가정한다. 거꾸로도 마찬가지다. 로렌초 발라(Lorenzo Valla)이탈리아 르네상스 시대의 인문주의자^{역자}, 에라스무스, 몽테뉴가 에피쿠로스와 예수에게 그렇게 하듯이 라 모트 르 베예는 퓌론과 똑같이 한다.

폰티우스 필라투스(Pontius Pilatus)예수를 십자가형에 처한 로마제국의 총독으로 알려진 인물^{역자}는 언제 예수에게 말을 걸고 어떻게 하는가? 그

1 1 9

는 "예수는 아무 말이 없다"고 『신성론』에 썼다. 복음서에서 확인하지 말자. 마태(27장 11절)와 마가(15장 2절), 누가(22장 3절), 요한복음(18장 34절)에서 예수는 라틴어밖에 모르는 필라토스에게 오직 아람어BC 8세기 시리아, 팔레스티나, 아시리아, 아프가니스탄들에서 사용되었던 국제통상 언어^{역자}로 잽싸게 대답한다. 그러나 이 회의주의 철학자는 『말하는 공통 방법에 대한 회의주의 개론』에서 찬양한 퓌론의 실어증을 예수의 침묵으로 간주한다. 다른 예는? 라 모트 르 베예는 과학과 지적 탐구, 회의주의에 대한 개인적 사상을 비판하는 코린트 사람들에게 보낸 폴 드 타르스의 최초의 서간시에서 그런 예를 찾는다. 에라스무스의 『에피쿠로스 향연』을 읽은 것으로 알려진 이 회의주의 철학자는 에피쿠로스라는 이름의 어원('epikouros'는 구원하고 구조하는 사람이다)이 예수의 권위를 조금도 부정하지 않는다고 덧붙인다.

복음서를 잘못 참고함으로써 대학에 자유사상을 은폐한 것처럼 보일 수 있을 것이다. 즉 적법한 저작에서 참고할 것을 알려준다. 왜냐하면 사실 그 저작들은 신성한 것이고, 따라서 그런 참고가 의미상 격자구조로 되어 잘못되어 있고, 이 철학자는 세상을 비웃기 때문이다. 그러나 그때부터 그는 바울을 인용하고, 에라스무스를 끌어들이며, 에피쿠로스를 유인하면서 결국 퓌론의 '에포케'가 이때부터 무용지물이 되어 텅 빈 정신적 복음(『신성론』에는 "신의 계시된 지식으로 가는 길" 혹은 "기독교 신앙의 교리문답서를 준비하는 것"이라고 언급한다)과 가톨릭 신앙의 진실을 받아들일 준비가 된 정신적 복음을 준비하고 있음을 인정하면서 그 증거를 완성하는 이유다.

22

순수한 해체 도구. 그러면 결론을 내보자. 이 바로크 철학은 어떻게 생산되는가? 해체하는 가공할 기계에서 생긴다. 물론 바로크의 자유사상가들이 가톨릭교회나 왕국의 궁전에서 트로이의 말을 이끌어갈 준비가 되어 있지는 않다. 이 기계는 그 제작자들이 보기에는 너무 괴물처럼 보인다. 신앙과 이성을 분리하는 것이다. 비록 이런 분리가 이성에는 치욕적이라 하더라도 철학적 집단은 수도원이나 성으로 옮겨갈 수 있다. 세속적이고 무신론적인 사상은 이와 같은 종류의 진전과 더불어 이루어진다.

라 모트 르 베예가 바라는 것은 무엇인가? 바로크의 자유사상가들이 원하는 것은 무엇인가? 평화, 고요, 평정이다. 그게 공적이든 사적이든. 전쟁과 살육이 중단되고, 정치적 폭력과 종교적 불관용이 사라지며, 혼란스런 세기가 종말을 고하고 결국 행복한 시대가 도래하는 것이다. '에포케', 판단중지, 실어증이 기본적인 미덕이며, 세기의 이성의 개념인 온화함을 허용하는 것이다.

1 2 1

에피쿠로스에게 이런 기쁨의 공현(公現)을 요구하고 세네카에게 이런 것들, 퓌론에게 저런 것들을 요구하는 사람들도 더러 있다. 기용 부인(Mme Guyon)은 섹투스 엠피리쿠스의 전문가인 장 그르니에에 의한 도교의 무행동에 가까운 정적주의 속에 빠져든다. 그러나 모든 사람들이 평정, 정신의 고요, 영혼의 평화를 원하며, 이 어려운 균형을 신과 가톨릭에 전쟁을 선포해서 그 대가를 치르려고 하지 않는다. 바로크 자유사상가의 해체 기계는 작동하고 결과를 생산한다. 세나클에서, 철학자 집단에서 신중하게, 그러나 분명하

라 모트 르
베예와
"자아쾌락"

게 이성이 해방되고 있다.

이런 바로크 방식은 긴 역사의 시간 속에서 잠재적으로 위험하기 때문이다. 신앙절대주의는 가톨릭에 너그럽고 물론 가톨릭에 대한 비판의 위험을 피하게 해주지만 동시에 기독교는 모퉁이에서 망각에 강요되고 포기로 버림받는다. 가톨릭에 대한 지나친 존중은 귀족계급이 사라지는 것과 혼동하리만큼 닮았다. 의도적인 것은 아니지만 사실 역사가 증명한다. 분명히 바로크의 자유사상가들은 무신론자는 아니지만 무신론의 계보에 있는 것은 이론의 여지가 없다.

의도된 격동의 예비과정의 시대에 라 모트 르 베예는 "신성한 회의주의"를 선택한다. 마지막으로 퓌론이 오리엔트의 원정에 알렉산더와 대동했다는 점을 상기시키고 싶다. 그 사상가는 인도에서 수많은 나체 수행자, 말하자면 요가 수행자들, 불교나 힌두 철학자들을 만났다. 철학의 상상력 박물관에서 그리스 현자의 평정이 부처의 삶과 저작, 육신과 육체, 그의 사상에서 프랑수아 르 모트 르 베예라는 사람이 바라는 부처의 감미로운 미소가 읽혀지는 것 같다. 위험한 세상에 어느 시대나 나타날 수 있는 시의적절하지 않은 지혜의 교훈이다.

III

생 테브르몽과 "쾌락의 사랑"

1　2　3

주름 선언문. 1640년 필립 드 샹페뉴(Philippe de Champaigne)는 「리슐리외의 3중 초상화」라는 제목의 이상한 작은 유화작품 (58×72)에 착수한다. 이것은 정면에서 재현한 재상의 상반신과 두 가지 옆모습을 동시에 그린, 조각가 프란체스코 모쉬를 위해 그린 작품이다. 우리는 비슷한 시기에 같은 배경에 단 한 사람을 세 번이나 액자구조로 그린 이 그림에서 이상한 인상을 받는다.

그 그림은 세 가지 차원에서 자신의 예술을 실천하는 한 사람을 위한 것이다. 그는 재상의 모습을 조각하기 위해 얼굴을 여러 각도에서 봐야 할 것이다. 필립 드 샹페뉴는 여러 생각들을 그리고, 여기서 다양한 각도에 따라 나타나는 상대성을 보여준다. 그는 프로타고라스의 제자로—런던이나 루브르의 하단에 있는 거대한 두 개의 초상화처럼 획일화되어—하나로 통제된 진실이 아니라 굴절이나 다양한 관점, 상대성 등을 제시한 것이다.

필립 드 샹페뉴의 유화를 움직이는 주름들은 바로크적 전통의 주름보다는 훨씬 흥미 있어 보인다. 질 들뢰즈보다 훨씬 전에 로제 드 필(Roger de Piles)은 그의 『회화의 원칙 강의』(1708)에서 주름이 이 시기의 예술을 어느 정도로 정의하는지 언급한 바 있다. 생 시랑(Saint-Cyran), 생글랭(Singlin), 사시(Sacy), 아르노 당딜리(Arnauld d'Andilly), 오메르 탈롱(Omer Talon) 등 장세니즘을 그리기 전에 샹페뉴는 여기서 17세기 초 프랑스의 바로크 예술을 선언하자고 제안한다. 나는 라 망쉬의 생 드니 르 가스트 출신의 샤를 드 생 드니, 슈발리에 생 테브르몽(Saint-Evremond) 경의 초상화를 언급하고자 한다. 이 초상화는 리슐리외 초상과 더불어 장세니즘 초상화에 함께 나타난다.

바로크를 주름으로 규정한 질 들뢰즈의 생각이 옳다면 내 생각도 그렇지만 주름이야말로 바로크를 작동하는 개념이다. 천이나 옷감처럼 주름지게 만든 바위—야생트 리고(Hyacinthe Rigaud), 시몽 부에(Simon Vouet), 니콜라 쿠아펠(Nicolas Coypel), 로랑 드 라 이르(Laurent de La Hyre) 등—와 같은 화가들의 환상을 불러일으키는 그림들, 주름으로 구성된 공간의 보이지 않는 주름뿐만 아니라 곁주름, 구김주름, 편주름도 있다.

생 테브르몽은 스스로 "주름"과 우리 영혼의 "회고"에 대해 말할 때 들어가는 문이 여러 개 있는 성채의 문을 여는 열쇠를 제공한다. 군인이자 철학자에다 모럴리스트와 역사가이고, 대단한 웅변가이자 은둔 작가이며, 자유사상 쾌락주의자와 가톨릭 신앙절대주의자이면서 주름 속에 박식함을 간직한 총체다. 그는 웅변가의 베일 속에 숨은 검객으로, 쾌락주의자의 옷을 입은 기독교인으로, 격언으로 갈고 닦은 숨은 역사가로 하나의 초상화에 여러 모습을 지니고 있는 인물이다.

주름 속에 숨겨진 인물. 그는 수많은 전쟁에 참전했고, 단 일격으로 자신의 이름을 남긴 검객이며, 절단을 무릅쓴 상이용사이면서 또한 (바로크의) 주름을 활용하면서 철학을 더 잘 실천하기 위해 철학을 비판하는 사상가이며, 다른 면에서 모럴리스트이기도 하다. 그는 철학자라는 주름진 옷을 입은 군인으로 그 내면에는 모럴리스트적인 면모가 있다. 그는 위인 중 한 사람으로서 역사의 주동자들과 어깨를 나란히 하고, 동시에 역사에 기여하면서 역사가가 된다는 것, 역사를 쓴다는 것이 무엇을 의미하는지를 이론화한 사상가이다. 실천가 속에 이론가를 겸하고 있는 것이다.

살롱에서 환대받고 17세기 가장 높은 평가를 받았던 세나클의 엔터테이너로서, 또 뛰어난 아이러니와 야유의 기술을 지닌 무서운 웅변가였으며 하루살이 예술가였던 생 테브르몽은 사상과 성찰, 텍스트를 남긴 인물이다. 그는 글 속에 화술을 숨겨놓고 있다. 짧은 텍스트나 편지, 답글, 단상, 글의 신속성과 효율성을 갖춘 글 속에서 생 테브르몽은 귀중한 생각과 야유, 기발한 특징들을 숨겨놓았다. 글의 갈피에는 격언과 금언들이 숨어 있다.

그리고 그는 쾌락과 즐거움을 즐기는 애호가로, 페트로니우스의 아첨꾼으로, 에피쿠로스의 불성실한 제자로, 또 기본적인 쾌락을 쫓는 인물임에도 그 중 어떤 면은 바티칸에서 가혹하게 공격한 죄악인데도 트리엔트 종교회의 이후 신에 다가가기 위해 음악과 이미지를 지지하는 로마 가톨릭을 옹호한다. 그는 가톨릭 옷을 입은 자유사상가였다.

주름 속에 숨어 있는 이 수수께끼를 어떻게 풀 것인가? 그는 정말 이해하기 어려운 인물이다. 그는 활발한 사람인가? 그 사람은 사상가다. 그를 덧없는 말을 엄격하게 신봉하는 인물이라고 상상하는가? 그가 메스를 쥐고 살을 수술하는 산문 작가라는 사실이 놀라운가? 그가 철학자들을 통렬히 비난한다는 사실을 알고 있는가? 그는 홉스와 스피노자, 그리고 가상디를 만났고, 데카르트를 비웃으면서 그의 코기토와 모호한 현상학을 분석했다. 『에피쿠로스의 도덕론』이라는 니농 드 랑클로(Ninon de Lenclos)에게 보내는 그의 편지를 읽어보았는가? 또한 크레키 원수에게 보낸 편지에서 "진정한 기독교 신앙"에 대한 찬사도 살펴보자.

그러면 이 인물의 통일성을 확신하는 것은 무엇인가? 이 존재의 단편들을 결합하는 한 줄기 힘이 존재하는가? 샤를 드 생 테브르몽이라는 이 고유명사는 어디로부터도 자유로운가? 그렇다. 그는 온갖 형태의 삶이라는 오직 한 가지만 좋아했다. 그는 그런 삶을 실천하고, 경험하고, 원하고, 욕망했다. 그는 이상하고 괴상한 돋보기를 끼고 격정적이고 열정적이며 아름다움을 간직한 기품으로 여자들을 매료한 젊은이였으며, 은둔해 개와 고양이를 키우면서 살아간 추방당한 늙은이였다. 생 테브르몽은 그의 스승 몽테뉴가 "최고의 위대하고 영광스러운 삶, 즉 목적 있는 삶"을 실천하기 위해 자신의 존재를 구축했던 인물이었다. 그는 다양하게 변모된 쾌락이라는 삶을 유일신처럼 신봉했던 것이다.

3

정신의 기호로. 샤를 드 생 테브르몽은 정확한 날짜는 모르지만 1613년 12월이나 1614년 1월에 태어났다. 반면에 그가 세례명을 받은 날은 잘 알려져 있다. 1614년 1월 5일 약식 세례를 받고 그 후 2년 뒤—늦어진 이유를 아무도 모른다—1616년 1월 3일 세례를 받았다. 그가 이런 가톨릭 관례에 대해 불평한 바 있다. 그가 세례받던 해는 리슐리외가 재상이 되고, 아그리파 도비녜는 『비창곡』을 출판하고, 셰익스피어와 세르반테스가—생 테브르몽은 『돈키호테』와 『수상록』을 동일선상에 놓았다—죽은 해이다.

집안의 셋째 아들로서 각자 아버지가 준 샤를이라는 별명을 물려받았는데, 샤를은 "정신"이 되었다. 가장 좋은 운수를 타고 시작한 것이다. 문턱이 높은 것 같지만 그 선택은 최악이 될 수 있었을 것이다. 그의 형제들은 "교양인", "군인", "사냥꾼", "도련님" 등으로 불렀다. 그에게만은 이와 같은 여러 별명을 다 붙여도 좋을 것이다. 그들 중 아무도 성직자의 길을 선택한 사람은 없다. 아버지는 파렴치한 사제보다 평범한 슈발리에가 더 낫다고 토로한 적이 있었다.

그의 나이 겨우 열 살에 파리로 가서—루이 르 그랑 고등학교의 전신인—콜레주 드 클레르몽에서 예수회 교육을 받고 열네 살에 캉으로 와서 법대에 등록한다. 그 당시 그는 아마 법관이—공증인—되려고 한 것 같다. 실망과 포기를 경험한 후 1626년 가을, 파리의 콜레주 다르쿠르에 입학해서 군사 기초교육을 받으면서 공부

생 테브르몽과
"쾌락의 사랑"

를 계속한다.

　그는 퍼레이드와 전투를 위해 승마, 스폰서와 고객을 적절하게 다루기 위해 문장, 포병대 수행을 위해 수학, 명예를 위해 활쏘기와 검술, 전쟁에서 과거의 교훈을 잊지 않기 위해 역사에 열광적으로 빠진다. 남노르망디 지방의 성으로 돌아가면서 그는 때로 수시간 동안 매복한 채 몸의 절반을 생 드니의 연못에 넣고 야생 오리를 사냥하기도 했다.

　그는 곧 프랑스와 나바르의 전쟁에 참전한다. 수없는 포위공격, 원정, 전투, 진급을 거듭했다. 그는 처음에는 당지앵 공작, 다음에는 콩데 대공, 그 후에는 튀렌 공작을 따라서 전투에 참여했다. 그는 보병 중위, 공작의 부관, 야전 원수를 거친다. 그는 전쟁 때마다 죽음을 피했고, 전투를 했으며, 뇌르들린겐에서는 포탄으로 중상을 입고 다리를 잃을 뻔하기도 했다.

1　2　8

4

　사려 깊은 자의 명암.　훌륭한 군인으로서 그는 가장 중요한 외교 임무를 맡았다. 32세에 미래의 콩데 공작이 그를 리슐리외에게 보내 1646년 퓌르메스 전에서 승리를 거두었으며, 덩케르크 공격에 대한 협상을 맡기도 했다. 1659년 그의 나이 45세에 마자랭을 수행해서 에스파냐로 간다. 리슐리외는 사제를 해본 적이 없는 마자랭을 추기경으로 임명했는데, 마자랭이 피레네 조약에 서명한다. 생 테브르몽은 마자랭이 이 서명으로 전쟁에서 승리를 거두었으므로 그가 그 재산을 물려받을 수 있다고 인정한 것이다. 노르

망디 출신인 그의 비밀 편지에 그 내용이 공개되어 있다. 그 후 그 편지가 발견되자 궁지에 몰리게 되고, 콜베르가 이를 루이 14세에게 전한다. 이 사건으로 생 테브르몽은 프랑스를 떠나 영원히 망명의 길을 걷게 된다.

1660년 다시 외교관이 되어 영국 왕위를 되찾은 찰스 2세 스튜어트의 축하 임무를 맡은 수아송 백작 대사를 수행한다. 6개월 동안 그 임무를 수행하면서 그는 재무상 푸케를 도우면서 영국 고위 귀족과 관계를 맺기 시작한다. 이때 그는 자신이 제2의 조국과 오랜 관계를 시작한다는 것을 의식하지 못했다. 군인이면서 외교관으로서 그는 때로 비밀 요원임을 숨기고 있었던 것이다. 프랑스 왕국의 가장 고위층에서 권력가와 활동가로서 은밀하게 여러 영역에서 활동한다.

이 시기에 샤를 드 생 테브르몽은 글을 쓴다. 29세에 아카데미 회원들과 프랑스어를 좌지우지하는 그들의 강박관념을 조롱하는 『아카데미 회원들의 희극』(1643)을 출판한다.

1647년 겨울(그의 나이 34살이다), 『모든 것을 알고 싶어하는 인간은 정작 자신은 알지 못한다』와 이어서 나온 『쾌락에 관하여』 등 일부 반데카르트를 주도한 텍스트를 쓴다. 전쟁 후 휴식이나 겨울에는―여름에 전쟁하고 추위가 오면 휴식을 취한다―자신에 대한 내면일기를 작성하면서 모럴리스트이자 철학자, 사상가로서 새롭게 활동한다.

1662년 『로마공화국의 다양한 시기별 로마인들의 다양한 재능에 대한 성찰』을 출판하고, 거기서 로마 역사가로서 탁월한 지식뿐만 아니라―모럴리스트와 역사편찬가로서―역사서에 심리학을 통합하는 실질적인 재능과 로마의 환상에 대한 망상에서 벗어나게 해주는 자유사상가의 재능을 보여준다.

살루스티우스와 티투스 리비우스, 알렉산드로스와 카이사르, 수에토니우스와 타치투스, 폴리비우스와 디오 카시우스 등 로마 편에 선 역사 마니아였던 생 테브르몽은 마찬가지로 당대의 리슐리외, 마자랭, 콩데, 튀렌과 대공들을 동시대 편에서 서술했다. 콜레주 드 클레르몽의 동창생인 푸케와 그와의 관계는 알려져 있지 않다. 그러나 그를 위한 비밀 임무를 수행했을 것이며, 재무 총감이 된 그의 어린 시절 친구와 잘 타협했을 것이다. 특히 재정을 담당했던 그는 철학자인 전쟁 지휘자에게 정복한 도시와 주민들을 계산해서 보상해 주었을 것이다. 그 시대는 그렇게 했다. 군대에 보수를 지불했고, 호주머니를 채웠다. 이렇게 챙긴 그의 재산은 상당했다.

생 테브르몽은 푸케의 실각과 함께 추락한다. 푸케의 친구였던 그는 이미 마자랭의 환심을 사지 못해 석 달 동안 두 번(1653년 9–12월, 1658년 6–9월)이나 투옥당했다. 마담 드 플레시스 벨리에르의 집에서 프랑스의 이익은 관심이 없고 오로지 자신만을 위한 교활하고 욕심 많은 기회주의자로 마자랭을 노골적으로 묘사한 『피레네 평화에 대한 편지』가 발견되었다. 콜베르는 그 편지를 루이 14세에게 넘겼고, 생 테브르몽은 당연히 투옥될까 두려워하여 잠시 노르망디에 몸을 숨겼다가 에스파냐 땅 네덜란드로 간다. 이것이 42년간의 망명생활의 시작이다.

⑤

자유사상가 살롱의 무대. 그의 전기와 작품에서도 입

증하고 있지만 생 테브르몽은 대화와 말을 대단히 높이 평가하고
있었다. 이 노르망디 사람은 비꼬고 조롱하는 재능 이외에도 임기
응변, 아이러니, 유머 재주가 넘쳤다. 그의 말은 남을 즐겁고 기쁘게
할 수 있을 뿐만 아니라 고통과 상처를 줄 수 있었다. 환심, 식도락,
포도, 포도주와 더불어 역사가들은 대화를 프랑스의 "기억의 장소"
라는 목록에 올렸다. 이 철학자가 프랑스에서 처음으로 자신이 망
명한 영국에서 그런 목록에 올랐던 것은 의심의 여지가 없다.

여름 군사 원정에서 휴식을 취하기 위해 생 테브르몽은 파리
의 살롱을 자주 드나든다. 아카데미 피테안(l'Académie Putéane)에 가   1   3   1
상디, 라 모트 르 베예, 노데 등이 모였던 것처럼 그 당시 세련된 재
사들이 방탕한 사제들이나 하릴없는 귀족들, 친한 시인들, 사교계
의 식객들과 함께 사교계의 여성들이나 아첨꾼들이 살롱에서 서로
만났다.

이처럼 살롱 마리옹 드 로름(Marion de Lorme)에서 한 바람둥이
여자가 유명한 연인들을 끌어들인다. 그들은 데 바로(Des Barreaux),
성 금요일마다 베이컨을 곁들인 오믈렛을 먹는 자유사상가 시인,
생 마르스, 콩데와 콩티 백작들, 버킹햄과 생 테브르몽 등이다. 질투
하지 않는 그 철학자는 십여 명의 남자들과 경쟁한다. 그는 진정 사
랑을 행복의 교훈이라 여기지 않고 그 사랑을 따른다. 육체의 문제
를 해결한 후 생 테브르몽은 신속하게 또 다른 여자를 만나지만 그
의 옛 연인들과 다정한 우정으로 지속적인 관계를 유지한다.

생 테브르몽과
"쾌락의 사랑"

생 테브르몽은 그 당시 사육제에서 많은 노르망디 사람들과 거리의 여자나 수도사로 변장해서 나온다. 수많은 무도회에서 변장한 그의 모습을 볼 수 있다. 가끔 이 무리들은 마레 지역의 특별한 저택에 무단으로 들어갔다가 스위스 근위병들에게 쫓겨나오기도 했다. 살롱 마리옹 드 로름에서는 과학과 문학에 대한 이야기도 나누었다. 이 시기에 화류계의 여자와 생 테브르몽은 오텔 데 모내 (Hôtel des Monnaies)에서 개최된 천체에 대한 가상디의 강연에도 참석했다. 시라노 드 베르주락과 그 당시의 다른 자유사상가들도 거기에 나타났다.

마리옹 드 로름은 안티몬을 잘못 조제해 유산으로 32세에 죽는다. 몰리에르는 아마 이 사건을 기록해 놓았을 것이다. 생 테브르몽은 니농 드 랑클로를 만나 마레의 살롱에 함께 다녔다. 그는 랑클로를 몽테뉴와 에피쿠로스와의 대화에 가입시킨다. 둘은 류트를 연주했다. 규방에서는 사랑이라는 순결하고 성실한 우정에 대한 이야기가 오랫동안 나오기 시작했다. 런던에서 생 테브르몽이 40년 망명하고 있는 동안 친구들과 멋진 편지를 서로 주고받았다. 랑클로는 그에게 굴과 버섯을 보냈고, 함께 즐기고 마셨다. 그는 그녀에게 차를 보냈다. 그녀가 그보다 4년 더 살게 된다.

그리고 모임을 좋아하며 술친구들과 남자의 우정을 함께 하고 옛 정부들과 사랑에 빠진 생 테브르몽은 마레에서 샴페인을 마셔댔다. 사블레 부인의 살롱에서 생 테브르몽은 모럴리스트 라 로쉬푸코와 식도락과 먹고 마시는 즐거움, 식사의 즐거움 등 수많은 주제에 대한 대화를 나누기도 했다. 어떤 술이 더 나은지 비교하는 대화도 있었다. 그 당시는 설탕, 정향, 계피향으로 가득한 이탈리아나 에스파냐의 유명한 향료 포도주를 평가하던 때였다. 보르도 포도주나 부르고뉴 포도주를 알지 못한 시절에 생 테브르몽은 샴페인 모임으로 바꾸고 평생 샴페인을 마시고, 사랑하고, 자랑했다. 그때 그는 "포도경작지 법령"을 만들어 이를 활성화한다. 거기에는 가톨릭의 단식과 금욕에 게의치 않는 사람들이 모인다. 사순절을 어기는 용기를 자랑하는 난봉꾼들도 있었다. 먹고 마시는 사람들의 이런 모임에 앙리 3세에서 시작한 성령 기사단의 파란 리본을 달고 다닌 귀족들도 많았다. 공인된 "파란 리본"에 대해서는 나중에 언급하겠다.

그리하여 생 테브르몽의 젊은 시절은 전선의 포성 소리와 살롱의 사교 대화 사이에서 보내게 된다. 여름에는 사람을 죽이고 겨울에는 사람들과 대화를 나눈다. 수치심도 없는 군인들, 단호한 전쟁 수장들, 군대 지휘관들과 공격하고, 약탈하며, 강간하고, 훔치며, 무더운 달에 불을 질렀다. 그리고 추위가 오면 함께 샴페인을 마시고, 능숙하게 요리한 요리를 먹고, 여자들을 희롱하며, 운을 넣은 노래를 작곡하고, 춤추고 노래하며 즐긴다. 타나토스공격적인 본능들로 구성되는 죽음의 본능^{역자}, 에로스자기보존적 본능과 성적 본능을 합한 삶의 본능^{역자}. 전쟁의 기술과 대화의 기술. 매순간이 동전의 앞뒷면과 같다. 생 테브르몽은 이들 두 영역에서 아주 뛰어나다. 즉 전쟁터의 진흙탕과 피, 그리고 사교계 살롱의 카펫, 소파, 벽지, 안락의자. 두 얼굴의 야누스. 죽음 속에 생명을 숨겨넣었다.

검객의 언어기술. 생 테브르몽은 특히 여자들과 함께 하
는 대화를 즐겼다. 마리옹 드 로름, 니농 드 랑클로뿐만 아니라 망명
중에 오르탕스 마자랭(Hortense Mazarin)을 만났고, 를레 생 잠(Relais
Saint-James)에 있는 그녀의 살롱은 세비녜 후작 부인이 열광하던 곳
이다. 이야기하는 사람은 누구이며, 누구에 대한 이야기를 하며, 무
슨 이야기를 했을까? 여자의 환심을 사고 유혹하기 위해서다. 대화
는 이해할 수 있는 동물 행동학에 대한 이야기다. 비둘기의 구구 소
리, 벼슬을 한 수탉의 퍼레이드, 공작의 둥근 장식, 원숭이의 빨간
궁둥이, 부풀어오르는 양서류의 목자루 등, 이런 대화는 그 당시 모
럴리스트가 할 수 있는 사교계 대화의 계보다. 세력을 확보하고 좌
중을 지배하며 대중을 그의 시선에 따르게 하고 모든 사람들, 특히
여자들을 정복하기 위해 마음을 사는 대화인 것이다.

이런 대화술은 어떤 기술을 전수받는다고 배워지는 것이 아
니라 타고난 재능이 있어야 한다. 대화에서 넘치는 재치, 임기응변
의 센스, 즉흥적인 재능, 표현의 기회, 본능적으로 유리한 순간, 특
징을 재단하는 민첩함 등과 아이러니, 파렴치, 농담, 야유 등은 가장
좋은 효과를 낸다. 생 테브르몽은 그와 같은 모든 것들을 갖추고 있
었다. 그 때문에 사람들은 그를 좋아했다.

1648년 예수회 수도사이며 바로크 철학자 발타자르 그리시안
은 『비꼬기 혹은 재치의 기술』을 출판한다. 멋진 모순어법이 재치의
기술이라는 것을 믿게 해주었다. 이 책은 다양한 비꼬기와 기발한
표현을 분석하고 디테일한 기술들을 보여준다. 즉 대응과 균형, 부

조화, 수수께끼 같은 관찰, 엇박자, 요철, 유사성, 조건부 비교, 위장과 뒷받침, 신속한 반격, 과장, 한술 더 뜨기, 역설, 조롱, 비판과 악의, 반전, 말장난, 허구, 지나침, 기발한 논쟁, 암시 등. 거기에는 예들이 무수히 많다. 이 책은 대화가 사라진 불씨를 밝혀준 살롱에 반향을 불러일으킨다. 생 테브르몽은 이 완벽한 기술의 예술가였다.

일찍이 무기를 다루는 대가로 입문해. 단번에 검술의 역사를 썼던 그의 기술들이 상상이 된다. 춤의 대가가 검술을 가르칠 때 그 미학은 모든 사람에게 아주 중요하다. 견제동작, 공격, 연속 공격, 후위 공격, 타이밍 공격 등은 대화와 마찬가지로 검에도 적합한 표현들이다. 이 책에는 방어, 위장, 경계, 철수, 포위, 휘두르기, 찌르기, 과시, 반격, 상대 찌르기, 급선회, 무쇠 같은 공격 등도 나오고, 혹은 검을 내리치고 스스로 무장하기, 적 무장해제하기, 찌르기, 방어하기, 일격 가하기, 마지막으로 공격하기 등의 기술도 있다. 살롱에서 대화할 때 숱한 공격의 흔적이 보이는 라 로쉬푸코의『금언집』이나 라 브뤼에르의 책도 읽어보라.

생 테브르몽은 항상 대화의 행복과 장점을 찬양했다. 파리에서나 전투가 없는 시기에, 혹은 영국에서의 긴 망명기간 동안 이 철학자는 렘브란트와 함께 철학자처럼 생각하고, 명상하고, 성찰하고, 서재에서 글을 쓰는 것보다 오히려 말로 행동하는 데 더 관심이 있었다. 왜냐하면 대화가 하나의 행동이기 때문이다. 대화는 둘이서 하는 게임이다. 실전은 서로 대등한 것을 전제로 한다. 왜냐하면 어떠한 사회적 고려도 대화에서는 끼어들지 않기 때문이다. 대화에서 이기기 위해서는 오로지 개인적인 능력만이 중요하다.

『크레키 원수에게 보내는 편지』에서 생 테브르몽은 여자들의 환심을 사기 위해 남자들에게—적어도—기분 좋은 말로 하는 사교술을 가르친다. 여자들의 비위를 맞춰주고 그들을 더 한층 기분 좋게 해주며 격조 높은 말로 그들에게 관심을 기울여 줄 때까지 기다리라고 한다. 전쟁터에서도 이런 점을 갖추어야 승리할 수 있다는 것이다. 노르망디 출신의 이 기사는 이런 영역에서 수없이 많은 승리를 경험한 바 있다.

불꽃놀이의 기억들. 불꽃놀이가 빛과 어둠의 밤하늘을 진동하는 정원이 아니라도 바로크식 불꽃놀이는 존재한다. 그것은 위대한 고전주의 시대 모럴리스트들의 격언 같은 영감이다. 격언과 금언 작가들에게는 비결이 있다. 그들은 가만히 앉지 않고 완전히 머리를 싸매고 격언을 끌어낸다. 대개 아이러니는 아이러니가 나오기 전에 나오는 법이다. 한 문장에서 유용한 주제에 집중하기 위한 글이야말로 가장 지적이고 가장 탁월한 글이다. 단계를 거치는 글을 삭제하면 나머지 격언은 성공한다.

완전히 실패하거나 아름답든 혹은 덜 아름답든 간에 도처에서 쏜 불꽃놀이를 보고 살롱 저녁 파티를 마치고 집으로 돌아가면서 다른 웅변가의 넘치는 재치와 지성을 기록하는 사람도 있다. 그런 격언은 자신의 이름을 숨기고 공공연히 돌아다니다가 어느 날 어떤 재치 있는 모럴리스트가 서명한 모음집에서 나타난다. 이를테면 사블레 후작 부인의 살롱에 드나들던 라 로쉬푸코 같은 사람이다.

생 테브르몽은 짧은 형식의 글에 뛰어난 사람이다. 금언이나 선고문, 격언형식이 아닌 짧은 글에서다. 그의 짧은 글은 특히 자신과 편지를 주고받는 사람에게 보낸다. 『에피쿠로스의 도덕론』을 그가 썼던가? 그 글은 니농 드 랑클로에게 보낸 편지다. 『쾌락론』이라는 제목으로 자신이 서명한 글은? 나중에 올론 백작(comte de Olonne)이 그 내용을 찾아낸다. 생 탈방 백작(comte de Saint-Albans)에게는 『우정 없는 우정론』을 남긴다. 크레키 원수(maréchal de Créqui)는 종교, 대화, 문학에 대해 실용적이고 종합적인 편지를 받는데, 그것이 『크레키 원수님에게』라는 글이다. 보시우스 대학 교수인 네덜란드 자유사상가이자 스피노자의 동반자로서 생 테브르몽은 그에게 『살루스티우스와 타키투스에 대한 소고』를 바친다. 가톨릭에 대한 절대적인 지지—특히 가톨릭과 프로텐스탄트와 같은—와 종교 사이에 관용을 위한 그의 변호, 그의 화체 이론성찬식에서 빵과 포도주가 예수의 살과 피가 된다는 이론^{역자}, 가톨릭의 성사와 기적은 쥐스텔에게 보내는 편지에 기록되어 있다. 그의 사상의 본질은 파편처럼 다양한 조각들로 주고받은 여러 편지 속에 담겨 있다.

이와 같은 서신 왕래도 토론에서 생기는 것이라고 생각한다. 신경질적이고 무미건조한 문체, 기름기 없는 문체, 간결하고 기교가 없는 직접적이고 때로 빈정거리는 문체, 필요할 경우 미묘한 톤의 암시하는 문체가 생 테브르몽의 글에 흩어져 있다. 변화 반복법, 순서가 뒤바뀐 문체구조, 신속하게 연결하고 전개한 초안 등에서 텍스트의 구조에 삽입된 격언들이 발견된다. 섬광, 미광, 명암, 바로크 놀이다.

해부학 강의. 그 당시 렘브란트는 1632년 「니콜라스 툴프 박사의 해부학 강의」, 1656년 「요안 데이만 박사의 해부학 강의」 등 해부학 강의를 그림으로 그렸다. 첫 번째 그림에서는 외과의사가 팔뚝에, 두 번째는 뇌에 해부작업을 한다. 그 과학자는 터진 석류처럼 속이 드러나 털이 난 피부, 개두수술을 한 뼈, 상반신이 약간 올라간 시신의 뇌를 뒤진다. 그의 얼굴은 그리스도 같은 얼굴을 연상시킨다. 생 테브르몽은 펜을 메스처럼 사용하고, 영혼 속에서 눈으로 견디기 어려운 진실의 조각들을 자른다.

그가 서민 출신으로 꾸민 우화와 이야기에 만족할 때나 손을 가슴 위에 올려놓고 자신의 사랑을 외치거나 혹은 로마 조각상 대리석 앞에 서서 우정을 위하여 시를 낭송할 때 이 철학자는 베일을 벗고 환상들을 찾아내면서 자신의 작업을 실행하고, 명백한 잔혹함을 보여준다. 이것은 사랑도 우정도 고귀한 감정도 아니고, 불순한 동기를 가지고 불순한 구조에서 생긴 것이다. 관심, 자존심, 유용성, 허영심, 악의, 명예욕, 오만, 천한 열정들이다.

만일 그가 신앙심을 (예를 들면 「신봉자가 되고 싶었지만 품행이 좋지 않은 여자에게 보내는 편지」나 「신앙심은 우리의 마지막 사랑」에서) 분석한다면 순수한 감정이나 고상한 마음, 위대한 행동을 하는 사람들의 우아하고 고상한 시각 탓으로 돌리는 것이 아니라, 스스로 방탕한 생활을 해나갈 수 없는 무능, 순수하게 자신의 의지로 자연스런 성적 열정이 식어 변형 속에 내재된 환상, 연인을 복수하려는 위험한 쾌락, 오늘날 매저키스트 같은 알 수 없는 이상한 정열, 우리들에게 넘치는 세속적인 근심에서 벗어나려는 희망 탓으로 돌린다. 다른 이유들은 그다지 명예롭지 못하다.

생 테브르몽은 그 때문에 사람들을 있는 그대로 받아들일 뿐 그들을 꿈꾸지 않으며, 그들이 그럴 수 있는 것으로 꾸미지 않는다. 이것이 그가 라신보다는 코르네유를 더 좋아하는 이유다. 사람들을 변화시키기 원한다면 고통을 주고 피할 수 없는 고독으로 몰고 간다. 반면에 『완전히 타락한 사람들에 대한 관심』에서 자세하게 설명하는데, 그는 정직함보다 유익함을 선호한다. 이를테면 순수함을 바라지 않는 것, 악에 대해 지나치게 엄격한 잣대를 피하는 것, 존재하는 선을 받아들이는 것, 전체는 아닐지라도 사소한 악에 만족하는 것, 남을 위해 절제하는 것, 자신에게 엄격함을 실천하는 것, 이 세상의 악으로 구성하는 것 아니면 은둔을 선택하는 것, 모든 사람으로부터 고립되는 것, 남에게 세심하게 대하는 것, 철학자—직업적인 철학자나 신봉자—로 교훈을 주는 자로 행세하지 않는 것이 그런 것이다.

이와 같은 비극적인 지혜를—이것을 "불순한 휴머니즘"이라고 규정했다—실천하는 것은 공히 건강에 이롭다. 왜냐하면 너무 순수한 도덕과 너무 타락한 사람들에게는 아무것도 가능하지 않기 때문이다. 라 로쉬푸코나—『격언집』은 1678년 나온다—라 브뤼예르—『성찰 혹은 격언과 도덕적 잠언집』은 1688년 출판된다—보다 먼저 이 노르망디 출신의 철학자는 전형적인 프랑스식 사고 '방식'의 기초를 세운다. 즉 모럴리스트라는 전통이다. 그의 당대에서 뿐만 아니라 보브나르그(Vauvenargues), 샹포르(Chamfort), 리바롤(Rivarol), 주베르(Joubert) 등과 함께 생 테브르몽은 문학이 철학에 부여한, 역으로 철학이 문학에 부여한 철학자들 중 한 사람이다. 마침내 자유로운 정신으로—오로지 그럴 가치가 있도록—그들의 저작이 읽혀졌다.

본의 아닌 작품. 빈정거리고 조롱하며 위험하고 무서운 철학자 생 테브르몽은 재기발랄한 대화가 '지금, 여기'로 한정된 덧없고 순간적인 예술작품이라는 것을 모르지 않았다. 현재라는 것은 모럴리스트의 독특한 차원이다. 구술은 그 유일한 방식이다. 그에게는 좋은 기회다. 그런 모든 것이 한 권의 책이 될 때 그것을 어떻게 읽어야 할까? 처음부터 끝까지 다 읽는가? 물론 아니다. 여기저기 듬성듬성, 옮겨다니면서 왔다갔다 읽는다. 금언은 독한 술이다. 너무 많이 마시면 심한 독이 될 수 있다. 생 테브르몽의 짧은 글에 대해서는 흔히 『수상록』과 유사하지만 때로 아주 긴 몽테뉴의 글보다는 프란시스 베이컨의 양식과 유사하다는 평이다.

생 테브르몽은 자신의 이름으로 출판할 목적으로 글을 쓰거나 책을 출간한 적도 없다. 몽테뉴의 제자로 그는 책을 만드는 사람을 좋아하지 않는다. 그의 편지들은? 호사가들이 그 편지를 베끼고 복사해서 나눠주면서 확산되었다. 의도적이든 아니든 오류가 수없이 많다. 그러나 그의 글은 대단히 인기 있었다. 위작들이 쌓인 것이다. 거짓에다 없는 사실도 덧붙였다. 그는 그것을 다른 사람 책으로 여긴다. 네덜란드에서 나온 위조작품들이 시장에 넘쳐났다. 재판도 상당수다. 50판이 넘을 것이다.

이런 불법 출판에 대한 그의 반응은? 재미있어 하고 무관심했다. 유명세? 명성? 그가 죽고 난 후 그의 이름은? 이런 모든 일이 그를 웃겼다. 『에피쿠로스 도덕론』에서 이렇게 쓰지 않았던가? "보잘것없는 명성에 연연하기보다 나한테는 1시간이라도 잘 짜여진 인생이 더 낫다." 한 자도 자신의 이름으로 팔린 적이 없는 그 많은 작품들에 대해 그는 철저하게 무관심했다. 적어도 이런 때는 있었다. 죽기 4년 전에 진정으로 그의 글을 수집하고, 확인하며, 인정하는 데 동의했기 때문이다. 그러나 이 작업을 주도했던 피에르 베일의 친구인 피에르 드메조에게 욕설을 퍼부었다. 그때 그는 휴가 중이었다. 그 작품들은 1705년 그의 사후에 출판된다.

철학자들에 대한 인상. 모럴리스트 생 테브르몽은 17세기 주요 철학자들을 여러 번 만났다. 그렇지만 그가 정말 그들의 명제에 관심을 가지거나 현안의 개념에 흥미를 가진 적은 없었다. 생 테르브몽은 마리옹 드 로름이나 니농 드 랑클로처럼 스피노자나 홉스를 만났던 것 같다. 개인적인 성찰을 풍성하게 해주거나 지적인 교류가 없는 만남이었다.

예를 들면 스피노자와의 만남이다. 생 테브르몽은 페스트로 수천 명 목숨을 앗아간 런던을 떠난 후 1665년부터 헤이그에서 망명생활을 하면서 같은 조국 사람인 프랑스 황태자의 집에서 묵었다. 그는 『살루스티우스와 타키투스에 대한 소고』에 착수하고 드 위트(De Witt) 형제, 젊은 오랑주 공작, 외교관들의 집에 드나든다.

이삭 보시우스의 친구가 되어 그 덕분에 1669-1670년경 스피노자를 만난다. 그때 스피노자는 『데카르트 철학의 원칙』(1663)을 막 출판했을 무렵이다. 이때 『신학정치론』에 착수했다.

쉽게 이해할 수 있지만 세련된 맛이 없는 라틴어로 된 이 대화록에서 스피노자는 생 테브르몽이 신의 존재에 대해 제기한 질문을 제외하고 그에게 하나도 남김 없이 다 털어놓는다. 후에 『에티카』를 쓰게 될 스피노자는 "나는 신이 이 세상 모든 존재의 외적 이유가 아니라 내적 이유라고 믿는다"고 밝히면서 신을 믿는다고 대답한다. 생 테브르몽은 사후 작품에서 헤이그에서 만난 사람이 다른 사람이라고 주장한다. 그는 무신론자라는 것이다. 그렇지만 이 노르망디 철학자에게 『에티카』 전체가 그 한마디로 멋지게 요약되고, 바루흐 드 스피노자가 상대방에게 숨기는 게 없다고 쉽게 응수하는 것처럼 보인다. 그의 말에 귀 기울이고 그의 말을 들으면서 그를 이해하기를 원했다면 말이다.

이런 점에서 세속적인 대화와 철학적인 대화는 같은 규칙을 따르지 않는다. 생 테브르몽은 신의 존재를 입증하고자 할 때 부이용 공작 부인의 "천상의 아름다움"을 상기시킨다. 두 사람의 논쟁은 최소한 이질적인 영역에서 끌어낸다. 즉 (무거운) 개념의 철학 대 (가벼운) 존재론적 사상이며, 바로크의 폭발에 지축이 흔들려도 살아남기 위한 건축이다. 신의 존재에 대한^{역자} 약속 파기다!

다음은 홉스와의 만남이다. 생 테브르몽은 카방디쉬의 살롱에서 그를 처음으로 만난다. 이 사람은 한때 아이들 가정교사였다. 『리바이어던』이 1655년 출판되었는데, 같은 해 『육체론』, 몇 년 뒤 『시민들의 철학적 요소』(1649)가 나온다. 추방된 철학자 생 테브르몽이 『크레키 원수에게 보내는 편지』에서 홉스의 "천재적 능력"을 높이 평가하면서도 그의 "지나침"도 "과장"도 동의하지 않는다. 그러나 그게 어떤 것인지는 알려져 있지 않다.

말이 났으니 말인데, 습관적으로 경망스러운 태도와 함께 대번에 생 테브르몽이 그 영국 철학자의 명제를 알고 있으며, 자신이 그의 책을 읽었거나 적어도 그 본질을 알고 있다는 생각을 하게 된다. 즉 그것은 어떤 면에서 개인들의 야만적인 자유를 포기하거나, 다른 한편으로 (홉스가 전제주의를 발명한 사람이 아니라도 이것은 결코 잊지 말 것) 이렇게 조직되고 합리적이며 정당화된 절대자가 개인의 확실성과 안전을 보장한다고 가정하는 계약상의 정치적 필연성이다.

그러나 프랑스의 신앙절대주의자인 생 테브르몽에게 입헌군주주의자이며 가톨릭 프랑스 교회파에다 에피쿠로스 자유사상가인 토마스 홉스는 토론거리 관점의 소통 및 대결을 제공한다. 그는 한 줄로 질문을 보내고 그 실체를 밝힌다. 확고한 정부는 대중의 이익을 위해서 특정한 사람들에게 당연한 자유의 일부를 없앨 수 있다고 암시한다. 생 테브르몽의 해설은? 그런 것은 전혀 없다. 그가 동의하는가? 아닌가? 사회계약의 해석에 대해 어떻게 생각할까? 아무것도 없다. 아마 알 수 없을 것이다. 생 테브르몽은 밖으로 나온 속치마나 궁녀의 신선한 얼굴, 혹은 자신의 말에 호기심을 갖는 작은 소모임을 더 좋아했을 것이다. 두 번째 약속 파기다 ….

143

생 테브르몽과
"쾌락의 사랑"

가상디 효과. 생 테브르몽이 단 한 번이 아닌 규칙적으로
만난 철학자가 있다면 위대하고 거대한 철학자 피에르 가상디다.
그는『교양인이 응용할 수 있는 과학에 대한 판단』에서 "철학자들
중에서 가장 식견을 갖춘 가장 덜 오만한 철학자"라고 썼다. 알다시
피 마리옹 드 로름과 생 테브르몽은 시라노 드 베르주락과 함께 파
리의 오텔 데 모내에서 천문학 강연에 참석하곤 했다. 이 시기에 이
노르망디 사상가는『에피쿠로스의 생애』에서 에피쿠로스를 복권
시키는 가상디와 함께 교류하는 것 같다.

가상디의 교훈은? 이성의 한계와 그 제한된 능력, 우리가 가진
지식의 명백한 한계,—칸트의 발명은 대단한 것이 아니다—물론
많은 것을 생각할 수 있는 가능성은 있지만 마찬가지로 "특별히 이
런저런 생각을 제대로 할" 수 없는 능력 등에 대한 논쟁을 한 후에
생 테브르몽은 이런 결론을 내린다. 즉 철학이란 아무 쓸모 없다. 불
가능한 이익을 위해서 에너지와 노동, 시간을 투자할 필요가 없는
것이다.

젊은 시절 그가 믿는 게 있다면 나이가 들면서 그리스 로마 시
대부터 현재까지 철학자들의 명백하게 모순된 수많은 담론 앞에 처
해 있다는 것이다. 회의적인 정신 속에서 그는 자신의 판단을 유보
하고, '에포케'를 실천하며, 이를 다른 관점에서 볼 필요성이 있다
는 결론을 내린다. 실연한 연인은 이론적이고 독단적인 철학에 등
을 돌리고 실천적이고 실용적인 철학을 선택한다. 그의 절대적인
명령인가? "지혜롭게 말하자면 우리는 세상을 알기보다 세상을 즐

기는 데 더 관심이 있다" … .

선(腺)의 무질서. 애호가로서 피에르 가상디를 따라가다
보면 어느 날 길에서 데카르트를 만나는 것은 필연적이다. 데카르
트는 미슐레가 믿었던 것처럼 브르타뉴 사람이 아니라 푸아투 출신
철학자로, 프랑스의 신화가 아니라 편지를 주고받는 일부 사람들
과—그 중에 가상디가 있다—싸우는 여러 사람들 가운데 한 사상
가다. 그는 데카르트 철학의 합리적인 이성의 전형이 될 것이다. 한
동안 이 이상한 인물은 신입생을 꿈꾸며 수많은 밤 계획을 세우면
서 이성을 구축하고, 사람들이 거리에서 지나가는 모습을 보면서
그들이 모자로 덮인 용수철을 지닌 기계와 다른 것인지 궁금해하며
자신의 존재를 확인하는 모든 것에 대해 관심을 가진다.

생 테브르몽이 데카르트의 『형이상학적 성찰』(1641)과 『철학
의 원칙』(1644)의 일부를 읽었을 것이라고 생각한다. 그가 『방법서
설』(1637)을 알고 있었는지는 알려져 있지 않다. 그는 여기서 무엇
을 주목할까? 데카르트가 영혼이나 정신적 영원불멸의 실체에 대
한 존재를 입증하고자 하지만 약속을 지키지 않는다는 것이다. 그
궁극점에 이르지 못하는 것에 만족하지 않고 그는 종교가 아무도
설득하지 못하며, 심지어 철학자 자신도 설득하지 못한다는 점을
잘 보여준다고 생 테브르몽은 생각한다.

코기토? 이건 놀림감이다. 즉 미묘한 이성의 기교, 확실하지
않은 논증, 확신의 부재 등은 경망스러운 웃음거리는 아니라도 어

떤 결과도 내놓지 못한다고 이 노르망디 철학자는 말했다. 그는 『모씨에게 보내는 편지』에서 "나는 사랑한다. 고로 존재한다"고 썼다. 데카르트의 말에 대한 짧은 패러디이며 가장 멋진 반론이라고 할 만하다. 가상디도 동의하겠지만 생 테브르몽의 목표는 인생을 아는 것이라기보다는 인생을 사는 것이라는 점을 기억해 두자.

생 테브르몽은 이 존재론적 관심에 대해 아무것도 이해하고 싶지 않은 것 같다. 그렇지만 철학자를 형이상학에 한정하지 않고 데카르트는 유명한 『방법서설』의 마지막에서 좀더 사전에 나타난 계획—스스로 자연의 스승과 소유자라는 것—을 위해 사색적인 지식을 무시하라고 한다. 이를 위해 그는 의학의 길로 접어든다.

데카르트는 두 살 난 딸 프랑신을 잃고 절망에 빠졌다. 어린 아이의 시신 앞에서 철학이 무슨 소용인가? 『방법서설』의 마지막뿐 아니라 다른 글에서도 나타나는데—1638년 1월 25일 위장(Huyghens)에게 보낸 어떤 편지에서—100년 이상 생명을 연장해서 일하고 싶은 욕망이 거기서 나온다. 이 철학자는 식육점의 가게 뒤에서 소를 해부하고 해부학의 신비와 생리학의 메커니즘을 발견한다. 마찬가지로 그는 『인간개론』에 착수한다.

생 테브르몽은 간접적으로 얻는 이런 정보에 대해 어떻게 하는가? 아이러니다 … . 그는 데카르트가 인간을 영원불멸로 만들겠다는 욕망을 가지고 "절대 죽지 않는 발명"을 하고 있다고 조롱한다. 너무 지나치게 나갔다. 생 테브르몽은 철학자를 미친 사람이나 방탕한 사람으로 여기고 단호하게 (철학을) "그의 선세포 속에 남아 있는 무질서"라고 결론내린다.

그리고 데카르트가 영혼불멸을 입증한 것과 마찬가지로 혁명

적인 의학적 시도에서도 같은 성공을 이루었을 것임을 단언하면서
자신의 소박한 소임을 다한다. 이 점에 대해 생 테브르몽이 스스로
비물질적 영혼의 존재, 즉 "항상 존재하고자 하는 욕망"을 입증했
음을 기억하자. 약간 짧은 글이지만 여전하다. 세 번째 약속도 망쳤
다.

고대인들과의 만남. 생 테브르몽이 당대의 철학자들과
만나지 않아도 고대인들을 지나치지는 않는다. 어떤 책에서 그는
로마에서 여전히 존경받으면서 글을 쓰는 작가들의 고대에 대한 편
집중을 거부한다. 물론 고대지만 근대인들의 취향에 맞는 고대를
말한다. 따라서 세네카에게 비판적이고 에피쿠로스나 페트로니우
스에게 훨씬 호의적인 그의 해석은 글에 대한 (독단적인) 철학자의
해석이라기보다, 17세기 전성기에 쾌락주의를 잘 실천하기 위한 목
적으로 스토아 철학을 인정하지 않으면서 (잘) 살아가는 사람의 성
찰로서 읽어야 한다.

　생 테브르몽에게 세네카는 별로 중요한 작가가 아니다. 철학
자로서도 작가로서도 그를 좋아하지 않았다. 이 스토아 학파 철학
자의 주장은 그에게 독특하게 반응하는데, 그의 내면에는 그를 반
대하는 격렬한 욕망이 꿈틀거렸다. 명예를 피해야 한다고? 네로 황
제의 스승은 그렇게 쓴다. 부를 거부해야 한다고? 그 억만장자는 그
렇게 가르친다. 고통을 참으라고? 코르시카에서 추방생활이 너무
힘들어 로마로 돌아오고 싶어 『아포콜로킨토즈』라는 책을 써서 클

라우디우스 황제에게 아첨했던 그 사람이 이렇게 공언한다. 이 자유사상 철학자는 지위와 훈장, 돈과 재산을 욕망하고, 모든 고통을 거부하며, 쾌락이라는 가장 큰 재산을 목표로 삼기 시작한다.

이어서 최악의 상황에서 세네카는 죽음에 대해 지나치게, 너무 지나치게 언급한다. 이 문제에 대해서도 생 테브르몽은 마찬가지로 이렇게 반응한다. 즉 문제는 죽는 것이나 죽을 것이라는 것, 혹은 죽을 것을 아는 것, 죽음을 준비하거나 매일 죽음을 생각하거나 항상 죽음에 대한 감정을 가지고 살아가는 것 등이라기보다 사는 것 혹은 잘 살아가는 것이 더 중요하다는 것이다. 죽음에 이르는 가장 좋은 방법은? 죽음은 피할 수 없다는 사실을 아는 것, 그리고 미덕을 필연으로 만드는 것이다. 철학은 아무 소용이 없다. 철학한다는 것은 죽는 법을 배우는 것이 아니라 자연스럽고 정상적이며 필연적 과정인 죽음을 기다리면서 더 잘 사는 법을 배우는 것이다. 그는 "인내하면서 죽는 것"이라기보다 "조용하게 사는 것"이라고 쓴다. 이 스토아 철학자가 잘 죽는 것에 대해 예찬한들 얻는 이점이라고는 하나도 없다.

그는 세네카의 죽음에 대한 옹호를 페트로니우스의 건강과 대립시킨다. 흔히 그를 단순하게 『사티리콘』의 저자일 뿐이라고 하지만 즐거운 에피쿠로스 학파로서 천성적인 호색한, 관능적인 기질은 쾌락을 지배하지만 그 쾌락에 지배당하지 않는다. 페트로니우스는 비티니아 지방의 총독이며 집정관이지만 존재하고 행동하고 행복한 삶을 사는 자신의 자유를 마음 속에 간직하면서 죽음을 맞이하는 순간에도 페이소스에 빠지지 않는다. 스토아 학파들의 영웅인 카토 우티센치스는 최후의 순간에 플라톤을 읽지만, 페트로니우스는 경박한 시인과 농담 잘 하는 작가들을 불러서 소박하게 죽어간다. 로마의 에피쿠로스 철학자와 노르망디 철학자가 보기에 죽음은 그저 삶의 마지막일 뿐이다.

루이 14세 시대의 에피쿠로스. 생 테브르몽은 에피쿠로스 학파지만 그 쾌락의 정원에 속하는 정통 철학자의 충실한 제자라기보다 호라티우스, 카툴루스, 티불루스, 프로페르티우스 등 엘레지 시인들과 함께 한다. 이 주제에 대한 그의 사상은 『쾌락론』(1658년경)과 『에피쿠로스 도덕론』(1684년경) 등 두 작품에 집중되어 있다. 콰트로첸토 시대 로렌초 발라는 『쾌락론』에서, 에라스무스는 『에피쿠로스의 향연』에서 에피쿠로스를 이용했고 몽테뉴도 약간 활용했다.

그러나 에피쿠로스를 진정한 의미에서 규칙적이고, 거대하며, 당당하고, 결정적이고 실질적으로 복원한 것은 1647년 출판된 『에피쿠로스의 삶과 풍습』을 쓴 피에르 가상디 덕분이다. 생 테브르몽이 이 책을 모를 리 없으며, 그 책을 읽지 않았다는 것도 상상할 수 없다. 최소한 진짜 이 책을 읽지 않았더라도 그가 디뉴 주교좌 참사원에 자주 들락거렸다는 사실은 이 저작의 명제를 알고 있었다는 것을 보여준다.

물론 생 테브르몽은 최고의 선은 쾌락에 있다는 그 그리스 대가의 핵심을 파악하고 있었다. 자연적인 반응에 따라 우리는 쾌락을 욕망하고 고통을 피한다는 것이다. 이것은 선하고 아름다운 삶

**생 테브르몽과
"쾌락의 사랑"**

과 연동하는 내재적인 윤리의 필연성이다. 또한 이것은 인간의 운명과 행동에 무관심한 신성한 존재다. 비물질적인 것은 어떠한 것도 존재하지 않는다는 것이고, 존재하는 순수한 쾌락을 목표로 한다는 것이다. 그러나 그는 에피쿠로스 도덕의 엄격한 금욕주의와는 거리가 있는 자신만의 고찰을 덧붙인다.

그는 근대적 사상가로서 사상과 육체, 기질과 견해, 육신과 철학의 내용을 예측한다. 금욕을 위한 고대 철학자에 대한 취향인가? 쾌락이 오직 불안을 없애주거나 순수하고 단순하게 고통을 제거하는 것일까? 그의 자서전과 개인적 고백에서 나오는 얘기다. 에피쿠로스는 미덕을 필연으로 만든다. 그는 병들고, 괴로워하고, 육체가 고통스러우면서도 자신의 용도에 맞는 사상을 완성한다. 그런데 누구를 위해서 또 다른 육체와 건강을 마음대로 사용하는가?

금욕적인 이상을 정당화하는 것은 아무것도 없다. 무슨 이유로 "풀을 먹"는가? (광란의 기독교 수도사들과는 반대로 에피쿠로스는 풀을 먹도록 하지 않았다) 하고 생 테브르몽은 썼다. 이 노르망디 철학자는 자신이 믿는 별이 운행하는 광대한 하늘처럼—그 하늘에 다가가기 위한 것이 아니겠지만. 왜 감각을 괴롭히는가? 같은 존재의 두 가지 방식이 똑같은 쾌락을 겨냥하고 욕망할 때 "같은 질료로 구성된 두 부분 사이의 대립" (유물론적 신앙의 엄격한 선언)을 정당화하는 것은 무엇인가? 사실 이런 식으로 생각하면 죽음은 생명이 아닌 최고의 선이다.

페트로니우스와 호라티우스가 에피쿠로스를 찬양한다면 그것은 분명 에피쿠로스주의가 금욕주의적 해석으로 흐르지 않고 새로운 쾌락주의적 해석이 존재하기 때문이다. 에피쿠로스의 삶은 그 당시 왜곡되었는데, 그 후에도 교회의 신부들에게 왜곡되었다. 그러나 그의 존재는 전혀 파렴치한 것은 아니었다. 그의 적들은 그의 삶을 더럽혔으며, 그의 사상을 평가할 가치가 없었다. 에피쿠로스적 쾌락은 흔히 언급된 그런 것이 아니다. 야만적인 향락도, 몰아지경의 쾌락도 아니다. 거기서 새로운 에피쿠로스가 필요한 것이다.

따라서 금욕적 윤리뿐만 아니라 종교적 선택도 없다. 쾌락주의 철학자는 인간의 운명에 무관심한 무기력한 신의 존재를 믿지만 에피쿠로스는 신앙의 사제의 아들로서 인간들에게 기도하라고 하는가? 허구나 유령을 찬양하는 것은 쓸모없는 일이다.

조용하게 옹호할 수 있는 쾌락과 적극적으로 옹호할 수 없는 또 다른 쾌락 사이의 대립에 대한 지적도 있다. 에피쿠로스 학파와 아리스티포스 학파 사이의 오랜 대립 … 에피쿠로스는 차례로, 경우에 따라 이런저런 쾌락을 실천했다고 생 테브르몽은 썼다. 일단 불안과 고통이 없어지면 다음에는 구실을 만들면서 쾌락을 찾는다. 그는 엄격하고 검소한 금욕주의자였지만 시기에 따라서 유쾌하고, 향락적이며, 관능적이었다. 육체가 허락했던 젊은 시절에는 아마 자유사상가였을 것이며, 늙어가면서 육신이 더 이상 따라가지 못했을 것이다. 아무도 완전히 하얗거나 완전히 검은, 완전한 독신자도 완전한 자유사상가도 아니기 때문이다. 그러나 그 둘은 차례로 경우나 상황 및 기회에 따라, 또한 시간에 의한 변화에 따라 달라진다. 금욕주의자 속에 숨은 자유사상가의 모습이다.

생 테브르몽과
"쾌락의 사랑"

15

오락의 철학. 행복하게 살기 위해서 깊이 생각하거나 지나치게 생각할 필요는 없다. 깊이 파고드는 것은 근심을 만든다. 생 테브르몽은 다음 몇 마디로 그 해결책을 제시한다. 그는 『쾌락론』에서 "자주 자신으로부터 탈출하라"고 썼다. 더 이상 자세한 것은 기대하지 말자. 사실 그 방법은 독자의 신중함에 달려 있다. 이론적인 자기 성찰의 망상보다는 외향적인 삶의 실천을 더 선호하라는 것이다.

이 몇 마디 말은 그 당시 특별한 울림을 주었다. 그 시기? 1658년경이다. 파스칼이 『기독교의 진실』이라는 대기독교 호교론의 계획에 착수하기 시작한다. 이 작업은 다 알다시피 중단되고, 그 일부가 『팡세』다. 그 해 그는 이 주제에 대한 주석들을 묶어서 분류하기 시작했다. 그 해 말, 몇몇 친구를 만나서 작업순서와 도안, 초안을 털어놓는다. 그를 죽음과 갈라놓는 4년 동안 고통과 우울로 인해 그의 계획을 제대로 수행할 수 없었다. 파스칼은 1662년 8월 19일 새벽 1시에 죽는다.

1669년 초판이 출판되고 "포르 루아얄에서" 나온 것으로 되어 있는데, 출판된 부수는 아주 소수에 지나지 않는다. 초판은 100년 동안 권위를 지킨다. 생 테브르몽은 이런 사정을 알았을까? 생 테브르몽이 파스칼의 유명한 명제를—그의 이름은 그의 전 작품에서 전혀 나오지 않는다—몰랐다는 게 상상이 안 간다. 두 개의 무한대, 내기, 기하학적 정신과 섬세한 정신, 철학자들의 신 혹은 이삭의 신, 뿐만 아니라 특히 34가지 사상은 오락에 관한 것이다.

1 5 2

이 대작에서 파스칼이 자유사상가들의 개종을 겨냥하고 있다
는 것은 다 알고 있는 사실이다. 그는 그 당시 자유사상가들의 존재
와 그들의 행동 및 사상에서 논증의 출발점을 삼는다. 이 단편들을
읽어보면 자유사상가의 초상화가 은연중에 그려져 있다. 파스칼은
누구를 생각하고 있는가? 그 중에서도 특히 슈발리에 드 메레
(chevalier de Méré)나 다미앵 미통(Damien Mitton), 라 모트 르 베예(La
Mothe Le Vayer) 등이다. 그는 살롱에도 드나드는데, 거기서 메레와
미통을 만났다. 게다가 『팡세』에 세 번이나 인용된 미통은 『교양에
대한 생각』을 썼고, 이 책은 1680년 실수로 출판되었는데, 생 테브
르몽의 『잡문』… 에 들어 있다.

　　오락에 대한 글을 쓰면서 파스칼은 생 테브르몽의 철학적 초
상을 묘사한 것 같다. 왜냐하면 이 노르망디 철학자의 아주 교묘하
게 접은 작품 전체가 주름을 넘어서서 그 내용을 펼치고 전달할 수
있기 때문이다. 즉 그 작품은 완전히 오락의 철학이다. 파스칼이 그
를 생각하지 않고 또 서로가 잘 모르고 서로의 작품을 무시하더라
도 파스칼은 오락을 중요한 목적으로 삼는 자유사상가의 방식을 비
난한다.

자아로부터 탈출하기.　파스칼은 인간의 모든 불행은 자
신들이 방안에 혼자 남아 있다는 것을 모르는 데서 오는 것이라 단
정한다. 우선 기독교인에게 반박해 보자. 왜 의자에 앉아서 방안에
혼자 살아가고 싶어할까? 자신의 피를 물어뜯고 불행한 처지를 생

각하며 곧 죽을 거라고 끊임없이 되내이면서 살아야 할까? 왜 최악
으로 치달아 갈까? 무엇 때문에 우리에게 당연히 영향을 주는데도
의도적으로 부정적으로 생각하는가?

결국 생 테브르몽은 죽음보다는 삶에 대해 깊이 생각하는 데
에—스피노자의 기억—더 관심 있다고 생각한다. 실존적 고뇌로
괴로워하는 경우를 기록하기보다는 즐거운 삶을 영위하는 것이 흥
미로운 것이다. 괴로움? 고통? 그런 일에 골몰하지 말고 그런 것들
을 버리는 것. 항상 에피쿠로스/생 테브르몽 대 세네카/파스칼 구
도다. 쾌락을 원하고, 그것을 준비하며, 구축하고, 현재를 충만하게
살며, 행복한 기억을 생생하게 해줄 수 있다면 과거에 관심을 가지
고, 쾌락주의적 계획을 허용하는 정도에 따라 오직 미래를 신경 쓰
는 것이 우울한 독신자로서 방에 앉아 있는 것보다 더 흥미 있는 시
각이다.

파스칼은 즐겁게 하는 모든 것을 비난한다. 대화, 놀이, 전쟁,
일자리, 사냥, 시끄러운 소리, 소음, 쾌락, 당구, 춤, 희극, 류트, 샹송,
시, 결투 등 『시골 친구에게 부치는 편지』 제6의 서에서도 비난했
던 것이다. 『팡세』의 작가는 기독교인의 삶에서 오락의 위험을 알
린다. 정확하게 말하면 생 테브르몽의 관심을 끌게 하는 것은 이 점
이다. 그의 삶은 파스칼의 논거와 정확하게 대립된다.

왜냐하면 이 슈발리에는 대화 이상의 것을 좋아했으며, 그것
을 실천했고, 글로 찬양했다. 그는 아마 1차적 의미에서 놀이를 했
을 것이고, 적어도 그의 젊은 시절은 형편에 따른 긴 놀이였을 것이
다. 그는 30년 이상 전쟁터에서 보냈고, 따라서 사람을 죽였다. 그
는 외교관이었고, 대공들은 그를 파견하고 그들의 임무를 수행했

다. 그는 가족 영지에서 사냥을 했다. (동물의) 소리를 구별했으며, 자신이 그 소리를 내기도 했다. 젊은 시절에는 도박, 마레의 짓궂은 장난 등 모든 쾌락을 경험했다. 수많은 여자들과 샴페인, 아침 식사에 열두 개 가량의 굴, 고급 식사, 식도락 클럽 등. 그는 춤의 대가 댁에서 검술을 강의했고 저녁 무도회에서 수많은 여자를 팔에 안았을 것이다. 그는 코르네유를 열렬히 좋아했고 희극도 썼다. 연주회에 자주 들락거렸으며, 시를 지었고, 니농 드 랑클로와 류트를 연주했다. 그는 여러 번 초원에서 검을 휘둘렀다. 블레즈 파스칼의 저작을 읽을 시간이 없었을 거라는 게 이해된다.

노르망디 도교사상가. 기분전환. 이것은 바로 우리가 어떻게 자신에게서 탈출해서 권태와 피곤에 빠지지 않고 동료도 없는 방안에 앉아 너무나 오랫동안 있을 수 있는가 하는 것이다. 철학자 생 테브르몽? 아마 틀림없을 것이다. 물론 그에게 가상디 같은 사상을 입증할 능력이나 힘, 연구, 열정은 발견되지 않는다. 관념에 대한 취향도 아니고 거대한 개념적인 장치다. 그러나 그것은 그의 말이 아니었다. 철학자? 책을 쓰기 위해서가 아니라 잘 살기 위해서다. 철학을 하는 것이 아니고 철학자가 되는 것이다. 그는 "철학자였지" 정도를 넘는 "철학을 하지" 않았다. 이게 역설에 대한 그의 기술이고 재능이다. 시치미를 떼고 그는 이론상의 행동을 벗어나는 철학적 삶을 살았다. 그의 행동은 그의 삶이었기 때문이다.

종합적으로 어떤 결론을 내려야 하는가? 말하자면 그의 에피쿠로스주의는 인생 말년에 명랑하고, 섬세하며, 세속적이고, 쾌락을 쫓으며, 게다가 무기력하고 조용하게 지냈으며, 그때 전쟁터에서 돌아온 전사는 수년간의 런던 추방을 거친 후 기욤 3세가 85세의 철학자에게 준—좋은 급여를 받는—한직인 세인트 제임스 공원 오리 섬의 총독이 되었다. 젊은 시절 혈기왕성했던 난봉꾼 기사는 이제 늘 더러운 낡은 옷을 입고 가축들을 돌보면서 살아간다.

일생 동안 그는 중도를 지키고자 했다. 왜냐하면 그는 극단적인 입장을 지지하지 않았기 때문이다. 종교적으로 그는 미신적인 것도 아니고 신앙이 없는 것도 아니다. 쾌락에서 금욕주의자도 아니고 방탕도 아니다. 학문에서 상당한 지식의 소유자도 아니고 무지한 것도 아니다. 지나치게 지적 호기심이 있는 것도 아니고 전혀 없는 것도 아니다. 감수성에 있어서 지나치게 괴로워하는 것도 아니고 전혀 안 하는 것도 아니다. 우정에서 열정과 망각에서 똑같은 거리를 유지한다. 사회에서 대중의 지지자도 아니고 고독의 지지자도 아니다. 식도락에서는 지나치게 빈 것도 아니고 지나치게 채우는 것도 아니다. 그 당시 수용할 수 있는 단어를 사용하면 생 테브르몽은 내면적인 신앙을 "중용인"에 따르고 있다.

중용인의 에피쿠로스주의는 그 신사를 일종의 노르망디의 도교사상가로 변형시킨다. 즉 이승이지만 이승을 초월한, 사회 속에 연루되어 있지만 모든 것을 내면적으로 심판하는 현자다. 그의 좌우명이 "끝까지"였다고 할지라도 그가 항상 그것을 지켰는지는 잘 모른다. 그는 끝을 그다지 좋아하지 않았다. 그는 극단을 극단주의만큼이나 싫어한다. 그가 아주 범용한 신앙을 드러낸다고 할지라도 그를 무신론자로 몰아붙이지는 못한다. 이따금 말 중간에 그에게 물질 이외에 다른 대단한 것이 없다고 확인하더라도 그를 유물론 안에 가두지 못한다. 그를 자유사상가라는 위치에 둘 수도 없다. 그의 생애에 수많은 여자와 술이 넘쳤지만 쾌락을 위해 자신의 주권과 자유를 잃는 것에 결코 동의한 적이 없었다. 그가 철학자로 더 잘 살기 위해 정전들을 반대하면서 피했지만 그를 철학자로 파악할 수 없다. 생 테브르몽은 특히 바로크 수사법을 쓰자면 모순어법이다.

그리고 모든 것에 신이? 생 테브르몽은 시대를 횡단한다. 늙음이 매일 조금씩 그를 엄습한다. 이마 위로 밀어올린 돋보기로 그는 뚫어지게 바라본다. 방광암이 그를 괴롭히고 고통스럽게 했다. 식욕도 잃었다. 죽음이 가까워지면서 수많은 옛날 자유사상가들이 독실한 신자가 되고, 개종하고, 기독교인으로 죽어가는 모습을 알고 있었다. 그런 유사한 돌변은 그에게도 마찬가지다.

신은 그의 일생에 그닥 많은 부분을 차지하지 않았다. 최소한이라고 할 수 있다. 종교도 마찬가지다. 『마레샬 드 크레키에게 보내는 편지』에서 그는 신의 존재를 의심하지 않고 "최고로 다정다감한 최초의 존재"라고 언급한다. 그는 신중하게 종교는 내면적 심판의 영역에 속한다고 했다. 그 이후로 그는 자신에 대해 아무런 언급이 없어 아무것도 알지 못한다. 생 테브르몽은 이신론자다. 말하자면 신은 존재하겠지만 인간의 운명에는 관심이 없다는 것이다. 따라서 죄도, 과오도, 천벌도, 하늘도, 지옥도, 천국도 없다.

정통한 모럴리스트로서 그는 모든 신앙이 사후의 파괴를 믿을 수 없는 인간의 이기심에서 나온 것이라는 사실을 알고 있다. 이 때문에 영혼은 영원불멸한다는 것이다. 이런 기교로 무(無)에 다가가며, 그것을 피하는 것을 상상한다. 신앙에 대한 그의 분석도 같은 맥락이다. 즉 사람은 신보다 오히려 자신을 사랑하며, 그 기회의 역할을 하는 신을 구실삼아 자아를 위해 신앙을 바친다는 것이다. 그런 점에서 가톨릭교도가 그에게 불편할 수 있다.

그러나 그것은 신앙절대주의자라는 것을 고려하지 않은 것이다. 왜냐하면 그는 몽테뉴의 제자로서, 그리고 한 번도 인용한 적이 없는 피에르 샤롱 명제의 전문가로서 "진정한 가톨릭 정신"을 옹호하기 때문이다. 프랑스인이기 때문에 기독교인이며, 왕의 종교인 군주제에서 살고 있기 때문에 기독교인이다. 또 기독교인이 아니라는 것은 대공에 대한 충성이 없다는 것이기 때문에 기독교인이다. 정치는 확고부동하고 분명하며 평화스러워야 하기 때문에, 또 종교는 사회적 유대의 요인을 표현하기 때문에 그는 기독교인이다.

따라서 신앙을 따르고, 그의 종교의식을 받아들이며, 사실 이성은 이런 주제에 대해 대수로운 게 아니라는 것이다. 신학적 주제에 대한 호기심은 좋은 것이 아니다. "정신의 호기심"보다 "자애로운 마음"이 더 낫다. "기하학적 정신"보다는 "섬세한 정신"을 더 믿으라는 파스칼의 얘기와 같다. 그들의 글에서 신앙의 문제는 그만두자. 내면성은 아무도, 아무것도 영향을 미칠 수 없다.

신교도들은? 그들은 성직자의 과오와 지나친 행동 때문에 부분적으로 세상에 등장했다. 그러나 위그노와 가톨릭 사이의 차이보다는 그들을 결집하는 것이 더 중요하다. 생 테브르몽은 두 종교가 공유하는 점을 강조하면서 연합하기를 바랐다. 비록 두 종교가 성찬식의 빵과 포도주가 예수의 피와 살이라는 것을 다르게 설명하지만 본질은 두 종교가 성찬식을 실천한다는 것이다. 아무도 다른 종교로 개종을 원하지 않는 만큼 관용이 필요한 것이다. 이것은 바로 공공선을 위해서다.

따라서 무신론자가 아니라 신앙절대주의의 이신론자인 생 테브르몽은 이와 같은 지적인 정리를 통해 자유사상가이면서 기독교인이고, 쾌락을 쫓는 쾌락주의자이면서 확인된 가톨릭교도인 것이다. 끝까지, 그리고 마지막까지 거기에는 여전히 은밀한 것이 있다. 어떤 사제가 죽음의 침대에 그를 보러 와서 서로 화해하라는 제안을 한다. 최후의 선회에서 그는 화해를 수용하지만 그의 욕망은 그대로다. 그리고 그는 1703년 9월 9일, 89세의 나이로 조용히 세상을 떠난다. 그 이후 신앙절대주의의 자유사상가는 웨스트민스터 대사원, 시인의 자리에 영면한다. 노르망디 철학자는 30여 명의 왕과 왕비들과 함께 잠들어 있다. 최후의 아이러니한 주름이다.

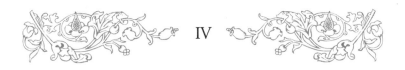

피에르 가상디와 "말하는 에피쿠로스"

자유사상가 사제. 피에르 가상디는 미셸 드 몽테뉴가 죽은 해인 1592년 1월 22일 태어났는데, 그의 이름은 가상디(Gassendi)가 아니라 가상(Gassend)이었다. 그 당시에는 이탈리아식 이름이 유행하고 있었는데, 사람들은 마리 드 메디치와 마자랭 등의 이름을 좋아했다. 그런 유행은 받아들이는 사람에서 보면 좀 열등한 층에서 흔히 수용된 결과다. 가상디는 거기에 동의하지 않는다. 관습이라는 것은 변모를 거듭한다. 그의 부모는 북프로방스 알프스 지역의 농부였다. 잠시 몇 년 동안 보낸 파리생활을 제외하면 그는 거기서 가장 중요한 일생을 보낸다. 그 후 친구들과 함께 프로방스 하늘 아래서, 올리브 밭과 지중해의 태양에 그을린 산에서 철학산책을 한다.

가상디는 여러 과정을 건너뛰었다. 16세부터 콜레주 드 디뉴에서 수사학을 가르쳤다. 몇 년 후 22세에 그 콜레주의 교장이 되고 신학 박사가 되어 신학을 가르치는 주교좌 성당의 참사원이 된 것이다. 24세에 사제가 되고, 콩쿠르를 거쳐 액 상 프로방스의 철학과 신학 주교좌직을 차지한다. 거기서 6년 동안 아리스토텔레스 철학을 가르쳤다. 이러한 경험에서 나온 그의 저작이나 또 주교의 명령에 따라 예수회에 의해 강제로 자신의 영역이 배제됨으로써 그가 이단적이고 비판적인 주장을 편 것으로 판단된다.

사상사에서 피에르 가상디는 상징적인 자유사상가를 구체화했다. 물론 자신의 습관과 사적인 생활이 문제로 제기된 적이 없는 박식한 자유사상가지만 어쨌든 그는 자유사상가다. 어떻게 종교 의식에 대해 양심적인 사제가 될 수 있으며 가톨릭 교의를 옹호하면서 자유사상 철학자가 될 수 있는가? 그는 정신과 분석, 비판의 자유를 요구하면서 이런 것이 가능한 것처럼 보이는 곳에서는 항상 철학자로 행동하고 과학, 실험, 사실의 검증에 의지하면서 정보를 파악하는 육체적 감각에서 출발해서 그 후 결정적인 진실을 찾기보다는 신빙성의 이론을 완성한다.

구체적으로? 구체적으로 그는 아리스토텔레스와 아리스토텔레스 학파들, 객설과 궤변, 철학이라는 이름에 걸맞는 확실성에 접근하지 못하는 잘못된 철학적 망상으로 비난받아 마땅한 스콜라 철학과 싸운다. 그는 이와 같은 싸움을 하면서 참사원이라는 정신 속에 믿음의 문제에 불과한 신을 합리적으로 증명하고자 하는 르네 데카르트를 정식으로 공격한다. 마찬가지로 그는 그 당시에 드물고 정치적으로 위험한 해부와 해부학, 고도의 천문학적 관찰을 실천하고, 과학적 경험에서 유용한 진실을 추리하기 위한 방법을 끌어낸다.

이때부터 이 사제는 성모 마리아에 대한 저속한 시를 쓰고, 기도하고, 어떤 직분도 마다하지 않고, 성직자 계급에서 존경받는 삶을 수행하면서 풍속과 규방, 선술집을 드나드는 자유사상가, 일반적인 자유사상가, 즉 일상적이고 진부한 개념으로 정의하는 자유사상가들과 아주 가깝다. 이를테면 프랑수아 뤼예(François Luillier), 클로드 샤펠(Claude Chapelle), 코티용 춤무도회에서 여러 사람이 어울려 추는 춤^{역자}을 좋아하는 사람들, 이단자들, 선술집을 들락거리는 사람들과 지낸다. 포도주와 고기를 삼갔던 가상디는 친구들과 합창대에서 노래할 줄 알고 속 깊은 동료들의 자식들과도 즐겨 지냈다고 역사는 전한다. 쾌락주의의 향락적 해석을 하는 사람들도 있지만 가상디는 그리스의 대가 에피쿠로스의 쾌락주의의 금욕주의적 방향으로 나아갔다.

카로 씨의 육신. 피에르 가상디의 몸은 에피쿠로스처럼 약해보였다. 그가 채식과 금주를 한 것이 현상학적 입장이나 자신의 육체에 대한 작은 성과라는 관점에서 연역한 필연성에서 나온 것인지 우리는 알지 못한다. 이것은 사람의 마음을 흥분시키는 고기나 완전히 폭발시키는 술을 마시지 않고—기 파탱(Guy Patin)은 술을 거절하기 위한 가상디의 이유라고 했다—온갖 구속으로부터 자유로운 상태에서 마음대로 사색하는 육체에 대해 먹고 마시는 둔한 식도락가와 흥분한 술꾼에 대한 그의 근심을 반영한 것이다.

게다가 자신의 정신건강도 불안하게 보였다. 그의 친구이면서

피에르 가상디와
"말하는
에피쿠로스"

후원자였던 니콜라 페레스크(Nicolas Peiresc)가 죽자 그는 심각한 우울증에 빠져들었고, 그의 연구를 그만두지 않을 수 없었다. 석학과 메세나이면서 법관이자 학자이고, 동물원 소유자에다 루벤스나 갈릴레이의 편지 친구, 유럽에서 명성이 자자한 진기한 물품 전시실의 소유자로서 페레스크가 글을 쓴 것은 아무것도 없지만 가상디는 1641년『페레스크의 일생』이라는 전기를 그에게 바쳤다. 페레스크는 1634에서 1637년 사이 엑스의 철학자 가상디와 숙식을 함께 했으며, 그가 죽던 해에『방법서설』이 출판되어 나왔다. 가상디는 데카르트와의 논쟁에서 그를 "정신 선생"으로 불렀고, 데카르트는 그를 "육체 선생"으로 응대했다. 사실 "육체 선생"의 육체는 아주 허약해 보였다.

검소하고, 금주자이며 채식주의자에다 우울증의, 몸도 좋지 않은─결핵인지 말라리아인지 모르지만─가상디는 에피쿠로스와 허약한 육체적 체질을 같이 했다. 그는 오전 5-6시경, 하인도 없는 집에서 일어난다. 그는 누이와 사는 것도 거절하고 완전히 자신의 시간표대로 자유를 즐겼다. 그는 상당히 현학적인 연구를 했는데, 고대뿐만 아니라 몽테뉴와 피에르 샤롱과 같이 아주 높은 평가를 받은 고대 사상가와 철학자의 저작을 수없이 독서하면서 라틴어로 글을 썼고,─데카르트는 프랑스어로 썼다─그리스어를 평범한 능력으로 구사했으며, 히브리어와 아랍어를 배웠고, 매일 성직자로서 직무에 헌신하면서도 오랫동안─20여 년 이상 엄청난 연구를 했으며─에피쿠로스에 대한 상당한 서한집을 번역·주석·편집했다.

3

철학자의 망원경. 피에르 가상디는 천문학에도 상당한 시간을 할애한다. 스물여섯에 갈릴레이가 초점을 맞춘 망원경으로 하늘을 관찰하기 시작했다. 특히 그는 페레스크와 라 모트 르 베예와 함께 환일, 일식과 월식, 북극 오로라, 행성(토성), (달에 의한 화성의) 월식, 유성(태양계를 지나는 수성) 등을 관찰하고 우주에서 태양의 높이에 관심을 가졌다. 그는 페레스크, 멜랑(Mellan)과 함께 달지도를 완성한다. 달의 분화구에는 오늘날 그의 이름이 붙어 있다.

과학영역에서도 가상디는 소리의 전파, 운동의 법칙, 주파시간에 대한 탐구도 했다. 그는 관성의 법칙을 정확하게 공식화하고, 팽창과 밀도에 대한 연구를 하며, 연이어 진공의 존재를 부정하는 데카르트와 달리 그 존재를 인정한다. 고대 유물론자들의 충실한 제자로서 원자도 지지한다. 이를 위해 그는 마르세유의 어떤 노예선에서 수많은 사람들이 보는 가운데 탄착점을 계산해서 운동의 본성에 대한 결론을 추론하기 위해 배가 항해하는 동안 돛 꼭대기에서 돌을 떨어뜨린다. 툴롱 가까운 데서 그는 수은의 기압변화를 관찰하기 위해 토리첼리(Torricelli)1608-1647, 이탈리아의 수학자, 물리학자. 갈릴레이의 역학을 전개하였고, 유속과 기압의 크기와 진공 연구에 신기원을 이룸[역자]와 파스칼의 경험을 반복한다. 그 때마다 동시대의 과학을 발전시키는 결과를 얻어냈다.

피에르 가상디는 책상에 가만히 앉아서 철학을 하지 않으며, 서재에만 박혀 있는 사상가가 아니다. 그의 실험영역은? 세계와 그 세계를 구성하는 모든 것이다. 즉 대지와 하늘, 무한히 큰 것과 무한히 작은 것이다. 그가 과학적 주제에 대해 발표하는 것은 논평을 논평하는 것이 아니라, 오늘날 소위 실험적인 방법으로 얻어낸 결과들이다. 그의 전집에는 과학저작들이 상당한 양을 차지한다.

"감히 네 자신의 오성을 사용하라!" 주교좌 성당의 참사원과 성직자로서 피에르 가상디에게는 재판을 하고 무기를 소지할 권리가 있었다. 그의 신조는 '감히 네 자신의 오성을 사용하라' 다. 달리 말하면 "용기를 가지고 남을 납득시켜라"라는 의미다. 이상하게도 호라티우스의 『서간문』(I, 2, 41)에서 차용한 이 신조는 철학사에서 알려져 있지만 이 엑스 출신 철학자의 신조는 아니다. 일반적으로 이것은 『계몽이란 무엇인가』라는 제목으로 더 잘 알려진 『질문에 대한 대답 : 계몽이란 무엇인가?』라는 유명한 칸트의 저작과 연관되기 때문이다. 1784년의 이 저작은 방법과 이성, 추론과 생각의 발전만을 이해하는 자유롭고, 독립적이며, 자율적인 사상의 용기라는 정신을 공식으로 나타낸 것이다. 엠마뉴엘 칸트는 피에르 가상디의 작품을 알고 있었다. 칸트의 서재에는 코페르니쿠스와 티케 브라헤(Tyge Brahe)1546–1601, 덴마크 천문학자^{역자}의 천문학에 대한 그의 저작들이 있었다. 그러나 칸트가 현상학에 대해 본체와 현상을 분리할 때조차도 가상디의 이름은 어디에도 없다.

한 번도 제기한 적 없고 강조한 적 없는 이러한 이상한 연관성을 주목해 보자. 즉 그의 신조는 백 년이 지난 후에 18세기 계몽철학의 전형으로 같은 용어로 반복된 것이다. 가상디는 이미 순수 이성을 위해 싸웠고, 그 당시의 비합리의 불순한 이성을 비난했다. 즉 그는 점성술을 공격하고, 연금술을 인정하지 않았으며, 장미 십자회를 기피했고, 기독교 신비철학을 거부했으며, 천문학·수학·물리학의 관찰과 추론을 위해 싸웠고, 거기에 세계의 기원에 대한 연대추정과 창세기를 파악하는 데 유용한 지질학과 광물학, 지리에 대한 그의 관심과 함께 한때 오리엔트 원정을 검토한 적도 있었다.

계몽 시대에 바로크 자유사상가들의 예비적인 역할을 이보다 더 잘 확인할 수 없다. 즉 자유로운 이성의 자유로운 사용, 이성의 힘과 능력에 주어진 한계 속에서 이성에 대한 신뢰, 일반화된 자유로운 검토과정 속에 종교의 기피현상, 사용된 지적인 도구의 한계와 가능성이 한때 제한되었지만 인간의 능력에 대한 무한한 신뢰, 세계의 신학적 이해를 수학적 혹은 수학화된 해석으로 대신할 수 1 6 7 있는가 하는 가능성에 대한 믿음 등이다.

테트라드라는 정원. 가상디는 『에피쿠로스 철학개론』에서 에피쿠로스적인 우정을 찬양하고 진정한 제자로서 이를 충분히 실천했다. 고대 원칙에 충실했던 그는 그와 같은 우정이 공통의 실리를 가질 이유가 있다는 점을 알았다. 즉 기쁨을 주고 함께 나눈다는 것, 더 이상 혼자가 아니라는 행복, 필요하다면 제3자에게 기댈 수 있다는 만족, 둘 사이의 지적인 경쟁, 지적·철학적 공동체 등이다. 에피쿠로스는 사람은 친구를 위해 죽는 것 이외에도 모욕을 참고 견딜 수 있는 것도 인정하면서 더 멀리 나간다.

피에르 가상디와
"말하는
에피쿠로스"

이 철학자는 우정을 거의 절대 숭배처럼 윤리와 미학으로 실천한다. 우정은 방법인 동시에 미덕이다. 그 시대는 세나클과 살롱이 유행이었고, 흔히 경박한 분위기에 사교계의 일상적인 열정이었다. 즉 거기에서 모든 것이 언급되었지만 할 얘기가 아무것도 없었다. 또 익살과 대화를 위한 대화에 뛰어났다. 그러나 마찬가지로 이른바 친구들을 살해하는 것보다는 함께 생각하고 철학적·지적 관점을 교류하는 데 많은 관심을 가진 사람들이 서로 만나는 장소도 있었다.

자유사상가들은 철학적으로 동류의식을 실천했다. 피에르 샤롱은 이미 『지혜론』에서 자유사상가의 두 세계를 이론화한다. 하나는 외부적으로 각자가 국가의 법과 관습을 존중하고 종교와 현재의 정치를 함께 공유하며 이를 표명하는 세계이고, 다른 하나는 내부적으로 완전히 독립되어 온갖 윤리적·현상학적·정치적·종교적·세속적·관습적 구속으로부터 자유로운 또 다른 세계다. 자신에게는 가까운 친구들이거나 집단에게는 내적 행동을 견지하고 다른 사람들에게는 공적 행동을 견지한다. 한편으로는 개인의 절대적인 영역이지만 다른 한편으로는 동시에 평정의 대가로 인식된 순응주의이며, 뿐만 아니라 공공질서의 혼란이 생기는 것을 피하기 위해서다. 이를테면 종교전쟁의 기억이 모든 사람들의 기억 속에 남아 있기 때문이다. 자유사상가의 세나클은 지적인 근대성을 내세운 아방가르드적인 기능을 한다.

피에르 가상디의 세나클 명칭은? 테트라드다. 반어적 표현으로 세례명의 작가인 가브리엘 노데가 피타고라스 공식에서 참고한 것 같다. 테트라드—혹은 테트락투스—는 피타고라스와 그의 제자들이 네 개의 첫 숫자들을 더해서 얻어진 수로 모든 것의 토대가 되는 수, 즉 4로 나누어지는 수를 가리킨다. 기 파탱, 가브리엘 노데, 프랑수아 드 라 모트 르 베예, 피에르 가상디 등 4명으로 된 이 사총사들을 그렇게 부른다. 그 누구도 소크라테스 이전 철학의 윤회나 환생 이론은 말할 것도 없고 수의 비밀이나 구의 조화도 따르지 않는다. 반면에 『황금의 시』를 쓴 피타고라스와 그 제자들이 요구한 일종의 우정의 종교와 신중하고 은밀한 공동체가 이해할 수 없지만 정당하게 그 자리를 대신한다.

가브리엘 노데(Gabriel Naudé)는 어떤 편지에서 테트라드의 회식에 대해 언급하고 난 후 이를 "철학적 회식"이라고 분명히 밝힌다. 술 대신 물을 마시고 야채를 먹는 가상디, 술을 금하고 있는 마자랭의 도서관 사서인 노데, 일반화된 저녁 음주 자리로 상상할 수 없다. 오히려 이 공동체는 르네 팽타르의 표현을 다시 빌리면 "세상 물정에 밝은 사람들의 박애"라고 할 수 있는데, 서로 만나서 신중치 못한, 혹은 위험한 귀를 두려워하지 않고 새 세상을 만드는 것이다. 그들의 권력은 주저함이 없으며, 탈선사상 혐의자에게 경찰력을 동원하기 때문이다. 그와 같은 사람들 사이에서는 모든 것은 대다수의 사람들이나 서민들, 거대한 진실을 받아들일 준비가 되어 있지 않은 하층민들의 입장에서 생각하고 말할 수 있는 것이다.

테트라드에서 의견은 서로 분분하지만 명확하고 분명하게 명시된 그들의 적들도 있다. 즉 먼저 아리스토텔레스의 스콜라 철학, 공식적인 대학, 그 대학과 한통속인 교회, 마지막으로 불합리하면서도 초자연적인 모든 활동, 거기에 온갖 사리에 어긋나는 기독교 교리의 영역도 포함된다. 실험적인 확인으로부터 실행된 방법과 연

피에르 가상디와
"말하는
에피쿠로스"

역적 원칙에 따르는 이성은 중요한 결과를 낼 수 있다는 생각에 모두가 공감한다. 동시에 이 세나클에서 더 자유롭게 활동하기 위해서 신중하게 외부의 관습에 따른다.

이 새로운 개념의 정원은 진기한 물품 전시실에 일종의 변화를 제공한다. 즉 참여자들은 광대한 사상과 세계, 견해와 질문, 엉뚱한 것과 이상한 것, 미지의 것과 새로운 것 등이 주된 것과 공감하는 공동체를 활성화시킨다. 정신적 충돌, 지적 충격, 뇌의 마찰, (의견) 교환과 논쟁, 대결, 토론, 인정받은 사상가들과 생각의 시도, 이런 것들이 그들의 분위기다. 라 모트 르 베예의 『고대인들을 모방한 대화』를 읽으면서 친구들과 이와 같은 향연을 꿈꾼다. 아르케유(Arcueil), 장틸리(Gentilly)나 렁지(Lungis) 같은 이런저런 시골 별장이나 가까운 들판에서 하는 산책은 바로크 에피쿠로스 정원을 정의하는 것이다.

가끔 피에르 가상디가 프로방스를 떠나 파리로 가게 되면 라 모트 르 베예가 우편물을 열고 서류들을 선별·분류하고, 보낼 것은 다시 보내면서 원본들을 정리한다. 가상디가 죽었을 때 『6일간의 전원 이야기』를 쓴 라 모트 르 베예는 당연히 몇몇 친구들과 함께 그의 관을 지키고 있었다. 모든 사람들은 플라톤과 같은 식의 우정은 존재하지 않는다고 알고 있다. 에피쿠로스의 현실주의적 원칙에서 우정의 증거만 존재하기 때문이다. 그런 증거는 이런 모임에서 항상 존재한다. 테트라드의 역사는 1628년 시작해서 참여자들 중 가상디의 죽음과 더불어 끝났다고 해도 과언이 아니다.

⑥

오페라 각본을 쓰는 철학자. 가상디는 3년 동안 지내왔던 파리의 아베르 드 몽모르 저택에서 1655년 10월 24일 숨을 거둔다. 르네 데카르트는 아침 철학강의를 좋아했던 스웨덴의 크리스티나 여왕 궁전에서 혹독한 스웨덴의 겨울을 보내고 코기토 이후 가장 힘든 시기에 폐렴으로 목숨을 잃었다. 63세에 숨졌을 때 피에르 가상디에게 남은 것은 무엇일까? 라틴어 저작들, 수사본, 과학 출판물, 철학작품, 미완의 작품, 여기저기서 재활용한 단편들, 과학 전기, 그 당시 유럽 지성에서 중요 인사들과 주고받은 수많은 편지, 캄파넬라(Campanella), 데카르트와 단 한 통의 편지, 본질은 다른 데 있다. 데카르트가 죽고 난 후 부인을 정중하게 돌려보낸 가상디를 데카르트 후임으로 맞이하고 싶었던 스웨덴의 크리스티나 여왕, 갈릴레이와 케플러, 법학자 그로티우스, 메르센(Mersenne)—가상디를 상대로 싸움을 거는 이상한 사제—스피노자의 통신원—보시우스 혹은 캉에서 원자론에 대한 자신의 논문을 심사받고, 일부 그의 발상을 가상디에게서 얻으며, 데카르트에게 지적인 시동을 건 비크만(Beeckman)—등과 주고받은 편지들.

젊은 시절 저작했거나 미완성으로 남은 작품, 수많은 과학, 철학서, 공개됐거나 사적인 그의 저작들이 일관성이 있는가? 그 단서는 있을까? 철학에만 한정하면 그렇다. 과학저작과 편지는 제쳐두고 사상가로서의 저작만 살펴보자. 무엇이 있을까? 가상디는 자신이 이룬 것을 요약하고 종합하는 유일한 사람인가? 그가 『방법서설』에 서명했을까? 불행하게도 아니다. 이 결과는 뚜렷한 증거가 없

피에르 가상디와 "말하는 에피쿠로스"

는 것 같다. 사상사에서 그가 이루어 놓은 것을 더 분명히 밝히기 위해 은유적으로 나타낼 수 있다.

피에르 가상디는 복화술을 하는 마리오네트처럼 연출하는 극작가 같다. 그의 철학적 우주에 등장하는 주요 등장인물은 세 명이다. 즉 냉혹한 스콜라 철학의 아리스토텔레스, 지나친 합리주의자 데카르트, 세속의 성자 에피쿠로스 등이다. 엑스트라로 등장하는 인물은 거의 없고, 있더라도 재빨리 지나간다. 이를테면 홉스나 소르비에르(Sorbière), 뤼예(Luillier), 페레스크 등이다. 그 당시 대단히 유행한 장르인 궁중 발레나 코미디 발레, 전원극, 서정 비극, 오페라 발레, 또한 특히 오페라—바로크 오페라—에서 빌려온 저작도 있다.

아리스토텔레스 죽이기. 가상디가 최초로 서명한 첫 저작으로 사상사에서 가장 오래된 것부터 시작해 보자. 그는 엑스 아카데미에서 6년 동안 스콜라 철학을 가르쳤다. 교수의 강의를 필기하면서 기록하는 진지한 학생들의 모습이 상상된다. 32세에 자신의 강의록을 결산한『아리스토텔레스 학파에 대한 역설 논고』(올리비에 블로쉬는『아리스토텔레스에 대한 반순응주의론』을 번역하라고 제안한다)를 출판하는 데 서명한다. 이 책은 저자 이름 없이 1624년 그르노블에서 출판되었다.

서문 형태의 서론적 편지에서 그는 자신의 친구 조젭 고티에—프로방스 산 산책 동료—에게 몇 가지 설명이 그의 덕분이라고 밝히고 있다. 사실 형편없는 출판으로 "삼류작가"라고 조롱했고, 독자에게 알리기 전에 작가의 저작들을 60년 동안 묻어놓았던 한 사람이 갓 서른 지난 나이에 어떻게 조롱을 무릅쓰고 엄청난 분량의 책을 출판할 수 있는가? 그는 데모크리토스로 서명하면서 비웃는 사람들에게 과감하게 맞섰고, 그 또한 이 화려한 대변신에 직면해서 "목숨을 구한 생쥐"임을 인정했다. 그렇다면 왜?

이 기간 동안 기록된 노트들이 존재하고 은밀히 굴러다니기 때문이다. 가상디는 이 저작들의 질을 확신하지 못한다. 출판이 허용되지 않았기 때문에 오히려 출판을 준비했던 것 같고, 출판소송이라도 생기면 이 저작들이 대상이 될 수 있을 것이다. 따라서 그가 출판을 서두른 것은 아마 그런 의도를 가진 제자들을 몰아내는 데 목적이 있겠지만, 그런 결정이 형식상의 비난에 대한 변명이 될 것이다. 예수회 교도들이 그를 강의에서 물리적으로 쫓아내자 한 친구 사제에게 억지로 피난했다가 일곱 강의를 끝낸 적도 있다.

결국 그 저작은 출판된다. 서문의 마지막에서 일곱권이 나올 것임을 알린다. 사실 두 권을 쓰지만 한 권만 작가가 살아 있을 때 출판된다. 1624년부터 7권이 예상되었는데, "절대적인 것은 쾌락에 있다"는 쾌락주의적 철학을 드러낼 것이라고 제안했다. 이것은 이전의 저작에서 모든 현상학의 불가능함—데카르트와 다가올 반목의 동기들이 이미 지적되어 있다—과 신학에만 한정할 필요성을 입증한 후, 가끔 일어나는 일이지만 퓌론식 입장이 아니라 쾌락주의 원칙을 확고하게 하는 것이다. 즉 이 저작에서 회의주의는 마치 바로크 자유사상가처럼 하나의 결론이 아니라 방법을 제공한 것이다.

피에르 가상디와
"말하는
에피쿠로스"

8

저잣거리의 운동선수들을 공격하다. 가상디는 격렬
하게 공격하지 않는다. 즉 그는 젊은 시절에 받은 아리스토텔레스
의 교육이 첫 장부터 그를 너무나 지루하게 했다고 고백했다. 이미
그는 존재하는 행복과 즐거움이 더해지는 존재론적 철학이 더 좋았
다. 물론 스콜라 철학 영역에서 배운 아리스트텔레스의 사상에 에
도니스트적 행복주의는 없었다. 『니코마코스 윤리학』은 약간 그런
면이 있을 수 있지만 대학의 박사들이 좋아하는 책도 주제도 아니
었다. 가상디가 목표로 삼는 것은 무엇인가? 그것은 행복이며, 일상
생활에서 행복에 도달하는 이론적 방법이다.

가상디의 저작에 대한 주석을 담당한 교수들은 흔히 아리스
토텔레스를 비판하기 위해 퓌론의 저작을 이용했다. 이런 생각을
하기 위해서 방법과 결론을 혼동했음에 틀림없다. 퓌론에 의한 회
의주의는 확신을 흔들고, 오랜 전부터 제시된 진실에 의문을 제기
하는 것이 목표일 뿐 그 이상도 이하도 아니다. 어떤 순간에도 분석
의 결과는 판단의 유보나 일반화된 상대주의에 이르지 않는다. 이
점을 기억하자. 즉 윤리의 숨은 의도로 (퓌론의) 저작을 쾌락에 올인
하는 계획은 아리스토텔레스주의의 가상디적 비판의 목표가 물론
회의주의의 정반대에 있는 쾌락주의의 이름으로 이 학파를 초월하
는 것이라는 점을 입증했다.

현명한 가상디는 아리스토텔레스주의가 공식적인 교회 철학
을 풍부하게 해준다는 사실을 알고 있었다. 수세기를 통해 그리스
스승과 그 제자들을 접촉하면서 그가 로마 가톨릭교회의 지지자들

을 회초리로 위협한다는 것을 모르지 않았다. 그는 신중하게 충성을 서약하는 교회를 용서하려는 의지를 확인하는 데 유의하지만 방아쇠는 이미 당겨졌다. 발라(Valla)와 에라스무스, 그리고 몽테뉴가 있었지만 에피쿠로스 이름으로 교회에서 스콜라 철학의 종양을 제거하고자 하는 바람은 그 당시에 널리 퍼져 있지 않았고 가톨릭의 계획에도 거의 없던 것이다.

공격은 유래 없이 격렬했다. 3세기 후 서재에 놓인 가상디의 전체 저작들은 『아리스토텔레스 학파들에 대한 역설의 논고』와 에피쿠로스에게 바친 글, 특히 『에피쿠로스 철학개론』(III, 15)(1649) — 여기에서 현자 피에르 가상디는 글에서 "부드러움"이라는 뛰어난 미덕으로 이에 대립하는 분노와 복수, 원한, 악의와 같은 나쁜 감정들을 방어한다 — 에서 이 기쁨의 분노를 실행하고 방탕한 언어폭력이 고조되고 있음을 병렬시켜 놓고 있다. 1641-1642년 데카르트에 대한 비판을 이끄는 비슷한 상황에서 관용, 너그러움, 동정, 용서를 옹호한 그가 다시 『방법서설』의 작가를 공격하는 무기를 꺼낸 것이다.

싸움의 본성은 "신랄한 문체"와 "풍자적인 장르"에 기대야 한다고 그 검객은 썼다. 틀림없다. 근본적으로 변증법이나 보편적인 것, 범주, 명제 등에 대한 공격이다. 예고된 저작에서도 물리학, 기상학, 현상학과 도덕에도 똑같은 공격을 가할 것이라고 예상되었다. 따라서 전면전임 셈이다. 마찬가지로 가상디는 적들에게 자기 스승의 철학을 텅 빈, 구멍 뚫린 궤변론으로 바꿔버렸다고 비난한다. 그는 사상가를 내재하는 실제에만 한정하고 흥미로운 자연사의 자료를 내세우지 않은 점, 신학을 독특한 관점을 대신하는 수사학에서

피에르 가상디와
"말하는
에피쿠로스"

순수하고 단순한 학파 운동으로 한정하는 점, '오르가논'학문연구의 기초적 도구^{역자}과 '현상학'을 과대평가하는 점, 아리스토텔레스를 확고한 진리의 원천으로서 침범할 수 없는 신으로 만든다는 점, 선결해야 할 철학적 연구에 따르지 않고 신뢰할 수 없는 자료에 의존하는 점, 명백한 모순과 수많은 비논리에도 불구하고 아리스토텔레스 연구의 다양성을 하나의 체계적인 총체로 닫아놓고 있다는 점 등에 대해 비난했다. 실제로 가상디는 세밀한 분석, 뒷받침된 증거, 절충으로 입증한 방법의 의존, 상당한 독서, 가로와 세로 혹은 대각선으로 작품을 깊이 생각하는 관습 등을 존중했다.

반대로 가상디는 형식에 대해서 관대하다. 신랄함과 풍자가 넘친다. 저작에서 수집된 것들의 이름을 소목록으로 정리해 보면 "가공의 어리석음", "뒤죽박죽된 쓸모없는 싸움", "소피스트적인 모습", "텅 빈 무리들", "궤변의 온상", "어이없는 코미디", "어리석은 객담", "저잣자거리의 운동선수들", "헷갈리게 하는 트집쟁이" 등등 가상디적 부드러움이 넘쳐난다!

말이 났으니 짚고 넘어가자. 이 분노한 철학자는 20세기 전성기 때 공식이 다시 나타나는데, 장 폴 사르트르 대 레이몽 아롱이라는 철학사의 새로운 싸움에 다시 한 번 이용된다. 가상디는 아리스토텔레스 학파들에 대해 "그들은 다른 사람들에게 옳은 것보다는 아리스토텔레스에게 속는 편을 더 좋아한다"고 썼다. 키케로는 이미 『투스쿨라나룸 담론』(I, 39-40)에서 "피타고라스 학파에게 옳은 것보다는 플라톤에게 틀린 것을 더 좋아한다"고 쓴 바 있다. 하늘 아래서 새로운 것은 아무것도 없다!

9

전쟁학적 후퇴. 1624년, 이런 격렬한 공격이 한창이던 해 피에르 가상디는 프로방스를 떠나 파리로 간다. 파리 분위기는 자유로운 사상에 호의적인 상황이 아니었다. 조르다노 브루노(Giordano Bruno)가 살해된 사반세기 후, 같은 교회 사람들로부터 툴루즈에서 쥘 세자르 바니니(Jules César Vanini)의 고문과 살해가 벌어졌던 5년 후 요주의 인물로 낙인찍힌 피에르 샤롱(1603), 테오필 드 비오의 체포·투옥·판결(1624), 갈릴레이 사건(1633), 아마 르네 데카르트가 프랑스를 떠나 홀란드로 가도록 결심하게 만든 1616년 코페르니쿠스에 대한 교회의 파문 이후 자유롭게 철학하는 것이 좋지 않는 분위기였다. 대담한 사상가가 반아리스토텔레스에 대한 글을 쓰면서 가톨릭교회와 이를 섬기는 소르본 대학의 은총을 바랄 수 없는 것은 더더욱 당연했다.

게다가 그 당시 유명한 소르본 대학에서는 아리스토텔레스 철학과 모순되는 원자론적 입장을 지지한 장 비토(Jean Bitaud), 앙투안 빌롱(Antoine Villon), 에티엔 드 클라브(Etienne de Claves)에게 유죄 판결을 내렸다. 이 세 사람은 그들의 논문을 파기한 후 추방을 강요당하고 있었다. 파리 의회는 소르본의 청원에 영향을 가하면서 "승인된"—모든 것은 승인되어 있었다—고대 작가들에 반대하는 교육을 금지했다. 아리스토텔레스의 철학은 17세기 초 이후 사방에서 공격받고 있었다. 그러나 교회는 사상을 경찰력으로 지켰다. 가라스(Garasse)는 1623년 『이상한 교리』를 출판한다.

피에르 가상디는 이미 써놓은 2권의 책 출판을 포기하고 계속

1 7 7

피에르 가상디와
"말하는
에피쿠로스"

쓰지 않았다. 나머지 5권도 빛을 보지 못하게 된다. 공식적으로 작가는 아리스토텔레스 학파들의 예민한 자존심을 건드리기 위해 후퇴한다. 그는 책을 출판한 후 '그들의 개인적인 분노'에 대해 언급한다. 자기 서재의 벌레와 쥐들 때문에 수사본을 포기한다고 썼다. 그러나 책장이 손상된 적이 없었다.

책의 출판 포기를 정당화하면서 수많은 공통된 논쟁거리와 함께 이 주제를 깊이 천착한 프랑수아 파트리지(François Patrizzi)의 저작을 최근 발견했음을 덧붙였다. 가상디는 자신의 책을 쓰고 난 뒤 그 책을 읽었다고 주장한다. 그러나 한 줄 한 줄 비교하는 것은 불행하게도 그의 잘못으로 돌렸다. 즉 그가 사전에 그 책을 읽었다는 것이다. 그리고 자세히 살펴보면 전략적인 후퇴를 하는 것은 더욱 당연했다.

당연한 이유로 행동했다는 인상을 주기 위해 가상디는 자신이 애착을 가졌다는—그는 그랬다—가톨릭교회 측의 감정이 상하지 않도록 전장터의 후퇴도 정당화한다. 이 거대한 양의 저작을 집필했을 때 사전에 언급한 교회에 대해 좀더 신중하게 대처하지 못했던 것은 유감이다. 이 철학자가 배운 강의에서, 그리고 자신이 주석을 쓰고 출판을 결정하면서 그런 이론적 참여에서 나올 수 있는 결과를 전혀 알지 못했다는 사실을 믿을 수 없다. 거짓일 정도로 순박하고, 진정으로 신중하지 못하며, 그만큼 용기가 없는 실질적인 가상디의 심리적 초상화가 점점 그려진다. 즉 그는 자신만의 관심에 의해 연출된 에피쿠로스적 현자의 이상과는 뚜렷이 구분된다.

10

카로 씨가 망 씨를 공격하다. 약 20년 후 피에르 가상
디의 침착함은 사라졌다. 에피쿠로스적 타산과는 관계없이 이 철학
자는 무모한 모험을 하고 르네 데카르트와 다시 결전을 벌인다. 그
는 마음의 평정과 최고의 선에 이르기 위해 온갖 갈등을 극복하고,
뿐만 아니라 근심 걱정에서 벗어나서 반드시 쾌락을 찾아야 한다고
한 에피쿠로스의 글을 수없이 읽었다. 적에 맞서서 모험하지 않는
것, 바로 이것이 이런 이름을 붙일 만한 쾌락주의자가 선호하는 목
표다. 가상디는 칼집에서 낡은 검을 꺼내서 옛날에 죽은 아리스토
텔레스나 아주 무기력한 제자들을 공격하면서 그 당시의 아리스토
텔레스 학파들보다 더 큰 모험을 했다. 데카르트는 그에게 적이 아   1 7 9
니기 때문이다. 오히려 푸아티에 철학자의 완고한 성격이 드러날
것이다.

우선 데카르트는 거기서 진짜 무기를 다루게 되었고, 모리스
드 나소(Maurice de Nassau)의 군대에 복무했다. 이 일로 그는 자신의
본성에 따르게 되었다고 한다. 메르센1493년 성 프랑수아 드 폴이 창설한
미님 수도회의 수도자^{역자}에게 보내는 (1639년 1월 9일) 편지에서 그는 사
실 어떤 "용맹성"으로 그때 무기를 좋아하게 되었다고 털어놓은 바
있다. 한가한 주둔군 생활을 하면서 그는 과학과 철학적 연구를 할
수 있었다. 이때『검술』이란 책을 썼지만 오늘날 없어진 것일까? 알
수가 없다.

1621년, 데카르트는 배 안에서 그의 시종과 프랑스어로 얘기
를 나누고 있었는데, 프랑스어를 알아듣지 못하는 두 명의 행인이

**피에르 가상디와
"말하는
에피쿠로스"**

그 철학자의 옷을 벗겨서 물에 던져버릴 계획을 공공연하게 꾸민 그들을 자신의 검으로 위협하여 꼼짝 못하게 했다. 실제 무기를 능숙하게 다루었던 데카르트는 은유적 영역에서도 능란했다. 그는 가상디가 희생을 치를 놀라운 재능을 보여주게 된다.

어떤 분쟁 때문에 자신과 동시대에 이 에피쿠로스 학파 애송이의 증오심이 설명될 수 있을까? 아마 이런 것일 게다. 즉 피에르 가상디는 알다시피 오래 전부터 하늘을 관찰하고 발견한 것들을 기록해 왔다. 1630년 그는 환일태양의 양쪽에 나타나는 태양과 같이 생긴 광점^{역주}에 대한 기록을 발표했다. 데카르트는 1637년 『별똥별』에서 가상디가 발견한 것들을 보고한다. 이런 불경죄를 짓고도 데카르트는 가상디의 발견임을 인용하지 않았다. 의도적으로? 알 수 없다. 데카르트는 친구 르느리(Reneri)를 통해 천문학에 대해 알고 있었다고 주장했다. 자기도취적 상처인가? 자존심의 상처인가? 이런 생각을 해보지 않을 수가 없다.

그러나 데카르트의 『현상학적 성찰』이 출판되었을 때 타락한 미님 수도회의 수도사 메르센은 피에르 가상디와 토마스 홉스에게—두 유물론자들은 데카르트의 유심론적 현상학을 거의 접할 수 없었다—그 책을 전달했는데, 엑스 주교좌 성당의 참사원(가상디)은 자신의 분노를 이렇게 표출했다. 즉 이 책은 "극히 지겨운 책"이며, 수많은 "객설"이 넘쳐나고 있고, 그가 감히 어떻게 "수많은 꿈과 공상을 지껄일 수 있는지" 의문이라고 했다. 아리스토텔레스에 대한 공격 이후로 어조는 변하지 않았다. 가상디는 재무장하고 공격목표를 세운다. 데카르트는 논쟁을 거절하고 자기 작업의 산만한 지식의 즐거움을 그런 하찮은 일에 신경쓰지 않으려고 했다.

호라티우스가(家)와 쿠리아티우스가(家). 가상디와 데카르트 사이의 싸움은 로마 시대의 호라티우스와 쿠리아티우스 형제들의 전투를 상기시킨다. 패배자에게 위험한 신명재판물과 불로 고통을 주어 판결을 내림[역자] 같은 것인데, 다른 진영의 모든 구성원들에 만 승리를 안겨주는 승리자이기 때문이다. 한쪽에는 데카르트와 합 리적 유심론에다 유심론적 합리주의가 있고, 다른 쪽에는 가상디와 가톨릭 유물론 기독교 원자론에다 원자론적 기독교가 있다. 한쪽은 이성의 토대가 되는 계보학적 권력을 믿고, 다른 쪽은 가톨릭에 피 해를 주지 않기 위해 한정된 권력을 가진 이성을 위해 싸운다. 유물 론자는 그의 내면에 기독교인으로 남아 있는 것 때문에 '역사'를 지나쳐 갔고, 데카르트는 자리를 지키면서 수세기 동안 '역사'에서 결과를 생산하게 해준 도구인 근대 서구의 이성을 창조했다.

싸움의 동기는 무엇인가? 쟁점은 어디 있는가? 그 대결은 아주 빈약하고 무의미한 것 같다. 왜냐하면 두 경쟁자는 신과 영혼의 불 멸, 가톨릭과 군주제를 존중해야 하는 필요성을 믿기 때문이다. 그 렇다면 수많은 공격은 왜? 근본적으로 둘 사이에 차이는 존재하지 않으며, 거의 없다. 반면에 가상디는 형식과 방법에 관심을 가지고 있다. 데카르트는 무에서 출발해서 회의하고, 하나씩 하나씩 존재 론적 경험을 가지고 일련의 진리를 구축한다. 즉 그는 방법론적 회 의에서 신의 확신으로 코기토와 본유관념, 무한의 관념을 거쳐 근 대적 현상학을 구축한다.

그러나 거기에는 가상디의 눈에 지나친 인간의 거만함과 세

피에르 가상디와
"말하는
에피쿠로스"

속의 충만함, 개인적인 오만함이 있다. 사실 데카르트의 저작에는 모든 사람들이 다 실패한 자리에 데카르트는 승리를 거둔다든지, 아무도 자신의 논의를 피할 수 없을 거라든지, 그가 "확실하고" "명백한 것"의 영역에서 진전을 가져왔다고 확신하는 이러저러한 표현과 가상디가 밝힌 가톨릭의 겸양과 충돌하는 언어의 부주의가 있다.

실제로 철학자들의 감수성을 넘어서서 피에르 가상디는 이론적 비난을 가한다. 즉 신을 알고 신의 존재를 입증하는 것은 불안정하고 제한된, 거의 믿을 수 없는 도구인 이성만으로는 얻을 수 없는 확신이며, 물론 진실임직함을 생산할 수 있지만 진실은 아니다. 데카르트는 명료하고 분명한 사실을 믿고 있는가? 그럴지 모르지만 진리는 인간 이성이 아니라 은총으로 알게 되는 신과 더불어 얻어진다. 신앙, 믿음, 교회의 도그마에 따르는 것은 옳지만 인간적 도구, 지나친 인간적 도구로 모든 것을 정복한다는 것은 옳지 못하다.

두 사람은 전문가들로서 과학을 실천했다. 둘 다 실험과 추리, 그리고 관찰을 믿었고 물리학에 모형의 힘을, 수학에 건축적인 힘을 부여했다. 그러나 가상디는 영역을 제한한다. 즉 과학은 종교적인 것들을 인정해야 한다는 것이다. 데카르트는 날카로운 방법론적 회의에서 가톨릭을 제외하더라도 이성에 한계는 존재하지 않는다고 생각한다. 가상디의 현상론, 경험론, 감각론은 대단히 근대적이고 선구적이지만 그가 여전히 공언하고 이 선택이 허용하는 것만큼 철학적으로 더 진전하지 못하는 기독교 교리 때문에 실패한다. 그런 지식을 먼저 구축하기 전에 육체가 느끼는 것 혹은 감각은 허상이며, 따라서 확실한 것은 믿을 수 없는 것이라고 확인한다면 그는 종교가 그 고유한 능력을 맡아야 한다고 추론하고 결론내린다. 역설적으로 유심론자가 유물론자를 이긴다. 이때부터 유물론은 전투의 결과로 손해를 본다. 가상디에게 지나친 기독교 교리와 충분하지 않은 에피쿠로스주의는 그가 데카르트를 이길 수 없었다는 것을 설명해 주는 것이다.

격한 논쟁에 대한 디테일. 가상디는 "회의"에 공격을 가했다. 즉 왜 회의에 수많은 시간을 바치고 거기에 자리를 내주어야 하는가? 보편적 의미에 호소하는 것으로 충분하면서도 그는 곧장 인간 본성의 결점과 인간의 지적 능력을 능가해서 시도하지 않는 필연성에 대한 논의를 열어놓고 있다. 그는 코기토로 넘어간다. 즉 나는 생각한다, 고로 존재한다. 내가 존재한다는 확신을 가지지 않는다고 생각하는 순간에 내가 존재할 수 없는 것이다. 이것은 자명한 이치지 현상학적 혁명이 아니다. 즉 객관적인 정황이 없는 순수 정신의 존재는 새로운 발견이 아니다. 그는 "본유관념"에 즉각 응수한다. 즉 신이란 시니피앙은 사실 신을 우리 내면에서 개인사보다 우선했다는 것에 대한 존재를 입증하는 시니피에로 귀결된다고 상상하는 것이다. 여기에 또 다른 허구가 있다. 즉 신념의 행위만이 이런 현상학적 구조가 아닌 신의 현재화를 허용한다는 것이다. 가상디는 데카르트적 존재론보다는 기독교적 신학을 더 선호한다.

가상디는 도발적으로 데카르트의 해석을 아주 자세하게 밝히고 있다. 즉 그는 한편에서는 환상, 반리(反理)논자의 부주의에 의한 추론

1 8 3

피에르 가상디와
"말하는
에피쿠로스"

의 착오^{역자}, 다른 한편에서는 거짓 결론이나 자의적 추론 등을 지적한다. (두 철학자의) 교류는 각각의 입장에서 분명한 논쟁적 형태를 띤다. 즉 가상디는 자신의 글에 『현상학적 성찰』의 긴 인용문을 섞어 넣고, 『방법서설』의 저자가 답을 하는 게 좋겠다고 생각했을 때 데카르트가 제기한 "이의제기에 대한 대답"을 덧붙인다. 다음에 그는 다시 시도하고, 데카르트에게 모순이 없는 "발화"를 덧붙인다.

이와 같은 교류는 『현상학적 탐구』(1641)라는 제목으로 출판되었고, 가상디는 데카르트에게 "오, 정신이여, 훌륭한 정신이여!"라는 글을 써보냈다. 그는 같은 어조로 데카르트가 그에게 "오, 육체여, 아주 멋진 육체여!"라고 답을 보내온 것에 대해 부당하다고 생각했다. 데카르트보다 더 사소한 것을 공격하는 가상디가 전에 칭찬했던 그 유명한 "신랄한 문체"와 "풍자적인 장르"에 대한 기억 때문이다. 그러나 가상디에 대한 데카르트의 생각은 다르다. 발췌된 "발화"를 읽은 데카르트는 그것이 무례하다고 생각하고 교류를 계속할 것을 포기한다. 그때부터 『현상학적 성찰』의 재판(再版)에서 가상디가 제기한 이의에 대해 그는 자신의 견해를 밝히지 않았다. 싸움은 거기서 멈춘다.

13

둘 중 *가장 철학자적인*. 이 사건에서 기술적 의미와 평범한 의미에서 철학자가 되는 두 가지 방법이 존재한다. 기술적인 의미에서 데카르트는 여러 가지로 가상디를 능가한다. 즉 그는 정말로 규칙의 해방과 신학의 자유를 위해 애썼다. 그의 근대 이성의 발명이나 이성의 개념뿐만 아니라 시대를 초월해 이용될 수 있는 도구의 명제 등, 이런 모든 것이 그를 최고의 자리에 올려놓고 있으며, 둘 중에서 자유사상가는 데카르트라는 역설적인 결론에 이를 수밖에 없다.

게다가 교회는 그에게 속지 않았다. 아주 재빨리, 곧바로 교회는 1663년 11월 20일 전집의 색인에 넣기 전에 데카르트와 그의 철학에 대항해서 싸우기 위해 예수회 수도사들을 보냈다. 가상디는 유물론자이자 원자론자이며 쾌락주의자로서 '쾌락의 정원'에 들어갔음에도 불구하고 기독교 교리의 정통성의 증거인 이와 같은 명예를 누리지 못했다. 예수회는 이성의 술수인 데카르트 철학을 비난하면서 동시대와 앞으로 철학적·지적 근대성의 기수로 변한 이 철학에 주목한다.

평범한 의미에서 승리자는 똑같다. 즉 가장 일반적이고 보편적인 후자의 의미에서 "철학자가 되는 것"은 세계와 삶의 역경 앞에서 어떤 실천적인 지혜를 알려주는 것을 가정한다. 그것은 고상하게, 또 초연하게 어떤 인간적인 어리석음과 그 유사한 불행이나 운명을 겪고 인내하는 것이며 고결함, 너그러움, 우아함, 영혼의 위대함과 용서를 확장하는 미덕을 구현하는 것이다. 이렇게 다른 차원에서 두 사람이 대결하고 있다. 그러나 거기에서 덜 오만하고 덜 거만한, 그리고 더 현명한 데카르트는 가상디보다 자신이 더 낫다는 것을 보여주었다.

파헬리온(幻日)햇빛이 공기 중의 얼음 알갱이에 반사 또는 굴절되어 해의 형상이 나타나는 현상^{역자} 사건이 가상디의 감정에서 비롯된 것인지 아무도 모른다. 이 문제에 대해 데카르트의 선의인지 악의인지 우리는 알지 못한다. 그러나 첫 충돌의 주도권은 가상디에서 비롯되었다. 대결의 논리에서 데카르트는 모욕의 기준을 요구할 수 있었다. 그러나 그는 보상을 요구하지 않았다. 가상디는 공격에 공격을 가했다. 데카르트는 가끔 같은 어조로 대답한 반면에 가상디는 오히려 상대방의 거만하고 오만한 행동을 공격하고 비난했다. 그러나 우리는 흔히 자책할 수 없는 것도 자책을 원하지 않는 것도 남에게 비난한다.

1648년 수많은 사람들의 도움을 얻어 두 사람을 화해시키기 위한 화해의 만찬이 마련되었다. 가상디의 방식은 너무나 뻔했다. 즉 이런 의식이 있기 전날 밤 가상디가 불편했고, 이튿날 병상에 누워버렸다. 데카르트가 방문단을 이끌고 그를 찾았다. 그 무대에서 데카르트는 멋진 역을 했다. 그는 자리에 누운 그 철학자를 안았다. 원기를 찾은 무의식자 가상디는 건강을 회복하자마자 데카르트를 방문하고 "무절제한 철학정신"에 대해 유감을 인정한다. 이 무대에 프랑스 철학의 미래와 운명의 일부가 역을 했던 막이 내렸다.

잠재적인 존재론의 작성, 합리적인 현상학적 비판의 완성, 이외에도 더 소박하게 신앙절대주의 철학의 단순한 글쓰기 등은 부정적인 욕망이 아니라 적극적인 정신이 지배한다면 다른 관점과 다른 속도로 발전해 갔던 데카르트와 일관되게 대립할 수 있을 것이다. 그러기는커녕 그 둘 중 한 사람의 잘못으로 가치도 없는 싸움이 있었다. 그러나 가상디는 그런 책을 쓸 사람도 아니고, 더 논쟁하고 모욕을 받을 수 있는 그런 싸움에 어울리는 사상가도 아니었다.

유물론 사상의 모호한 영역. 유물론적 현상학은 불가

능했지만 그것은 특히 가상디의 저작에 초안이 되었다. 에피쿠로스
를 복권하려는 그의 바람은 철학적 대안을 제공하고 스콜라적 작품
에 교훈을 주며 데카르트 철학을 거부하는 또 하나의 사상을 허용
할 것을 제안한다. 가상디가 연출한 제3의 등장인물은 즉 아리스토
텔레스와 데카르트의 치유책인 에피쿠로스다. 그러나 그것은 엑 상
프로방스의 철학자가 치료법의 위험성을 조절하기 위해 실행하는
해결책이다. 에피쿠로스, 그렇다. 하지만 성 에피쿠로스, 기독교의
옷을 입은 에피쿠로스, 기독교적 이성의 한계 안에 존재하는 교정
되고 수정된 에피쿠로스다.

187

가상디는 에피쿠로스에 대한 상당한 연구를 계획했다. 스콜
라 철학에 대한 비판서 『아리스토텔레스 학파에 대한 역설의 논고』
(1624)는 앞으로 나올 저작에서 알린 쾌락주의(에도니즘)를 실천한
다. 1628년 4월 9일, 유명한 아카데미 퓌테안(Académie Putéane)의 반
드 퓌트(Van de Putte)에게 보내는 편지에서 그는 자신의 계획을 알
린다. 즉 에피쿠로스와 그의 삶, 그의 작품과 연구를 복권시키는 것
이다. 이런 일련의 작업에서 나온 것이 1647년 『에피쿠로스의 삶과
풍습』의 출판이다. 디오게네스 라에르티오스의 제10권을 번역·주
석·편집한 『유명 철학자들의 일생, 견해, 격언』에는 그리스 철학자
에 대한 본질적인 정보와 특히 피토클레스와 헤로도투스, 메노이케
우스에게 보내는 편지 등이 들어 있다. 그리스 대가 에피쿠로스의
사상을 종합하는 저작 『에피쿠로스 철학개론』이 1649년 출판된다.

피에르 가상디와
"말하는
에피쿠로스"

이 책은 전체 2천 쪽이 넘는 것으로 제3의 인물에게 바치고 있는 책인데, 복화술을 하는 사람처럼 말을 한다.

첫 번째 불꽃은 에피쿠로스의 일생이다. 서구에서는 최초다. 거기에서 에피쿠로스의 복권을 주장한다. 그의 삶, 작품, 저작들이 부당한 오명을 썼다는 것이다. 자신의 가톨릭 사상을 주장하고 매일 아침 미사를 올리는 이 주교좌 성당의 참사원은 펜을 들고 오랫동안 저속하고, 방탕하며, 음탕하고, 거짓말 잘하며, 공격적이고, 괴팍하며, 쾌락을 좇고, 게으른, 한마디로 밥맛없는 인물로 통하는 이 철학자를 옹호했다. 그의 이름에서 이단자 냄새를 풍겼으며, 그는 무신론자, 불경한 자, 이교도와 동의어였다. 이 시기에 이런 깃발을 휘두르는 데는 당장 용기가 필요했다.

그 책은 프랑수아 뤼예(François Luillier)에게 바치는 글로 시작한다. 탈망 드 레오가 『일화집』에서 비대한 몸집의 그를 묘사하고 있다. 즉 방탕하고 매독에 걸린 그가 성에 올바르게 입문시키기 위해 아들을 창녀촌에 데리고 가지만 난잡한 생활은 하지 않는다. 친구들에게는 "잠을 제대로 자지 못해 밤에 자위행위를 했다"고 여러 번 말했다. 뤼예는 부자였지만 마차를 타지 않았고, 자유를 만끽하면서 마부 마음대로 하지 못하도록 걸어다녔다. 잘 웃으며 교활한 표정을 지었고, 한때 메스(Metz)의 참사관을 맡았지만 싸우는 당사자들이 소송을 하지 않도록 비용을 지불하기도 했다. 뤼예는 사생아 클로드 에마뉘엘 샤펠의 아버지로, 그 시대를 상징하는 방탕한 어줍잖은 시인으로, 라 모트 르 베예와 친하고 테오필 드 비오와도 가까웠으며 데 바로와 절친했던 그는 자유사상가들과 자주 만났고, 그 정수를 받아들였다. 파리에 머물 때는 가상디 집에서도 묵었다.

가상디가 뤼예에게 바친 글에는 이런 내용이 자세하게 언급되어 있지 않다는 게 의문이다. 그러나 그것은 "가장 완벽한 보고서"이며, 또한 무시할 수 없는 정보다. "그를 아주 멀리서 온 나의 가장 좋은 친구"라고 했다. 뤼예는 가상디에게 이단의 철학자를 수없이 만나고 대화한 내용을 책 속에 종합할 것을 부탁한다.

⑮

복권소송. 가상디는 자신의 책에 세네카에게서 차용한 명구를 교묘하게 배치했다. 교묘했다. 왜냐하면 스토아 학파를 인용하는 것은 어떤 기독교 검열관이 보더라도 그럴 듯했기 때문이다. 즉 그런 학파의 후원을 받는다는 것은 에피쿠로스를 영원한 적으로 생각하는 사람들과 싸우고 있다는 인상을 주기 때문이다. 그런데 『행복한 인생론』에서 잘 따온 이 인용문은 모범이 되었고, 책의 이중 명제를 알려주는 것이었다. 즉 한편으로는 에피쿠로스가 신성하고 엄격한 원칙들을 공식화했다는 것이고, 다른 한편으로는 부당한 오명을 쓰고 있는데, 삶의 가르침과 작품이 서로 모순이라는 것이다. 여기서 이에 대해 좀더 자세하게 살펴봐야 할 필요성이 나오는 것이다.

가상디는 일찍부터 건드리면 폭발한다는 것을 스스로 알면서도 자신의 주인공인 에피쿠로스를 복권할 것임을 분명히 했다. 그러나 물론 그것은 적절한 기독교인의 관점에서다. 말하자면 우연히 에피쿠로스 사상과 가톨릭교회의 교리 사이에서 선택해야 할 경우가 생기면 그는 본의 아니게 종교를 택하는 것이다. 따라서 그는 어

피에르 가상디와 "말하는 에피쿠로스"

느 정도까지는 철학자이며, 자신의 종교적 믿음이 문제되지 않거나 흔들리지 않는 한에서만 쾌락주의적이다. 또한 항상 가톨릭적이기도 하다. 로렌초 발라와 디디에 에라스무스, 혹은 미셸 드 몽테뉴 이후에 피에르 가상디는 먼저 모험적인 화해를 시도한다. 즉 고대 원자론적 유물론과 기독교적 정신주의 사이, 에피쿠로스적 쾌락주의 윤리와 성 바울의 금욕주의적 이상 사이, 에피쿠로스와 예수 사이의 화해인 것이다. 거기에는 분명하고 뚜렷한 편견이 있다. 그것은 교회로 귀결된다.

단번에 에피쿠로스에게 오명을 씌운 장본인들은 스토아 학파들인데, 특히 크리시푸스(Chrysippe), 제논, 클레안테스이며, 그 후에는 플루타르크의 도움을 받은 키케로로 확인되고 거명되었다. 명구의 일인자 세네카는 좀더 온건한 역할을 맡았고 현실에 좀더 부합된 인물이었다. 그는 전혀 부화뇌동한 적도 없었고 궁지로 몬 적도 없었다. 엑스의 사제로 이들 외에도 폭력적인 스토아 학파의 주장을 조금도 비판 없이 받아들이고 있는 클레망, 락탕스, 앙브루아즈 등 수많은 교회 사제들도 거기에 속한다고 했다.

무슨 이유 때문에 이런 술책을 썼던가? 그 당시의 철학적 영역을 지배하고자 하는 욕망 때문이다. 당시의 정신적 공간을 함께 하지 않기 위해 스토아 학파 지지자들은 오로지 자신만의 학파를 위해 즉각 모든 것을 원했다. 수적으로나 영향력에서 가장 위협적인 적대공동체를 불신하기 위한 모든 수단을 사용하려는 잔인한 의지가 거기서 나오는 것이다.

그만큼 현명하지 못한 이 철학자들은 어떻게 행동하는가? 에피쿠로스 학파의 평판이 나빠지도록 그 교리를 평가절하해 버린다.

그 인물을 왜곡하고 수많은 에피쿠로스 학파들의 마음을 갈라놓는 것으로 충분하다. 누가 세상의 모든 악이라는 가면을 쓴 사람을 사귀고 싶겠으며 좋아할 수 있겠는가? 그들이 신성하고 깨끗하며 권할 만한 철학을 만들어낼 리 없다는 것이다. 더럽고 타락한 에피쿠로스 철학에서 기대할 게 아무것도 없다는 것이다.

이때부터 그들에 대한 공격은 폭발적이다. 정신적인 것에는 관심도 없는 저속한 향락주의자, 끝없는 대식가, 이름 없는 리비도, 공공연하게 떠드는 불경한 자, 상스러운 자, 저속한 자, 사상을 훔치는 자, 다른 철학자들과의 성격장애자, 시시각각 나타나는 폭식가로, 네 사람 몫을 먹고, 토하고, 다시 먹고, 거지처럼 돌아다니고, 거리 여자들의 코를 잡고 다니며, 누구인지도 모르면서 이런저런 철학자들의 사상을 떠벌리고 다니며, 자기 형제를 매춘하고, 미소년들과 잠자리를 하는 자들 등등.

1 9 1

상세한 변론. 가상디는 에피쿠로스의 모든 것에 대해 하나도 숨기지 않고 불평을 늘어놓으면서도 절대 침묵하지 않으며 자료를 꼼꼼하게 챙겼다. 그렇게 하기 위해 그는 에피쿠로스의 전기 전체에 접근한다. 부모, 가족, 사회적 뿌리, 조국, 태어난 일시, 어린 시절, 교육, 스승들, 초기의 철학, (쾌락의) 정원의 구입, 공동체의 실천, 독신, 우정, "네 삶을 숨겨라"라는 좌우명, 마지막 순간, 유언, 죽음, 기억의 욕망, 제자들, 학파의 지속기간 등. 자세한 일생은 말할 것도 없고 뿌리부터 사후의 운명에까지 하나도 소홀히 하지 않았다.

피에르 가상디와
"말하는
에피쿠로스"

가상디는 철학적 관점에서 (작가의) 전기 비평을 발전시켰다. 그 생각은 새롭고, 독창적이며, 근본적이고, 혁명적이었다. 불행히도 오랫동안 이를 이을 후속세대가 없었다. 고대 철학의 원칙상 한 철학자의 일생과 그의 철학은 한 가지였기 때문이다. 스토아 학파들은 방탕한 생활에서는 방탕한 철학밖에 나올 수 없다고 생각하는가? 이런 생활에서 그에 어울리는 철학도 나온다는 것을 입증하면서 아주 순수한 사상임을 보여주었다. 에피쿠로스의 삶은 곧 자신의 작품의 일부였다. 거기에서 가상디는 수년 동안 교육을 받으면서 스콜라 철학의 따분한 이론을 반대한 존재론적 철학에 대한 그의 관심을 보여주었다.

그에 대한 자료를 하나하나 따졌다. "불경한" 사람이라고? 아니다. 그는 종교적 의무도 다하고 신앙심을 가질 것을 충고했다. 반면에 그는 신에게 거짓 관계를 정의하는 미신은 반대했다. 즉 신에게 무언가를 요구하고 신이 기도를 들어준다고 믿는 그런 미신 말이다. 에피쿠로스가 이교를 비판함으로써 가상디는 플라톤과 스토아 철학에 대해 일부 기독교인들이 사용하는 가설을 진전시킬 수 있었다. 즉 에피쿠로스는 기독교라는 진정한 종교를 준비했지만 그에게는 은총이란 개념이 없었다. 그리고 쾌락주의 이후 2백 년이 지난 후에야 이 땅에 메시아가 나타났다.

가상디는 그와 같은 상황을 좀더 깊이 있게 분석하고 자유사상가라는 말이 생기기 전에 에피쿠로스를 자유사상가로 만들었다. 어떤 의미에서 에피쿠로스가 샤롱의 『지혜론』을 읽지 않았는가! 그 고대 철학자는 내용과 세부적인 것은 아니라도 여러 의식들을 잘 알고 있었다. 그 결과 그는 자유사상가의 완전한 거울처럼 공동체의 신앙심을 과시하면서도 내심으로는 자신의 자유와 독립심, 주권을 간직하고 있었다. 이처럼 그는 사회질서를 따르면서도 공공질서에 혼란을 주지 않고 자유로운 철학을 실천했다. 자신을 신으로 간주해 주기를 바랐을까? 이런 엄청난 "오만"을 표명한 적이 있는가? 아니다. 그의 교리를 적용하면서 그가 신과 같은 인물이라고 하는 주장을 잘못 이해한 것이다. 이러한 신의 완벽한 모델을 모방하는 것은 불멸성을 띠는 것이고, 이승의 마음의 평정을 아는 것이며, 절대적 지복을 맛보는 것으로 지금 여기라는 내재적 한계상황에서 신의 경지에 이르는 것이다. 피타고라스적이고 플라토닉한, 혹은 기독교적 불멸성과는 아무 관계가 없다. 에피쿠로스적 천국은 이승에 존재한다.

그러면 그의 영혼불멸성은 어디에서 오는 것인가? '추측'인가? 그것도 아니다. 그는 자기 도취나 자기 숭배에 빠져 자신의 기념일을 향연이나 바쿠스 모임으로 축하하기보다는 그의 학파와 가르침과 그의 정신이 영원히 지속되기를 바란다. 헛된 명예에 대한 욕망이 아니라, (쾌락의) 정원을 영원히 지속하려는 의지다. 게다가 이런 실천방법은 결실을 거두었다. 디오게네스 라에르티오스에 따르면 에피쿠로스 철학이 137년을 지속하는데 사실 그 이상이며, 디오게네스 데난다까지 합치면 4백 년이 넘기 때문이다. 에피쿠로스의 조각상에 대해서도 마찬가지다. 일부 적대적인 자들은 조각상이 철학적 논리에 따르고 있는데도 개인의 숭배를 입증한다는 것이다. 즉 에피쿠로스의 얼굴에 대한 아이콘이나 이미지, 조각, 조상, 음각 등은 계몽의 목적에 사용된다는 것이다. 말하자면 대가를 모방하면서 그의 영생을 보장한다는 것이다.

피에르 가상디와
"말하는
에피쿠로스"

'배은망덕한' 사람이라고? 사실 우리가 그의 영향력에 대해 감탄하거나 인정하거나, 이를테면 그의 명제를 차용했을 레우키포스나 데모크리투스처럼 인용할 수도 없는 인물이다. 그러나 그가 이 위대한 고대 철학자들에게서 아무것도 배우지 않고 받아들인 것이 없다면 무엇 때문에 그들을 존경하는가 하고 가상디는 썼다. 그는 독학자라고 '허영심이 넘치는' 사람인가? 그것도 아니다. 그를 허영심이 넘치는 사람이라고 주장할 이유가 없기 때문이다. 그의 철학 동료들에게 '못된 짓을 한' 사람인가? 전통적으로 헤라클레이토스나 플라톤, 안티도르에게 기분 나쁜 말장난을 한 건 사실이지만 유머가 과오가 되지는 않는다. '식도락가'인가? 에피쿠로스만큼 소식하는 사람도 없었다. 게다가 그의 몸은 허약했고, 건강이 나빠 대식가가 될 수 없었다. 그의 유일한 모습도 그 학파의 모든 제자들이 생생하게 기록한 메모들 속에서 발견되는 것들이다. '호색한'인가? 아마 제자들이 그럴 수 있지만 그도 그의 측근들도 그런 사람은 아니었다. 금욕과 절제는 고통을 감수해야 하는 육체의 쾌락보다는 더 바람직한 것으로 여기고 있었다. 아테네의 정원에서는 철학적으로 여자들이 남자들과 동등하고 자유로웠기 때문에 철학적 공동체에서 방탕이 일반화된 것으로 결론내렸다. '게으른 사람'인가? 건강이 측은할 정도였지만 3백 통 이상의 글을 썼던 사람이다. '교양 없는 사람'인가? 지혜와 행복을 얻기 위해 무용한 과학을 비판했다고? 그거로는 증거가 안 된다. '나쁜 작가'인가? 아니다. 그렇지만 그는 변증법과 수사학을 외면하고 수많은 사람들이 이해할 수 있도록 단순하고 명확한 문체를 선호했다. 글쓰기에서 수식을 거부한 것은 철학자로서 귀족계급의 비의사상과 대척점에 서게 되었다. 그는 제자들이 자신의 쾌락주의에 대해 일관된 논리와 자신의 사상을 즐겁게 읽고 배우기를 바랐다.

이와 같은 모든 반론들은 이런 말을 하는 디오게네스 라에르티오스의 글에 기록되어 있다. 그러나 이런 터무니없는 거짓말들은 스토아 학파 탓이라고 결론내린다. 가상디의 글은 자신이 번역했던 『유명한 철학자들의 삶과 의견, 격언』이라는 책에 근거하고 있는데, 디오게네스 라에르티오스의 생각을 정리한 것이다. 말하자면 이런 중상모략은 에피쿠로스 철학이 그 당시 중요한 역할뿐만 아니라, 중요한 자리를 차지하는 것을 방해하고자 하는 사람들의 나쁜 의도에서 비롯된 것이다. 이런 모든 중상모략 중에서 사실인 것은 하나도 없다. 에피쿠로스는 소박하고, 건전하며, 검소하고, 가난하게 살았으며, 금욕주의적 생활로 그의 육체는 병들지 않을 수 없었다. 그는 일종의 세속적 삶을 산 성인이었다.

에피쿠로스, 성인, 복화술사. 가상디는 이번에는 다른 저작인 『에피쿠로스 철학개론』(1649)에서 그(에피쿠로스)의 복권을 계속 주장했다. 이 책은 서양 철학사에서 미공개된 것이다. 에피쿠로스의 대화나 편지, 논고, 개론, 에세이와 다른 문학적 형식들을 사용한 철학자들은 있었다. 가상디는 철학적 복화술을 창조한 것이다. 사실 그 저작에서 다룬 모든 주제는 엄격하게 에피쿠로스나 에피쿠로스 학파들의 사상이다. 가상디의 주장은 그가 1인칭으로 '나'라고 말하지만 바로 에피쿠로스의 "나"(je)라는 것이다. "나"가

피에르 가상디와 "말하는 에피쿠로스"

아닌 타자의 정체성으로 말하는 유사한 장난은 명확하고 분명한 "나"라는 구조를 가진 데카르트 연구를 받아들이지 않으려는 인물을 가리킨다고 이해할 수 있다.

가상디는 자신의 인물들을 연출하거나 각색하는 경우에도 완강한 입장이다. 아리스토텔레스와 데카르트 이후에 에피쿠로스 차례가 왔다. 서문에서 그는 "나는 이제 에피쿠로스를 무대에 등장시키겠다"고 주장하는데 어떻게 오페라 각본 작가의 작업을 생각하지 않을 수 있겠는가? 따라서 무대에는 냉혹한 스콜라 철학자 아리스토텔레스와 신경질적인 데카르트에 이어서 신성한 에피쿠로스가 등장한 것이다. 피에르 가상디의 초점의 본질을 표현하는 연극이나 오페라를 만드는 것이다. 즉 그것은 갑자기 강하고 전지전능한 이성을 장려하는 기독교 교리에 너무 거만하고, 교만하며, 잠재적으로 위험한 데카르트 철학의 근대성을 위해서가 아니라 아리스토텔레스의 철학과 단절하는 것이다. 그의 이름을 붙여주고 은총이 없거나 부족해서 지은 경미한 죄를 용서해 준다면 에피쿠로스가 그 해결책이다.

그 저작의 윤리적 부분은 에피쿠로스적 교리를 충실하게 따르고 있어 이를 전개할 필요가 없다. 즉 치료술로서의 철학이다. 규율을 윤리학으로 바꾸고, 마음의 평정과 쾌락은 최고의 선이며, 움직이는 쾌락보다 움직이지 않는 쾌락을 선호하고, 쾌락과 고통은 좋고 나쁜 것, 즉 선, 악과 일치하고, 자연스럽고 필요한 욕망이 필연적이며, 산술적 쾌락을 실천하고, 고통을 감수해야 하는 쾌락을 피하며, 세계를 빈 공간 속에서 움직이는 원자로 환원하고, 죽음은 두려워할 필요가 없으며 관심도 없다는 것이다. 고통은 우리의 정신을 앗아가지 않으면 참을 만한 것이며, 어느 때든 철학적으로 논할 수 있고 또 논해야 한다. 신은 인간적 모습도 아니고, 인간적 사고를 하지 않으며, 나머지는 고전주의식 교리라는 것이다.

이 저작의 흥미로운 점은 서두에서 제시한 신중한 해설인데, 지적 연출에 유용한 정확성이다. 장(章)이 끝날 때마다 가상디는 에피쿠로스와 견해가 다른 점을 표명하면서 몇 줄로 언급한다. 이런 모든 지적들은 에피쿠로스 철학과 기독교 교리가 양립할 수 없다는 점을 강조하는 게 아닌가 한다. 첫째는 가상디가 믿고 있는 신의 섭리에 관한 것이다. 거기에 그는 정통 가톨릭 신앙고백을 덧붙인다. 그는 형태의 분해할 수 없는 물질적 영혼에 대해 그것의 불멸성과 비물질성을 주장한다. 인간사에 대한 신의 무관심에 대해서도 그는 자비로운 신을 믿는다. 내부세계의 치밀한 물질로 구성된 신에 대해서 이 에피쿠로스 철학자는 유일한 세계에 완벽한 유일신이 있음을 공언한다. 이 참사원은 세계의 창조자인 신을 순수한 원자의 물리적 배열이라고 보는 것이다. 삶이 너무나 고통스러울 때 자신의 존재를 마음대로 할 수 없다고 하면서 사제에게 자살은 금물이라는 것이다.

마찬가지로 피에르 가상디는 (에피쿠로스 철학에서) 원자의 일탈운동을 기독교화한다. 알다시피 루크레티우스는 세계의 창조를 원자의 자의적인 운동으로 설명한다. 이 운동으로 온 세계는 원래 계보에 따라 서로 충돌하게 된다는 것이다. 이와 같은 명제가 없다면 공중에 수직으로 떨어지는 원자들은 물질을 결코 유기체화할 수 없었을 것이다. 이 바로크 자유사상가는 이렇게 추정한다. 즉 이와 같은 가설은 운명의 여신이 인간의 자유의지를 방해하거나 반대하

피에르 가상디와
"말하는
에피쿠로스"

지 않고 인간사에 원인으로 간여할 수 있음을 보여준다는 것이다. 기독교적 현상학은 온전하다. 즉 신의 (존재의) 필연성은 인간의 자유와 모순하지 않고 존재할 수 있으며, 따라서 그것은 인간의 책임이며, 인간의 죄의식 때문이다.

알다시피 가상디는 가톨릭의 교계제도에서 자신의 임무를 별고 없이 해냈다. 성모 마리아의 시를 쓴 이 작가는 기독교인으로 에피쿠로스의 저작을 읽었다. 그가 윤리적 고찰—에피쿠로스 철학에는 없는 미덕에 대한 찬사(온화함, 절제, 겸허, 중용, 용기)—을 덧붙인다면, 그가 드물게 그리스 철학자의 정치적 명제—공동체적·보편적인 마음의 평정의 조건인 불간섭의 사회적 협약에 대한 공리주의적 필연성—를 전개한다면, 그가 전대미문으로 미덕—절대적인 미덕이 아니라 평정된 정신 상태를 찬양하는, 오늘날 용어로 말하자면 결과주의—을 이론화한다면 그는 진정으로 도그마에서 벗어나지 않고 동시대를 위해 고대 철학을 전개하며 현실화하고 근대화하는 것이다.

🐌 18

가상디의 유언. 이 철학자가 후대에 물려준 철학서에 대해, 그가 이바지한 것과 그의 후대에 대하여 어떻게 결론내려야 하는가? 무엇보다 그가 아리스토텔레스와 데카르트에 대한 기념비적인 작품을 건축하기보다는 오히려 허물고 공격하고 파괴하는 부정적인 측면에 엄청난 시간과 에너지를 바쳤다는 것이다. 반면에 그는 에피쿠로스를 복권시켰지만 그의 주인공을 연구하고, 이교도 그

리스의 이마에 성유를 붓고 싶은 기독교인의 너그러운 마음으로 때로 삼가 수정하면서 거의 잊혀져 갔다. 그는 개인적인 철학의 무대에 희극과 비극, 비희극, 때로 소극에, 때로 벌과(罰課)로 세 명의 인물을 등장시켰던 것이다. 그의 메시지는 테트라드나 오라시우스 투베로(Orasius Tubero), 혹은 그의 옛 친구 라 모트 르 베예와의 대화 속에 녹아 있으며, 그가 매장되는 날 그의 무덤가에도 남아 있는 것 같다.

그의 이름으로 출판하려고 했던 대저작은 빛을 보지 못했다. 『방법서설』이나 『팡세』, 『에티카』와 유사한 저작들은 없으며, 적극적으로 이를 종합하고 명제를 제시한 저작도 없다. 기독교와 쾌락주의라는 이 역설적인 현상학적 관계가 깊이 새겨져 있기 때문이다. 사실 초월적 존재에 체계적인 여지를 주면서 어떻게 내재적인 사상을 요구할 수 있는가? 완전한 유물론과 비물질적 영혼을 어떻게 공존시킬 것인가? 에피쿠로스에 의하면 신에게 무서울 것이 없다면 기독교인들이 말하는 천국과 지옥, 연옥은 어떤 것인가? 그런 것들이 무슨 소용인가? 유용한 것인가? 어떤 레토릭과 궤변으로 미립자의 순수한 배열과 동일한 실제의 이론과 신을 물리적 과정과 동일화하지 않는다면 전지전능한 신의 의지를 모두 전달할 수 있는가? 이런 모든 질문과 기타 수많은 의문들을 분석하는 것은 당연했다.

무의식적이든 아니든 가상디가 이러한 주요한 의문에 무관심하고 논리적 난점들과 역설, 자신의 철학적 입장에 대한 거짓 추리와의 대면을 피하기 위해 부차적인 질문에 정력을 집중한다고 결론 내릴 수 있는가? 혹은 자신의 철학적 소교구에 불을 지르는 것을 두

려워하기 때문인가? 아리스토텔레스와 데카르트의 허점을 잘 찾아
내는 그가 자신의 철학적 입장에 대한 모순을 깊이 생각하면서 자
신의 허점을 검토하지 않았겠는가? 다른 사람들을 공격하는 데 잃
어버린 정력은 가상디에게 데카르트가 근대적 이성을 발명한 것처
럼 철학사에서 실제적인 단절을 이루어냈을—근대 유물론적 철학
을 세우는—방향으로 에너지를 낭비하지 않았다.

가상디의 철학적 무기력은 자신이 (가톨릭의) 사제와 자유사
상가라는 이중적 입장의 한계에 뿌리를 둔다. 물론 그는 자유사상
가라는 수식어를 거부했겠지만 그 수식어가 그에게 꼭 맞는 말이
다. 그러나—예를 들면 피에르 샤롱 같은—기독교도이면서 자유
사상가도 가상디만큼 거기에서 잘 벗어난 사람도 없다. 신앙절대주
의에서 종교문제는 기독교적 현상학과 밀접하게 접근되어 있기 때
문이다. 그의 자유사상은 사제로서 좁은 한계에 작용하며, 그가 자
유사상가로서 계속 미사를 올릴 수 있고—성모 마리아를 위하여
시를 쓰는 일 이외에도—지나친 양심의 가책 없이 성사를 집행할
수 있기를 바란다면 그 철학자에게 어떤 일이 있더라도 그 소박한
신앙을 지켜야 한다.

니체는 『여기 인간이 있다』에서 기독교 교리가 파스칼을 망쳐
놓았다고 썼다. 거기에 기타 수많은 이야기를 덧붙일 수 있을 것이
다. 자신의 지성을 훼손한 피에르 가상디에게 지성은 부차적인 대
상이었으며, 아리스토텔레스와 대항하여 싸웠고, 데카르트의 글에
대해 트집을 잡았으며, 에피쿠로스와 복화술로 말했고, 철학적 무
대에서 사상사의 몇 가지 특징을 활성화했으며, 철학을 통해 재생
된 종교를 위해 중요한 반계몽주의적인 해석에서 기독교 교리를 초

월하는 본질을 벗어나지 않는 방법을 시도했다.

　교회는 그에게 예를 지켰고, 그 점을 이해한다. 즉 교회는 그가 살아 있을 때나 그 후에도 색인과 비평에서 그 인물과 작품을 너그럽게 봐주었다. 반면에 17세기만 해도 샤롱, 데카르트, 파스칼, 페늘롱, 라 퐁텐, 말블랑쉬, 생 테브르몽, 스피노자, 심지어 보쉬에도 그의 『탕생 씨에 보내는 대안』 때문에 기독교의 공격을 받았다. 교회에는 교회가 수용할 수 있는 선구자가 있는데 철학과 그 선구자가 동일한 경우는 거의 없다.

2 0 1

범신론적 자유사상가들
Les libertins panthéistes

시라노 드 베르주락과 "자유로운 삶"

코에 대한 전기. 먼저 문학적 오류로 전하는 신화를 없애고 시작하자. 시라노 드 베르주락은 프랑스의 양심에서, 프랑스를 넘어서서, 특히 그 정점에 선 인물이다. 고상한 말투에 추남으로 록산의 매혹적인 시선에는 기를 펴지 못했다. 훤한 얼굴에 무기력하고 멍청한 태도. 멋진 글과 웅변적 재능은 크리스티앙에게서 배웠다.에드몽 로스탕의 희곡 『시라노 드 베르주락』에 나오는 인물들. 극중에서 시인과 검객으로 뛰어난 재능을 지닌 시라노는 아름다운 여인 록산을 짝사랑한다. 그러나 기형적인 거대한 코와 못생긴 용모로 그녀에게 자신의 감정을 전할 수 없다. 록산을 짝사랑하는 또 한 명의 군인 크리스티앙. 아름다운 시를 노래하는 시라노는 록산에 대한 크리스티앙의 감정을 대신해 주게 되고, 록산은 크리스티앙의 잘생긴 외모와 섬세한 감수성에 빠져든다.^{역자} 추한 지성과 어리석은 아름다움에 대한 신화, 아름다운 여인에 대한 목숨 건 사랑! 역사에는 화려하게 등장하는 인물도 있지만 자유사상가이며 철학자인 시라노 드 베르주락처럼 가짜 대리석으로 덮어버리는 역사도 있다.

다음에 "드 베르주락"이라는 의미를 밝혀보자. 이 사람은 1619년 3월 6일 파리에서 태어났는데, 그 해는 툴루즈에서 바니니(Vanini)가 화형당한 해다. 그는 베르주락의 영지에 위치한 쉬브뢰즈 계곡에 두 채의 저택을 가진 가문 출신이다. 수세기 동안 고향에서 재능을 썩히는 지방의 현학자들에게는 실례가 되겠지만, 이 철학자는 식용 버섯과 송로 버섯의 이 고장과는 귀천상혼과 같은 관계만 유지할 뿐이었다.

코와 이름 외에도 그는 어떤 인물일까? 모비에르 성에서 멀지 않은 곳에 살았던 어느 시골 사제에게 교육을 받았고, 그 후 파리 라탱가의 콜레주 드 보베를 다녔다. 혹독하고 엄격한 교육이었다. 그는 19세에 가스코뉴의 사관생도로 입문한다. 오래 전부터 그의 큰 코는 그의 삶에 중요한 자리를 차지했다. 그의 코에 대한 농담이 즉시 세상에 퍼졌고, 시라노는 자신의 용기와 가치, 기술적 재주에 대한 명성을 지켜온 것이다.

그는 여러 전장터에서 전투에 대한 혈기와 진정한 열정을 보여주었는데, 샹파뉴 지방 무종(Mouzon)의 포위공격 때는 총상을 입기도 했다. 1640년 그의 나이 21세에 아라스 전투에서 칼에 목을 찔리기도 했다. 참고로 생 테브르몽도 그 전투에 참전했다. 두 사람은 물론 그 전투에서 서로 만난다. 엑토르 사비니앵 시라노 드 베르주락(Hector Savinien Cyrano de Bergerac)은 군대생활을 그만두고 콜레주 드 리지외(collège de Lisieux)로 돌아온다. 이 시기에 그는 가상디와 뤼예(Luillier)를 만난 것으로 추정되며, 그때 샤펠의 친구가 되었다.

그의 전기는 모호하고 아무도 모르는 수수께끼 같은 데가 있다. 그는 동성애자였을까 아니면 양성애자였을까? 사료에서 그 점을 언급은 하고 있지만 증거가 없다. 매독에 걸렸을까? 이런 얘기도 있지만 증거가 없는 건 마찬가지다. 그의 콜레주 친구와 최초의 전기 작가 르브레(Lebret)는 베르주락이 스물여덟 살 무렵 은밀한 병에 걸렸을 것이라고 했다. 그러나 어떤 병일까? 아무도 모른다. 밤마다 도박하고, 갈보집에 드나들고, 내기하고, 분에 넘치는 지출 등으로 육체적으로 건강이 상했다면 몰라도. 처음으로 빚을 지게 된 것도 이때부터다.

1655년 9월 그의 죽음도 미스터리로 남아 있다. 그가 마레(Marais) 저택 쪽으로 돌아오는 길에 공사장을 지나가다가 길거리에서 머리 위에 대들보가 떨어진 사건은 널리 알려진 이야기다. 아무도 그 사건을 믿지 않으며 테러라고 여겼다. 그에게 적이 많았다는 점을 인정하면서도 누가 왜 그랬는지 아무도 말하지 않는다. 적 그 이상도 이하도 아니다. 그는 서른여섯 나이에 죽었다. 한창 때에 쓴 빈정거리는 편지에서 마자랭의 찬반에 대해 두세 차례 정치적 배반을 했고, 옛 친구들과도 반목했고, 사소한 일이 쌓였으며, 자연스럽게 그에 대한 적의를 품었을 것이다.

시라노가 마지막으로 숨을 거둔 것도 신빙성이 없다. 탈망 데 레오(Tallemant des Réaux)의 멋진 표현에 따르면 시라노는 마지막 순간 "십자가를 발로" 찼다는 것이다. 신앙심이 깊은 세 명의 여인들이 단말마의 고통 속에서 그를 개종시켰다고 한다. 그러나 누가 증명할 것인가? 전기적 문체는 일종의 성인전인데, 말했던 것과 살았던 것, 글로 썼던 것, 생각했던 것, 발표했던 것은 무시하고 일대기를 다시 쓰는 것이다. 신앙의 공간을 숯 상점으로 만들어 버리는 공포정치 시절 수도원에 매장된 것이다. 범신론에 빠진 시라노로서는 사후 이런 운명이 오기를 기다렸을지도 모른다.

2

글의 불멸성.　시라노는 다양한 작품을 남겼다. 풍자편지, 연애편지, 뷔를레스크, 수사학, 모순명제 등. 그 중에 「마녀를 위하여」라는 글도 있고, 「마녀에 대항하여」라는 글도 있다. 「봄을 위하여」, 「여름을 위하여」 등의 글에서는 봄과 여름을 찬양하고 「가을이 싫어」, 「겨울이 싫어」에서는 가을과 겨울을 욕한다. 「물에서 자라는 나무의 그늘에 대하여」라는 글이 있는가 하면 「빨간 머리 부인을 위하여」라는 글도 있다. 가벼운 소재와 하찮은 주제로 된 사소한 글들도 보인다. 모든 글들은 실제로 철학적인 깊이를 떠나 결투를 좋아하는 사람의 재주나 말 잘하는 사람의 재능, 순수한 자유사상가의 취향 등을 변명하는 역할을 한다. 비꼬기, 독설, 신랄함, 곡예, 유머, 아이러니, 자극적인 표현들이 그의 목소리이고, 어조이며, 문체다.

　　시라노는 무대에 올리기 위한 글도 썼다. 「장난감이 된 현학자」(1645년경)라는 희극인데, 몰리에르가 이에 힌트를 얻어 『스카팽의 간계』를 썼다. 그러나 시라노 자신은 정작 로페 데 베가(Lope de Vega)나 르네상스의 이탈리아 희극을 회상하면서 자신의 작품을 썼다. 비극 『아그리핀의 죽음』(1647년경)은 세네카나 셰익스피어, 코르네유와 같은 원칙에 따랐다. 그 후 라신과 볼테르는 아마 이런 점이 마음에 들었을 것이고, 시라노의 글에서 영감을 찾았다.

　　마찬가지로 그의 글 중에는 『육체의 단편』이 있는데, 여기에서는 물질, 운동, 진공, 감각, 진리, 가설, 확신, 지식, 근거가 희박한 추론에 대한 인식론적 확장과 고찰에 대한 글들이 발견된다. 미완의 저서는 사후에 출판되는데, 몇 단원에서 시라노의 철학이 일관성 있고 논리적인 유물론적 육체에 근거하고 있는 꽉 짜여진 계획이 엿보인다. 광학, 망원경, 재단한 렌즈 등에 대한 고찰은 흥미를 불러일으키며, 『다른 세계』(『다른 세계 혹은 달나라와 제국』과 『태양의 나라와 제국』 등 2부작으로 된 그의 걸작이다)에 독특하게 접근하면서 이 탁월한 저작을 일그러져 보이는 상으로 읽을 것을 제안한다.

　　이 책은 하나의 장르가 아닌 기존의 여러 영역을 혼합하고 있다. 즉 기행문, 외계로의 견문록, 철학 콩트, 모험소설, 사상연극 속에 끼워넣은 대사, 시적 산문, 신화 이야기, 환상적 풍자 소극, 바로크적 알레고리, 우화적 전설, 통과의례, 난해한 약호 등. 물론 거기서 그의 선구자적인 모습을 발견할 수 있지만 시라노의 글에 대한 연금술은 그의 자유사상 철학을 실천하는 재료와 밑받침으로서 치밀한 대작을 생산하는 것이다.

철학적으로 일그러져 보이는 상.　나는 『다른 세계』를 읽기 위해서는 암호를 해독할 것을 제안하는데, 그게 바로 일그러져 보이는 상(아나모르포즈)이다. 미술사에서 일그러져 보이는 상은 평평한 표면 위에 미리 하나의 형태를 알아볼 수 없도록 의도적으로 관점에 변형을 가하는 것을 가리킨다. 우리는 공간의 특별한 관점을 받아들임으로써, 혹은 유리 원주, 강철 튜브 등과 같은 "비정상적인 투시도"[발트루자이티스(Baltrusaïtis)의 표현]를 다시 그리는 기술적 기교를 통해 온전한 형태를 복원한다. 어원적으로 '아나'는 변형이고 '모르페'는 형태를 뜻한다. 아나모르포즈(anamorphose)는 그렇게 풀이된다. 첫눈에 보기에도 미지의 것, 이상한 것, 전에 보지 못했던 것 등 기괴한 감정을 불러일으키는 주름 속에 숨은 수수께끼다. 그 의미는 접혀진 주름 속에 숨어 있다. 진실은 숨어 있지만 존재한다.

이 말은 1657년 가스파르 슈트(Gaspar Schoot)가 사용했다. 『백과전서』는 1751년판에서 이렇게 정의한다 : "회화에서 하나의 도면 위에 그려진, 그럼에도 불구하고 어떤 관점에서 보면 규칙적으로 보이고 적당한 비율로 그려진 어떤 이미지의 괴상한 투사 혹은 일그러진 재현을 뜻한다." 괴상한 것, 흉한 모습, 관점, 복원된 비율, 즉 시라노적 허구의 모든 성분이 거기에 다 들어 있다. 따라서 문학과 철학영역에서 이 회화적 미학 용어를 적용해 보자.

아나모르포즈는 바로크의 딸이다. 『코덱스 아틀란티쿠스』(1483-1518)레오나르도 다빈치의 데생 문집과 노트^{역자}에는 알려진 가장 오래된 최초의 아나모르포즈가 들어 있다. 뒤러(Dürer)는 1506년 볼로냐에서 아나모르포즈 기술을 배우고 싶어했다. 홀바인(Holbein)은 1533년 「대사들」에서 그들의 일그러진 숭고한 두상을 그렸다. 다니엘 바르바로(Daniel Barbaro)는 1559년 베네치아에서 그의 『원근법 개론』에서 아나모르포즈를 설명했다. 르네상스의 프레스코화 화가들은 벽화예술의 기술에서 아나모르포즈를 이용한다. 그러나

17세기 아나모르포즈의 실천이 가장 눈에 띈다.

우선 진기한 물품 전시실에는 수집가들이 광학 도구들, 망원경, 투명 반투명 유리, 실재를 변형시키는 데 필요한 물품들을 수집해 놓고 있다. 갈릴레이의 경우 자신의 망원경이 없었다면 과학에 자극을 주지 못했을 것이다. 모든 자유사상은 하늘을 탐구하고, 별을 연구하며, 혜성을 살피고, 거기서 신학과 종교와 관계없는 암호화된 미스터리를 읽는다. 미도르주(Mydorge)는 1637년 『굴절광학』을 출판한 데카르트와 동시에 무명의 뛰어난 유리 재단사와 우정을 유지한다. 스피노자는 자신의 작은 방에서 렌즈를 갈면서 생활비를 벌었다.

아나모르포즈는 1662년 루브르에서 설교한 보쉬에의 「신의 섭리 강론」에서 나타난다. 모(Meaux)의 사제는 인간적인 것들이 우2 1 1리의 정신에 이르는 아나모르포즈의 특징인 혼란, 불평등, 불규칙의 문제에 접근한다. 훌륭한 원근법과 관점은 물론 신의 것이지만 혼란스럽고 애매한 것이 분명하고 명확한 것이 되기에 충분하다.

마찬가지로 1704년 라이프니츠는 『인간 오성의 새로운 탐구』(2권, 289장, 8절)에 나오는 "명확하고 애매한 관념, 분명하고 혼란스러운 관념에 대한 논증"에서 아나모르포즈의 예를 들고 있다. 즉 그는 어수선한 그림 몇 점에 대해 언급하는데, 거기서 이게 원숭이인지 물고기인지 사람인지 궁금해한다. 그리고 원통형 거울을 사용해서 혼란을 사라지게 하고, 예를 들면 율리우스 카이사르를 나타나게 한다. 항상 기억해야 할 철학적 교훈과 같은 좋은 관점을 선택하면 혼란스러운 것은 반드시 명확해진다는 것이다.

시라노 드
베르주락과
"자유로운 삶"

4

변질된 데카르트적 관점. 데카르트는 17세기 철학적 아나모르포즈에 대한 논쟁에서 중요한 역할을 한다. 이 문제의 전략적 장소는? 유명한 메르센 신부의 수도원인 파리 미님의 수도사로서 홉스와 가상디의 친구였던 데카르트는 가상디에게 『현상학적 성찰』의 수사본을 보내준 바 있다. 그는 이 수사본에서 파리 시절 광학을 연구했고, 그 후 이 시기의 작업을 필두로 굴절의 법칙을 발견한다.

물론 이때 파리는 물리학자, 굴절광학의 전문가들이 연구하고 인식론적 혹은 이른바 철학적 질문들이 생성되는 시기다. 즉 불확실한 표면, 환상과 현실의 교류, 진실과 기교를 연결하는 변증법, 이런 모든 것이 불안정한 표면, 강한 환상에 대해 제기된 수많은 바로크의 질문에 대답해 주었다. 명확하고 명증한 것에 가까워지는 방법을 구축하기 위해 실제로 방법론적 혁명을 찾아야 할 필요성이 여기서 나오는 것이다.

프란스 할스(Frans Hals)는 유명한 데카르트의 자화상을 그렸다. 즉 상반신 철학자를 흑백으로 처리한 명확하고 명료한 간결함, 검은색 상의, 흰색 칼라, 튀어나온 뺨 위의 붉은 반점에도 불구하고 창백한 살결, 세상을 향해 놀랄 정도로 평온한 자세, 영원을 향하는 시선, 까마귀 날개 같은 긴 머리털, 희끗희끗한 짙은 콧수염과 (입술 밑) 잔털 수염. 이것이 근대 이성의 창시자인 데카르트의 자화상이다. 물론 훨씬 덜 알려진 거지만 아나모르포즈로 변형된 「데카르트의 자화상」이 있다. 이것은 세계와 실재라는 게임이 그의 멘토를 재

2 1 2

현하는 데까지도 데카르트적 공통체에 영향을 미친다는 증거다.

　유트레흐트(Utrecht)에서 데카르트는 니세롱(Nicéron)의 『재미 있는 원근법』을 받았다. 이 책은 아나모르포즈를 이론화해서 세 가 지 유형으로 구분한다. 사람 키 높이의 그림을 넓은 홀이나 회랑에 서 수평으로 바라본 '광학 아나모르포즈', 높은 곳에서, 이를테면 벽이나 천장에서 수직으로 본 '역광학 아나모르포즈', 마지막으로 윗부분이 앞으로 나온 '반사광 아나모르포즈' 등이다.

　비록 시라노의 『다른 세계』가 회화예술을 제시하는 것은 아니 지만 반사광 아나모르포즈의 범주로 분류할 수 있다. 왜냐하면 시 라노의 관점이 어떤 건축물의 궁륭을 응시하는 방식으로 자신의 머 리 위에서 움직이는 달과 태양에 시선을 던지는 지상의 독자를 암 시하기 때문이다. 이 천체에 씨줄과 날줄로 짜여 있는 것은 일정한 정보를 전달하면서 그의 말을 기호화하고 그의 사상을 변형시키기 위해 이 자유사상 철학자로 인해 변질된 관점을 복원하는 데 유용 한 시점을 받아들인다면 이해할 수 있는 것이다.

2　1　3

　　진드기의 관점.　진드기는 철학사에서 중요한 자리를 차 지한다. 너무도 작은 이 벌레가 철학 우화집에서 제일 큰 몫을 차지 하며 대가들의 도표에도 나타난다. 몽테뉴의 『수상록』은 물론이고 파스칼의 『팡세』, 소렐의 『프랑시옹의 진짜 코믹 이야기』, 라 퐁텐 의 『우화집』에 나오는 "소녀로 변신한 생쥐", 시라노의 『다른 세계』 와 가상디의 책에도 나온다. 현미경이 발명되기 전까지 밀가루와

치즈 속에서 자라는 이 곤충은 맨눈으로 볼 수 있는 가장 작은 벌레로 여겨졌다. 시라노의 아나모르포즈의 관점은 이 현상학적 곤충에서 끌어냈다.

설명해 보자. 무한한 동물과 같은 세계를 상상해 보자. 우리는 단 하나인 작은 인간의 육체 위에 있는 진드기와 똑같은 비율로 이 동물 위에 있는 존재다. 우리가 진드기한테 말을 걸면 그 진드기는 세상에다 뭐라고 할까? 진드기는 벌레나 이처럼 우리 몸을 휘젓고 다니면서 진짜 유성을 우회하듯이 이쪽 귀 저쪽 귀 사이를 돌아다닌다. 그놈이 치골의 털을 뚫고 지나가거나 겨드랑이 털 속으로 다닌다면 처녀림 속에 자신의 길을 만들어 두었다고 진지하게 생각할 것이다. 그놈이 피부의 모공에 가까이 다가가면 화산학자에게는 깊지 않은 분화구나 해양학자에게는 심해로, 요트를 즐기는 사람에게 수심을 알 수 없는 호수쯤으로 알 것이다. 그 진드기는 누군가 코의 염증 속에 자리 잡고 살면서 해일이 일어난 것으로 생각할 것이다.

물론 인간은 만물의 척도라거나 상대주의가 유일하게 확실한 것이며, 혹은 원근법주의는 세계의 운동을 이해하는 유일한 방법이라는 소피스트 프로타고라스의 주장으로 달리 말하거나 입증할 수 있다. 그러나 시라노 드 베르주락은 진드기를 즐겨 등장시켰고, 참과 거짓을 논하는 아마추어 데카르트처럼 하나의 진실 혹은 결정적인 진실은 존재하지 않는다는 걸 보여주었다. 방법론상 퓌론식의 주장이다.

우리가 스스로 작은 세계에 만족하고 제한된 시각에 만족한다면 진드기와 같을 것이다. 모발 정글이나 피부질환 지질 속에서 지내는 순수한 진드기보다 더 약삭빠르고 더 활동적인 벌레도 없다. 물론 이 진드기는 영원하고 결정적인, 아마추어 같은 두 개의 진리인 스콜라 철학과 가톨릭을 긁어댄다.

거기서 이런 흥미 있는 게임이 나온다. 즉 지구에서 본 달은 물론 달이지만 달에서 본 달은 지구이며, 지구는 달이다. 지구에서 본 태양이나 태양에서 본 지구도 같은 논리다. 가치의 전도, 시점의 게임, 관점의 변환, 높은 것이 낮은 것이 되고 악이 선이 되는 이곳은 다른 곳으로 변신하고, 그 반대도 마찬가지다. 이 변증법적 소용돌이는 기준점을 뒤흔들어 버리고, 혼란을 주며, 없애버린다. 현실성에 대한 잠재성처럼 책의 허구적 명제를 파악할 수 있는 새로운 정신상태가 여기에서 나오는 것이다.

따라서 이 도치된 세계에서 지상의 관례와는 거꾸로 노인들은 젊은 사람들을 존중하고, 그들을 공손히 대하며, 항상 경의를 보내는 것이다. 아이러니한 상황, 도출된 기이한 결과 이외에도 "네 아버지와 어머니를 공경하라"고 공포하고 있는 십계명 중 제4계명의 행간에서 케케묵은 것, 적어도 비웃음을 살 만한 것도 읽어낼 수 있다. 달의 세계에서는 "네 아들과 딸을 공경하라"고 읽어야 한다 등등.

이런 세계에서 "인간은 무엇인가"라는 질문에 어떻게 답할 것인가? 물론 이 질문을 칸트식으로 제기할 수 있고, 철학적 동업자의 방식으로 답할 수도 있을 것이다. 그러나 우리 안에 갇힌 원숭이나 말하는 새도 생각해 볼 수 있다. 이처럼 우리가 새한테 말을 가르치더라도 결과를 기대할 수 없다. 즉 사람들과 같은 "모습"을 가지지 않는 것을 인간이라고 주장할 수 없을 것이다. 그리고 시라노는 레비나스(Levinas)1905–1995, 리투아니아 출신의 프랑스 철학자역자를 읽지 않았

시라노 드
베르주락과
"자유로운 삶"

고, 레비나스는 막스 피카르트(Max Picard)1888–1965, 독일의 작가이자 문화비평가^{역자}를 읽지 않았다. 부리와 깃털은 바로 인간이다. 여기에다 인간임을 거부하는 죄의 시대 이전에 인간을 정의하는 이상한 예지를 덧붙여야 한다. 왜냐하면 달나라에서, 외관상으로 자신과 다르다는 단순한 사실로 다른 사람에게 존재할 권리를 거부하는 이런 원칙에 따라 그가 태어났다는 이유만으로 제3자를 죽일 권리를 빼앗아 버리기 때문이다. 17세기 한 철학자의 붓끝에서 나온 무서운 공식이다.

태양의 나라에 사는 새들이 보기에는 지구에서 온—그러니까 태양에서 온—인간은 인간성이 없다는 것이다. 지구인들이 동물을 생각하는 것과 똑같다. 데카르트가 선두에 있고 말브랑쉬(Malebranche)가 그 뒤를 잇는다. 오라토리오 수도회의 그 사제가 용수철이나 관(管)의 무더기나, 감정이나 감각을 느낄 수 없는 존재인 기계를 찬다는 평계를 대면서 자신의 개 엉덩이를 걷어차곤 했다는 것이다. 그때부터 우리는 인간이나 짐승, 혹은 다른 짐승을 도살장으로 끌고 갈 수 있게 된 것이다. 그에게는 뿔이 있는 부리나 재판관처럼 무성한 털이 없는 게 유일한 약점이기 때문이다.

216

바로크적 허구. 동물이 인간과 그렇게도 가깝다면 인간은 어디 있는가? 물론 우리는 영원불멸하는 영혼의 물질적이고 죄 많은 육신에 더 이상 만족하지 않는다. 동물의 입장에서 인간을 읽는 것은 적어도 에피쿠로스와 그를 내세운 사람들 이후로 동물을 인간화하거나 인간을 동물화하는 것이 아니라 이런 근본적인 관념을 고려해야 한다는 것이다. 즉 인간과 진드기 사이에는 본질적인 차이가 아니라 정도의 차이가 존재한다는 것이다. 몽테뉴의 암코양이와 그의 『레이몽 스봉의 변명』에 나오는 동물우화집 전체에서 이를 입증하고 있다.

시라노의 허구세계에서 모든 것은 철학적 가설에 따라 작용한다. 즉 실체의 다양한 변모에는 단 한 가지 실체가 존재한다는 것이다. 단 하나의 세계와 이 세계의 무한한 변이에 시라노의 선택이 있다. 어떤 때는 진드기가 되고, 또 철학자가 되며, 한 번은 새가 되었다가 또 재판정의 판사가 되기도 한다. 그 때문에 예를 들면 교황은 옛날에, 물론 어떤 변형이 일어나기 전에는 풀숲이었다는 것이다. 그 반대의 일이 일어나지 않는 한 ….

『다른 세계』에는 바로크 놀이가 집중되어 있다. 즉 아라베스크 무늬와 움직임, 주름과 거울놀이, 격자구조와 언어의 축제 등. 오페라에서도 철학적 무대 위에 개념적인 인물들과 형상들, 스토리를 구성하고 모험이 넘치는 유용한 허구들이 나타난다. 작품 전체가 진기한 물건들의 전시실이다. 즉 동물들이 말하고, 새들이 생각하며, 불같이 뜨거운 짐승들이 얼음같이 차가운 짐승들과 싸우고, 우주로 여행하고, 오비디우스도 기절시킬 변신이 넘치며, 괴상한 기구와 환상적인 기계가 발명되고, 성경이나 신화에도 빠지지 않고, 천국은 새롭고 참신한 가구가 넘쳐나며, 자유를 누리는 반신들과 전대미문의 우여곡절이 넘친다.

그 허구에는 재미있는 테마로 넘친다. 외설적인 말, 기상천외한 담론, 자유사상 명제, 무신론적 철학, 유물론적 지혜 등 대변자가 무대 인물로 화장하고 나타나면 누구를 비난할 것인가? 이처럼 무대에서는 돌아다니는 공주, 카스티유의 난장이, 정의의 심의관, 소크라테스의 악마, 주인장의 아들, 젊은 주인장, 왕, 천국의 새, 캐나다의 총독 등을 만나게 된다. 바로크 오페라의 대본 작가로서 시라노는 인물에 생기를 주고, 그들의 말을 전달하며, 옷을 입히고, 인물들을 상황에 처하게 하며, 인물들을 창조하고, 무대의 전면에 등장시키거나 그들을 주인공이나 엑스트라로 만든다. 조물주의 생각이 어디 숨어 있겠는가? 아무 데도 없고, 그리고 도처에 다 있다.

시라노 드 베르주락과 동일화할 수 있는 인물과 가장 가까운 우리는 새로운 수수께끼를 만난다. 이를테면 『다른 세계』, 『태양의 나라와 제국』의 2부에서 우리는 디르코나(Dyrcona)를 발견한다. 디르코나는 시라노(Cyrano)의 철자를 바꾸어 놓은 것이며, "디"(d)는 시라노 앞에 붙는 "드"(de)로, 말하자면 고유명사의 아나모르포즈다. 시라노는 자신이면서 타자이고, 무질서 속 그의 이중성이며, 고유명사지만 변형되어 있고, 정체성을 포개어 놓은 것, 새로운 가면, 가볍게 베일을 쓴 은폐이다. 바로크를 포개어 놓은 이 현학적인 작품을 보완한 주름이다.

범신론의 마력. 그 작품에는 변신이 넘친다. 그것은 변신의 소설이다. 세계는 살아가고 우주도 살아간다. 움직임과 변증법, 그리고 변화. 변동과 변형 등. 헤라클레이토스의 강(江)의 세계관을 가진 시라노에게 파르메니데스적인 것이성만이 진리이며, 이에 반해 다수

(多數)·생성·소멸·변화를 믿게 하는 감각은 모두가 오류의 근원이라고 주장함^{역자}은 아무것도 없다. 등장인물들과 그들의 돌출행동을 통해 그와 같은 특징을 살펴보자. 즉 위대한 우주적 동물은 영원한 진화와 꾸준한 변혁을 겪는다. 비교(秘敎)에 빠진 사람들, 수점(數占)에 열광하는 사람들, 연금술 지지자들은 마음껏 즐긴다. 아마 그들 방식에 대한 철학적 관점이 부족하기 때문일 것이다. 『다른 세계』가 허구를 숨기고 솔직한 범신론적 담론을 펼치기 때문이다.

범신론에 대해 어떻게 생각하는가? 물론 시라노 이전에 스토아 철학에서 나타나는데, 그들에게 신, 자연, 이성, 로고스, 퓌시스(자연) 등은 다소 다르게 이해되지만 똑같은 것이다. 자유정신의 형제자매들의 그노시스 신봉자들 대부분은 중세 천 년 동안 유사한 흐름 속에서 진화했다(반철학사 2권, 『쾌락주의 기독교』 참조). 생각은 말에 앞서서 존재하는데, 이것은 시라노 이후의 현상이다. 사실 톨란드(Toland)의 『범신론자』(1720)에서 처음 등장한다.

범신론은 무신론이 아니다. 범신론은 신과 세계의 동일한 외연이며, 내재적으로는 신을 인정한다. 그러나 무신론은 신이 존재하지 않음을 분명하고 명확하게 인식한다. 『아그리핀의 죽음』에서 세장(Séjan)의 이런저런 말을 보면 시라노는 무신론자로 여겨질 수 있다. 그러나 『다른 세계』는 이 철학자가 이 책에서 자신이 요정과 마법사들의 세계와 아주 가까이 있는 만큼 범신론의 마력을 받아들이고 있음을 보여준다.

달나라나 태양의 나라에서는 사라지는 것도 없고, 창조되는 것도 없으며, 모든 것은 변한다. 소용돌이와 원자는 양립하고, 변신과 물질은 밀접한 관계를 유지한다. 태양의 나라로 가는 길에 데카

시라노 드
베르주락과
"자유로운 삶"

르트가 시라노의 글을 보고 에피쿠로스 명찰을 붙일 가치가 있다고 하는 걸 보면 놀라운 일이 아닌가? 감히 에피쿠로스적 데카르트라고 해야 할 것인가! 시라노는 그럴 수 있다. 시라노의 세계에서 『방법서설』의 철학자는 물질을 앞서는 모험에서 채소밭에서 꼭대기가 잘려 고통받는 양배추 신세였거나 혹은 예전에 최고의 성직자였으나 지금은 유명한 풀숲이었기 때문이다. 소용돌이와 원자의 일탈, 광대한 실체와 원자적 물질은 단 하나의, 같은 세계에 속한다. 이게 바로 명백한 미스터리다.

이 변신의 사이클 속에서 주인공은 투명인이 된다. 오레스트와 필라드는 나무로 변하는데, 그 열매를 먹는 사람은 사랑이나 우정을 위한 탁월한 능력을 지닌다. 피그말리온은 육신의 고통을 겪고 난 후 대리석이 되었다. 한 늙은이는 그대로 정확하게 상대자로 변한다. 춤꾼들은 단 하나의 새로운 창조물 속에 다양성을 새겨넣는다. 독수리 한 마리가 자신의 신분을 벗고 밤꾀꼬리로 갈아입는다. 나무의 과일이 떨어져서 사람들을 낳고, 식물과 동물이 서로 섞인다. 그때부터 나무는 순금으로, 에메랄드 나뭇잎으로, 다이아몬드 꽃으로, 진주의 봉오리로, 유명한 인간의 과실로 이루어질 수 있다. 새들이 말하고 과일도 나무도 말을 한다.

젊은 주인장이 하는 짧은 말을 제외하고 『다른 세계』는 신의 존재를 허용한다. 이제는 신의 창조물, 즉 세상과 동떨어진 신이 아니다. 초월에 대한 찬사도 전혀 없다. 본질의 세계에서 비물질적 존재인 신이 펼치는 낙원에 대한 찬양도 없다. 신은 바로 세상이고, 신은 바로 변신이다. 물론 신은 교황이며, 뿐만 아니라 신은 유명한 풀숲이고, 고통받는 양배추이며, 지구에서 달나라로 여행할 수 있게 해주는 기계다. 범신론은 1657년에 나온 이 작품에서 근대 귀족문학을 부여받았음은 이론의 여지가 없다. 반세기 후에 동시대적으로 수용되면서 범신론이 등장한다. 그리고 얼마 후 스피노자라는 사람의 존재론적 범신론이 탄생한다.

8

기적의 법칙. 이 세계에서 모든 것은 서로 교신한다. 꿈과 현실은 구분된 두 개의 범주가 아니고, 그 둘은 실제를 공유하고 경계가 불분명하다. 제각각이 아니라 현실의 꿈, 꿈의 현실, 보이는 것의 잠재성, 만질 수 있는 것의 허구 등이 동시적이다. 이 우주에서 꿈은 무엇인가? 이 질문은 물론 현실과 꿈을 명확하게 구분한 데카르트적 질문과 어울린다. 거기서 일반화가 나온다. 종교의 실제가 허구가 된다면? 기독교인들은 언제 자신들의 우화가 진실하다고 믿으며, 그들은 왜 우화를 제시하지 않고 그 사상을 펼치지 못하는가? (기독교적) 기적은 명확한 것을 얻기 위해 창조된 혼동이다.

　　등장인물들이 달나라나 태양의 나라에서 꿈을 꿀 때 그들의 꿈은 어떻게 조직되어 있는가? 소설의 허구가 철학적 아나모르포즈를 제시할 때 새로운 아나모르포즈의 격자구조도 생각해야 하는가? 꿈속에서 꿈을 꾼다는 것은 현실을 복원하는 것 아닌가? 아마 그럴 것이다. 하지만 그렇다면 어떤 현실인가? 우리는 망토와 모자를 쓰고 있는 꼭두각시에 불과한 이런 인간들의 물질성에 대해 데카르트의 성찰에서 멀리 있는 것이 아니다.

2　2　1

새들이 재판정에서 회의를 열고 있는 세상, 열지어 가는 말처럼 옷을 입고 있는 유령들과 마주치는 세상, 악마가 우주에서 길 잃은 사람을 이 땅으로 데리고 오는 세상, 불도마뱀—"불짐승"—빨간 상아—얼음 동물—가 불을 내뿜거나 얼음 입김을 내뿜으면서 싸우는 세상, 데카르트가 태양계에서 크리스티나 여왕의 궁궐에 바람을 타고 도착하는 세상, 성 베드로의 후계자들이 채소밭을 재활용하는 세상. 그러면 그런 비슷한 세상에서 실제와 상상 사이에 어떤 규정이 필요할까? 사실과 거짓? 진지함과 망상? 소설과 철학? 허구와 사상? 단 하나의, 똑같은 물질세계에서 일어나는 다양하고 수많은 변화들….

일그러져 보이는 상 속에 숨겨진 미래. 따라서 시라노는 우스꽝스러움, 광기, 장난, 허구로 발전해 간다. 시라노는 이 세상이나 저 세상에서도 마음껏 즐긴다. 그러나 그의 놀이는 항상 진지하다. 3세기를 뛰어넘어 미래를 발명하고 현재 문명의 일상이 된 대상이나 현실을 예상하는 그의 재능을 보면 정말 놀랍다. 레오나르도 다빈치나 그 후 쥘 베른처럼 그는 환상으로 우리의 현실에 대한 윤곽을 그려나갔다. 이런 사실을 판단해 보라.

그는 『다른 세계』의 첫 줄부터 달에 가기 위해 필요한 기구를 설명한다. 그러기 위해서 그는 몸에 이슬 유리병을 걸친다. 이 액체는 태양에 노출된 후 기화됨으로써 수직 추진력을 생성하는 물리적 반작용을 창조하는 원칙에 따라 연료로서 기능을 한다. 그때부터 1

세기 후 몇 가지 장비를 갖추고 나온 게 바로 열기구의 원칙이다. 달에 가까워지면서 화자는 자신의 의지에 따라 "나무 새"를 이끌기 위해 모래주머니를 놓아버리듯이 그 유리병을 몇 개 깨뜨린다. 다른 장에서 그는 무중력의 법칙을 전제하고 진공의 존재를 발견하는 잠재성을 활용하면서 터보 추진 원칙을 발전시킨다. 다음에 그는 로켓과 뇌관, 화약을 장착한 우주선을 조종한다.

비행기 조종사의 이론적 능력 이외에도 시라노는 확성기의 이론도 설명한다. 즉 달나라의 대신관(大神官)은 자신의 목소리 볼륨을 높이기 위해 트럼펫을 사용하는데, 이것은 전쟁의 폭력적 원칙을 가지고 군중을 열광시키기도 하고 진정시키기도 한다. 목적은? 백성들의 생각과 판단을 방해하고 20세기 전체주의에서 불길한 기억이라는 정치적 확성기로 백성들이 따르도록 감정의 울림을 통해 구속하기 위해서다.

마찬가지로 달나라에 사는 주민들에게 여러 권 형태로 제본된 책은 존재하지 않는다. 그곳에서 세련된 디지털 방식의 MP3 버전의 녹음기의 조상을 발견할 수 있다. 책은 한 면 한 면이 없고, 책으로서의 특징이 없으며, 눈으로 볼 필요가 없이 들어보라고 한다. 그 책 내용은 수많은 용수철의 복합적인 놀이를 거쳐 책을 말하는 목소리를 들을 수 있게 해주기 때문이다. 심지어 워크맨의 바로크 버전인 이 기계를 들고 다니는 사람들도 있었다.

마지막으로 열기구, 로켓, 메가폰, 확성기, 디지털 워크맨이 나오고 난 후 시라노 드 베르주락은 핵 에너지의 버전인 전구를 발명한다. 사실『달나라와 제국』에서는 한 사람이 등장하는데, 유리 항아리에는 반짝이는 벌레들이 자신들 주위에 빛을 내는 에너지를 발

223

산하면서 갇혀 있다. 그런데 갇힌 그 곤충들은 힘이 다 빠져 빨리 죽어버린다. 거기서 흥미 있는 대체 해결책이 나오는데, 태양광선의 불순물을 제거하고 열로 압축해서 에너지를 모아 유리공 안에 가두는 것이다.

덧붙일 것은 캠핑 트레일러를 발명한 것이다. 다시 말하면 바퀴가 달린 가벼운 나무로 된 집이다. 노마드 주택에 대한 이런 발상은 역동적인 주택을 지적으로 예상한 것이며, 기후를 고려해서 수축성 있는 받침대 위에 놓인 움직이는 집으로 태양의 움직임에 따라 연동시킨 생태학적 건축물의 선구자다.

시라노 드 베르주락은 상상할 수 없는 발상의 논리로 자석 추진력을 가진 일종의 자동차를 상상한다. 그는 자성 에너지를 지닌 구동 자동차를 두고 그 당시 자석에 대해 철학적 입장을 개진한다. 자석으로 굴러가는 "불수레"는 화석 에너지 이후 시대에 현실적인 해결책으로 보인다.

혁신적인 가족정책에 대한 그의 기발한 방법을 살펴보자. 그전에 시라노는 가족연금을 발명했다. 즉 아이들을 교육시킬 시간과 돈이 없는 가족이 있다면 공동체가 일정액의 보조금을 주어 이를 부담한다는 것이다. 시라노는 "공화국이 그들을 부양한다"고 썼다. 그러나 그 책은 저축은 충분하며, 유사한 수단에 의지하지 않아도 된다고 밝히고 있다.

열기구와 로켓, 터보 추진체와 확성기, 디지털 워크맨, 전구와 핵 에너지, 캠핑 트레일러와 자동차, 생태철학적인 주택과 가족연금 등 이 얼마나 놀라운 근대적인 통찰인가! 이 놀라운 목록에서 어떤 교훈을 끌어낼 것인가? 유토피아는 불가능한 현실의 장소가 아니라 내일의 현실을 실험하는 곳이다. 생각할 수 있는 범위 안에서 비현실적인 것은 아무것도 없다. 상상력은 헛되고 쓸데없는 것이 아니다. 그것은 미래의 연료를 제공하기 때문이다. 철학소설은 때로 자칭 미래 실험실보다 훨씬 더 미래를 준비한다. 그리고 미래는 때로 아나모르포즈 속에서 순응한다.

뷔를레스크의 진지함. 허구는 다가올 미래를 예상하는 역할을 하고 상상력은 쾌락주의적 내일을 준비한다. 뷔를레스크? 합리적인 방식 중 하나다. 소설적인 것? 진지한 철학적 양식이다. 발견? 현실을 앞서 나간 첨단이다. 적어도 천재나 환상가, 예술가들에 대해서. 낭만적 변증법을 통해 살펴보자. 우리는 합리적인 것과 상상력을 구분하는 것이 무엇인지 모른다. 어느 날 노마드 주택이나 자동차는 아니라도 하늘의 유리병이나 왕의 확성기는 정신의 시선인 것처럼 보인다. 다음에는 우주 비행사들이 가상디의 서커스에서 멀지 않은 곳인 달에 착륙하고, 어떤 독재자는 라디오로 군중들을 교화하며, 어떤 고위관료는 홈 오토메이션이라는 신조어를 창조하고, 자동차를 타고 돌아다니는 사람도 있다 … . 그때부터 실현되지 않은 것을 어떻게 볼 것인가? 하나의 계획으로? 그럴 수 있다 … . 그때부터 새로운 확신으로 시라노식의 망상을 다시 살펴보자.

『다른 세계』에서 성기는 사람들의 다리 사이에 달려 있는데, 그것은 이브가 만들어지고 난 후 인간이 각자 원죄의 대가를 치르고 있음을 상기시킨다. 우리는 금단의 열매를 따먹은 것을 기억한

2　2　5

다. 육체도 그것을 기억한다. 인간들의 사타구니 사이에 살랑거리는 무르고 가라앉은 페니스는 어느 날 우리 내장 속에 삼킨 또아리를 튼 뱀의 머리라고 시라노는 썼다. 그것은 여전히, 아직도 (뱀) 머리를 내밀고 있기 때문이다.

동물이 3-4천 년을 산다는 게 사실일까 아니면 거짓일까? 우리는 그 냄새만으로도 살 수 있고 살아남을 수 있다. 꽃으로 침대를 만들 수 있을까? 하늘의 한 줄기 불꽃만으로 스무여 마리의 종달새가 구이가 되어 떨어져 죽을까? 찡그린 표정은 애정의 표시일까? 지폐나 주화, 잔돈은 시인들의 시로 만들어진 신탁채권을 대신할 것인가? 왕 앞에서 백성들이 등을 돌리는데도 공식 연설을 할 의도가 있다는 것을 의미할까? 사형을 내리고 치욕을 보여주기 위해 규칙에 따라 매장한 후 자연사라고 공포할 수 있을까? 벌린 입 안의 이(치아)를 보고 해시계 방식으로 정확한 시간을 제시할 수 있을까? 6년 동안 친구가 되지 못한 방울새가 억지로 왕이 되라고 강요해야 마땅한가? 가장 부드럽고, 약하고, 평화스러운 것들이 당연히 지배하는 게 궁극적인가? 도대체 어떤 사람이 하얀 타조를 올라타고 이동하는 것을 본 적이 있는가? 이와 같은 여러 가지 질문에 그렇다고 대답한다면 달이나 태양의 나라에 시민이 될 준비가 되어 있다.

나침반도 콤파스도 육분의도 없는 이 세상에서, 밑도 끝도 믿을 만한 기준도 없는 이 우주에서 진실한 것은 아무것도 없으며, 따라서 모든 것은 허구다. 혹은 반대의 측면에서 진술하면 모든 것은 진실이다. 시라노는 그에 대한 책임자도 죄인도 아니다. 우리가 그런 시대 양식을 수행 중이기 때문이다. 유능하다. 우리는 아나모르포즈 속에서 발전한다. 우리는 주름 사이로 지나간다. 우리는 바로크 정원의 미로 사이로 걸어가는 것이다. 우리는 다른 세계로, 새로운 세계, 이상하고 전대미문의 미지의 대륙으로 진보해 간다. 물론 그 당시는 아니지만 어느 날, 그 훗날에는 얼마든지 가능한 일이다. 바로크의 꿈은 다가올 현실을 알려준다. 시라노는 역사의 한 페이지를 차지하고 있으며, 시대에 가장 뒤떨어진 철학자는 아닌 것 같다.

군도의 사상. 바로크 세계에서는 사상이 용해되고, 담론이 서로 만나며, 수많은 등장인물들이 넘쳐나고, 다양한 장르가 뒤섞이는데 시라노 드 베르주락의 사상을 따로 떼어낼 수 있을까? 알다시피 디르코나(Dyrcona)는 시라노(Cyrano)를 가지고 지은 것이지만 무질서하다. 그런데 이와 같은 무질서의 질서는 무엇인가? 흐릿한 발자취들. 나무나 새 이외에 과일이 말을 할 때—이 괴상한 우주에서 모든 것은 말하기 때문이다—이 철학자의 목소리가 들릴 수 있을까? 아이러니가 솟아날 때 그 아이러니는 화자나 작가의 주요 사상을 내면에 표현한 것일까?

다시 아나모르포즈로 돌아가 보자. 그것은 말하고, 표현하고, 이야기한다. 이 원칙에 따라 실현된 데카르트의 초상화는 바로 네덜란드로 추방된 그 철학자의 초상화다. 그러나 그것도 아니다. 솔직하고 분명한 그 시선, 풍부하고 짙은 그 머리털, 검은색이 압도한 것은 아니지만 초상화를 환하게 비추는 하얗고 간결한 그 칼라, 이런 것들은 아나모르포즈 속에서 어떻게 될까? 물렁한 것, 느슨한 것,

눌린 것, 늘어진 것, 펼쳐진 것, 납작한 것. 거품, 반사, 암호를 기다리는 수수께끼 등이다.

책 제목을 다시 살펴보자. 『다른 세계』는 초판본에서도 붙여진 제목인데, 1657년 사후에는 『코믹 이야기』였다. 코믹은 데모크리토스, 아리스티포스, 디오게네스, 에피쿠로스, 루키아노스, 에라스무스, 몽테뉴 등 희극철학자들의 전통이다. 웃음은 느슨함이 베르그송의 분석에 의한 반작용을 낳는 현실의 아나모르포즈나 비틀기, 일그러져 보이는 상으로 생겨난다. 유머, 농담, 아이러니, 파렴치 등은 현실을 간접적으로 파악한다.

웃음과 미소는 독서를 동반한다. 그러나 시라노의 군도처럼 흩어진 생각은 다르고 돌이킬 수 없는 여러 섬을 가정한다. 화자의 복잡성과 더불어 작가는 여러 연속물을 제안한다. 담론, 독백, 철학적 입장, 이미지 연속 등이다. 음악가처럼 『다른 세계』는 연속적인 변화가 넘친다. 작품의 통일성은 이런 논리 속에 감춰져 있다.

그래도 이런 연속물 속에서 여행은 질서를 창조하는 데 유용한 몇 가지 원칙에 따라 가능한 것 같다. 나는 두 개의 연속물을 조직할 것을 제안한다. 하나는 종교적 질문에 대해 흩어져 있지만 분명하게 규정할 수 있는 비판을 결합하는 것이고, 다른 것은 유물론적이고 쾌락적인 철학을 칭찬할 것을 제안한다. 기적, 비물질적 영혼, 부활, 기도, 개인적 책임, 금욕적 이상, 전쟁, 자발적 구속에 대한 비판은 사실 근대적 물리학을 거쳐 원자적 현실이나 범심론의 마력, 무정부주의적 윤리를 찬양함으로써 배가된다. 그것을 밝혀보자.

종교적인 것의 분해. 시라노는 개인적으로 종교적 비판의 불씨를 피우지 않았다. 그건 너무 위험했다. 이 시기에 교회는 화로처럼 뜨겁고 너무 격정적이었다. 무신론? 그렇게 주장하는 사람은 아무도 없다. 그 말은 존재하지만 사실 분명한 것은 아무것도 없다. 그때는 분명하지 않았다. 불분명한 관행 때문에 무신론에 대해 전통적인 방식으로 믿지 않는 개인도 있었다. 달리 말하면 누구든 자유롭게 믿었다. 『다른 세계』에 나오는 한 등장인물은 "무신론자"라는 말을 잘못 사용하고 있음을 지적한다. 그 결과 다른 방식으로 믿는 샤롱, 라 모트 르 베예, 생 테브르몽, 가상디 등의 신앙절대주의자와 볼테르, 라메트리(La Mettrie), 엘베티우스(Helvétius) 등의 이신론자, 그리고 시라노, 톨랑(Toland), 스피노자 등의 범신론자는 흔히 무신론자로 통한다.

2 2 9

신중하고 약삭빠른 시라노는 무대의 전면에 젊은 주인공을 내세워 미묘하게 무신론적 연설을 하도록 한다. 즉 신이 존재한다면 신을 믿지 않았다고 어떻게 우리를 비난할 수 있는가? 그때부터 신은 오로지 우리의 무지에 책임이 있다. 신은 의심의 여지 없이 자신의 존재에 확실하게 결론내리는 지적인 방법을 우리에게 제시하지 않았기 때문이다. 그를 추론해내지 못하는 우리의 무기력함이 유일한 사실일 뿐이다. 그런데 사악하거나 어리석은 신은 존재할 수 없음이 증명되었다는 것이다!

그 등장인물은 철학 연극무대에 남아서 이 주제를 가지고 다양한 변화를 실천한다. 기적인가? "자신의 이해력이 부족한 것을 변명하기 위해 어리석은 자들"이 일으킨 자연에 반하는 숱한 사건들이 일어난다. 경이로운 것인가? 그것은 세계의 질료 속에서 찾아내고 발견해야 할 내재하고 실재하는 메커니즘이다. 이처럼 설명되지 않은 치유는 설명할 수 없는 것이다. 즉 내면의 정신적인 집중, 시라노의 글에서 "건강에 대한 욕망"이나 현대적 표현에서 말하자면 삶의 충동의 주제에 대한 변화 등은 이른바 이런 미스터리들을 쉽게 설명해 준다. 이 철학자의 왕국에는 비물질적이거나 비합리적인 것은 아무것도 없으며, 단지 분명하고 합리적인 인과관계들이 연결되어 있다. 즉 그것은 정신신체적 논리의 통찰을 직감하는 정신생리학적 논리다. 거기서 근본적으로 유물론적·원자주의적 선택이 생겨난다. 실제는 근본적인 미립자들로 결합되고 그것을 배열함으로써 같은 것이 다양하게 나타난다.

이처럼 비물질적인 영혼은 철학적 부속품 상점의 골방이라고 할 만하다. 물론 영혼은 존재하지만 그것은 물질적이며, 분명히 영원한 것도 영원불멸하는 것도 아니다. 시라노의 텍스트에서는 에피쿠로스적 전통과 루크레티우스적 진전을 발견할 수 있는데, 『사물의 본성에 대하여』에서 행과 행, 부분과 부분을 표절하고 있다. 인간과 동물은 이런 점에서 같은 도구를 사용한다. 이성을 가진 인간이 동물보다 우월하고 그들 속에 신성의 일부와 단편적인 절대가 존재한다고 결론내리는 것을 제외하면 말이다.

물질적인 영혼은 철학무대의 등장인물인 소크라테스의 악마에 의해 훨씬 더 잘 정의했다. 물론 영혼은 영원불멸이지만 개인적인 형태의 영역이나 개인적인 문명에 대해서는 그렇지 않다. 전체 이후에도 생존하는 것은 물론 '전체'다. 자연의 사이클의 총체를 운행하고 변신과 시라노의 범신론의 마력을 관통하는 힘을 가능하게 하는 것은 바로 영혼이다. 어떻게 영혼이 없어지고 죽거나 사라질 수 있겠는가?

이슬람의 야만적인 축제.
논리적으로나 변증법적으로 불가능한 신(神), 이 피할 수 없는 범신론적 물질성은 육신의 부활, 영광스러운 육체의 생성, 절대적 형태로 다시 만나는 기독교적 원칙 위에서 부활이 존재할 수 없다는 결론을 내리도록 강요한다. 모든 것이 이 세상에 그대로 있기 때문에 세상에 다시 되돌아오는 것은 아무것도 없다는 것이다. 육체는 해체되고 고유한 정체성에 따라 육체를 물질적으로 정의했던 것은 영원히 사라지지만 이 전체를 구성했던 것은 그대로 남아 있다. 수많은 다양한 변화 속에서 예전의 구성된 세계를 되돌아오게 하는 가능성은 있다는 것이다. 이것이 범신론적 윤회와 환생이다.

　그 명제의 진실을 입증하기 위해 신을 부정하는 우리의 선구자는 이렇게 이야기했다. 즉 한 이슬람교도가 죽는다고 하자. 그를 동화시키면 그의 질료는 우리의 질료가 된다. 우리가 아내를 존경하고 아이를 낳게 되면 이 아이는 윤회한 이슬람교도인가 아니면 전혀 새로운 아기 기독교도인가? 두 가지 경우 중 하나는 기만당한 것이다. 즉 아기 이슬람교도는 가톨릭식의 세례를 금지하고, 그 반대도 마찬가지다. 계속해 보자. 만일 신이 이 사람 저 사람의 육체를 창조한다면 그것은 신의 것이 아닐 것이며, 그때부터 똑같은 개인

2 3 1

시라노 드
베르주락과
"자유로운 삶"

은 아무도 없을 것이다. 그리고 어느 쪽도 다 벌을 받는다. 소피스트적 고찰 이후 육체적인 부활, 정체성과 기명(記名) 부활이라는 가설은 출발이 잘못된 것 아닌가!

14

원숭이의 이성. 젊은 주인공은 왕과 함께 큰 원군을 발견한다. 이제 우리는 『태양의 나라와 제국』에 와 있고, 최초의 사법관은—이 경우에는 새(鳥)다—변증법적 혼합을 기원한다. 해체되는 기도자의 자세가 아이러니하게 묘사되어 있다. 즉 두 손은 다만 한 손에 붙어 있고, 두 다리는 반이 부러졌으며, 두 허벅다리 위에 쓰러져 있는 그 인물은 웅성거리는 말로 중얼거리는데, 물론 마술 외에 달리 할 수 있는 게 없다.

다른 데서는 한 사람이 개인적 책임감의 명제를 비판한다. 창세기의 일화 이후로 잘 알다시피 지배적인 사상은 정치적·문화적·사회적 시도에 필요한 전제조건처럼 자유의지를 요구한다. 자유로운 사람은 선택할 수 있는데, 그가 저것보다는 이것을 선택할 때—예를 들면 금단의 과일을 맛보는 것—감히 나쁜 선택을 할 수 없다. 그럼에도 불구하고 그는 악을 더 좋아한다. 따라서 그가 거기에 대해 책임을 지는, 말하자면 죄인으로 간주할 수 있으며 벌을 받을 수 있는 것이다. 이런 사악한 놀이가 가능하기 위해서는 탄생에 대한 자유의지의 전제가 필요하다.

달나라 사람들과 태양나라 사람들은 그것을 믿지 않는다. 범신론적 마력의 결과다. 물질적 인과관계만이 존재하고 자유는 허구

2 3 2

일 뿐이기 때문이다. 풀숲이 교황이 되거나 그 반대도 그 이상도 아니며, 인간은 이런저런 방식으로 행동하고 생각했다는 점에 대해 책임을 지는 자이며 죄인으로 간주될 수밖에 없다는 것이다. 지구의 화자는 달에서는 인간이 아니라 원숭이로 통한다. 그러면 이성이 없는 동물을 어떻게 벌하는가? 우리를 그런 존재로 만드는 것은 무엇인가? 그것은 "자연의 본능"이며, 다른 것은 아무것도 없다. 화자는 개미 뺨을 때리는 것과 마찬가지라고 말한다. 왜냐하면 마음에도 없는 일을 하는 개미는 개미집에서 동족들로부터 쫓겨나기 때문이다.

이와 같은 원숭이와 개미의 이야기 배후에는 물론 철학사에 너무나 자주 등장하고, 또 장세니즘의 싸움과 위대한 세기를 휩쓰는 자유의지에 대한 논쟁을 찾아볼 수 있다. 즉 인간은 신의 섭리의 결정적인 결과에도 불구하고 자유롭게 행동할 수 있는가? 자유롭게 이렇게 하고 저렇게 하지 않을 수 있는가? 자신들의 행동에 대해 책임이 있는가? 그들의 행동에 죄가 있는가? 사후 구원과 지옥은 지상의 음모에서 생기는 것인가? 이 세계의 범신론적 구성인 결정론의 소용돌이에 의해 활발해진 이 세상의 은총에 대해 어떻게 생각하는가? 독자는 거기서 사소한 것을 발견하려고 할 것이다.

"도움이 되지 못하는 데 대한 두려움." 이 뒤죽박죽된 세계에서 또 다른 가능한 힘이 바로 정치다. 달과 태양의 나라에서 선과 악을 초월하여 윤리가 어떤 것인지 앞에서 살펴보았다. 범

시라노 드
베르주락과
"자유로운 삶"

신론에서는 물질은 본능에 따르고 본능은 물질을 구성하는데, 보편적이고 집단적인 공동체를 위한 자리는 무엇인가? 시라노의 글에서 플라톤의『공화국』이나 토마스 모어의『유토피아』, 베이컨의『새로운 아틀란티스』와 같은 이상적인 도시는 찾아볼 수 없다.『다른 세계』의 계획은 이상적인 규정이나 원형적 모델이라는 영역에 속하지 않는다.

시라노가 라 보에시(La Boétie, 1530-1563)의『자발적인 예속론』을 알고 있었는지는 알 수 없다. 아마 알고 있었을 것이다. 몽테뉴의 독자라면 무시할 수 있는 이 작품을 어떻게 모르겠는가? 몽테뉴의 친구인 그의 논제는 간단하고, 분명하며, 명확하고, 널리 알려진, 역사를 가로지르는 것이다. 그것은 오랫동안 중요한 문제였다. 바로 이것이다. 즉 모든 예속은 자발적이며, 오로지 권력을 휘두르는 사람들이 동의한 결과에서 나오는 것이다. 여기서 이런 숭고한 문장이 나온다. "더 이상 남을 위해 봉사하겠다는 생각을 하지 마라, 그러면 자유로워진다."

시라노의 정치철학은 이 주요 사상의 반복으로 요약된다. 왕은 스스로 자신의 백성들에게 이런 말을 한다. "백성들은 예속되려는 경향이 너무 강해서 봉사하지 못할까 하는 두려움에 자신들의 자유를 팔아버린다." 어떻게 에티엔 드 라 보에시의 목소리가 들리지 않겠는가? 거기에다 새(鳥) 왕은 모두 서로를 따른다고 덧붙인다. 즉 젊은이는 늙은이를, 가난한 자는 부자를, 왕자는 군주를, 군주 자신은 법을 따른다는 것이다. 마치 마르크스의『공산당선언』의 첫 페이지에 나오는 어조 같다.

이런 자발적인 예속에다 종교가 예속을 부추겼다고 왕은 덧붙인다. 즉 개인의 자주성을 박탈하며 심판하고 위협하는 신의 창조, 공기·물·불 등 자연의 구석구석에 신의 위협의 창조, 유명한 영원불멸한 영혼의 운명에 대한 비합리적인 두려움의 창조, 사후에 일어날 일을 두려워하여 일상생활에서 숱한 속박의 창조 등.

이상이라고? 평등이다. 그러나 사람들은 평등을 견디지 못한다. 새들은 그것을 실천한다. 이를테면 태양의 나라에서 전쟁은 일단 힘이 균형을 이루면 일어난다. 양쪽에서 다 개개인의 동수(同數)를 계산한다. 양쪽 절름발이, 재주꾼들, 젊은이와 늙은이, 불구자들, 용사들, 허약한 사람들, 용감한 사람들, 박약자들의 수를 모두 계산한다. 무기의 양도 같고 참모도 동일하다. 그때 전쟁은 일어날 수 있다. 무승부일 때 승리자를 제비뽑기로 정한다.

고대 로마의 호라티우스와 큐리아스 형제들의 전쟁에서 각각 의 진영은 정예군을 내세우는 원칙이 있다. 그러면 뛰어난 전사들, 박식한 전사들, 재기가 넘치는 전사들이 조직된 전투에서 맞붙는다. 이것이 수천 명의 용감한 병사들을 살육으로 보내는 것보다 더 낫지 않겠는가? 계급이 낮은 사람들은 지휘부가 있는 배후에다 두고 첫 공격에서 목숨을 잃을 처지에 처한 개인의 운명을 결정하는 것보다 낫지 않을까? 힘, 계략, 속임수, 배반, 온갖 악을 유발시키거나 결정적인 역할을 무턱대고 포기하는 것보다 더 낫지 않겠는가?

전쟁의 비판, 평화의 찬사, 평등의 찬양 등은 프랑스 군주제가 수많은 전쟁을 치르고 사회적 불평등과 불행을 생성하는 동안에 항상 존재했다. 심지어 페늘롱도 훌륭한 『루이 14세에게 보내는 편지』를 써서 그의 공적을 언급하고 수년 동안 전쟁과 부패로 황폐한 프랑스의 비참한 상태에 대해 책임이 있다고 언급한 것처럼. 평화

2 3 5

와 평등? 절대군주의 시대에 이런 것들이 바로 공화주의자적 미덕
이었다.

"자유로운 삶을 꿈꾸라." 시라노는 공화주의자인가? 아
니다. 이런 공식은 의미 없다. 게다가 이 시기에 스피노자를 제외하
면 공화주의자가 누구인가? 반왕정주의자인가? 적어도 섭정과 왕을
반대한다. 그가 한 권력자에게서 나온 얼마간의 연금으로 자신의
빚쟁이 난봉꾼 사건을 해결했던 젊은 시절—적어도 다들 그렇게
믿고 있다—, 폭력적인 마자랭 풍자문을 쓰면서 마자랭에게 등을
돌렸다는 사실은 이미 알려져 있다.

아마 "무정부주의자"라는 말이 사용되었다면 틀림없이 그를
두고 한 말일 것이다. 시라노는 오로지 자유만을 사랑했다. 이 책에
서는 그를 한 가지 특징으로 규정하지 않겠다는 원칙에 따라 달나
라의 인사예절을 공식화하지는 않을 것이다. 달나라에서는 누군가
와 헤어질 때 잘가, 안녕, 다음에 보자 등의 말을 하지 않고 멋진 명
령어로 "자유로운 삶을 꿈꾸라"고 한다.

시라노의 무정부주의 공화국에서 육체는 중요하고 환희의 장
소다. 그는 금욕주의적 이상을 날카롭게 비판한다. 이처럼 사랑하
는 사람들의 왕국에서 성생활은 대단히 중요하다. 강한 남성들은
20, 30, 40명의 여자들을 마음대로 가질 수 있고, 그들은 같은 침대
에서 두 명의 여자와—그 이상은 안 된다—잠자리를 할 권리가 있
다. 임신 중 성생활은 금지다. 달나라에서 "처녀는 범죄다." 누가 그

런 나라에 사는 것을 마다하겠는가?

달나라에서 자신이 귀족임을 내세우고자 할 때 남근상 부적을 지니고 다닌다. 지나치게 세속적인 지구인들처럼 칼을 가지고 다니는 것이 아니라 남근상을 가지고 다닌다. 이런 표시를 보란듯이 드러내는 이유가 무엇인가? 죽음으로 삶이 없어지는 것보다─이 세상에 존재하는 것이 그 생식기 덕분인데─사랑의 생식기, 세대의 생식기가 더 낫기 때문이다. 시라노는 황공스러운 검객으로 자신이 무엇에 대해 말하고 있는지 안다. 즉 죽음의 충동보다는 삶의 충동이다. 『다른 세계』는 자신의 삶의 주둔지를 선택한 것이다.

이 유명한 생명론으로 시라노는 쾌락주의적 윤리를 옹호한다. 최신 근대 과학의 새로운 발상에 의지하면서 윤리와 정치가 작용하는 이 세상은 현상학이 아닌 물리학의 영역이라는 것이다. 그 자체가 원자적 물질성을 띤, 자연과 일체가 된 신과 더불어 과학은 존재론뿐만 아니라 신학을 대신한다. 진공, 원자, 지동설, 세계의 다원화, 물질의 완전한 지배, 레우키포스, 데모크리토스, 케플러, 갈릴레이, 에피쿠로스, 가상디, 루크레티우스, 데카르트의 숱한 기억들, 이 모두가 바로크 연극의 축제에 소환된 것들이다.

신이 실제와 구분되지 않고 신이 심판하지도 단죄하지도 않는 이 세계에서, 선과 악을 초월하는 이 우주에서, 존재하는 것이 신과 혼동되는 이 외계에서, 실제와 허구, 소설과 진실, 우화와 철학이 변신의 법칙을 따르는 이 논리에서, 사람들을 매혹하고, 매료된 범신론을 정의하는 원칙 속에 금욕주의, 쾌락주의, 데카르트 철학이 융합하는 이 세계에서 죽음은 아무 문제가 안 된다. 따라서 삶도 아무 문제가 안 된다.

2 3 7

시라노 드
베르주락과
"자유로운 삶"

죽는 것? 그것은 새로운 변신의 게임이다. 상태의 변화, 단순한 변화, 오로지 변화만이 있을 뿐이다. 물론 나는 죽지만 이 "나"는 다시 돌아올 것이다. 끊임없이 변화하는 자연의 가능성이 그런 생각을 가능하게 한다. 죽음으로 물질은 사라지지 않고 그 구성이 사라진다. 그리고 그 구성은 나중에 재현될 것이다. 그때부터 죽음에 대해 어떻게 불평하고 얼굴을 찌푸리며 울거나 한탄할 수 있겠는가? 유일한 물질의 원자 게임에는 패배자란 존재하지 않는다. 논리적으로 존재하는 것이 곧 천복이다. 스피노자의 생각에서 그다지 멀리 있지 않다.

결론적으로 시라노는 게임을 했다. 그의 이야기는 스스로 코믹이기를 바란다. 서술에서 모든 뷔를레스크의 특징을 다 빌리고 있다. 그 소설에는 아이러니와 유머, 장난과 풍자가 교묘하게 섞여 있다. 속도와 에너지는 수많은 연속물을 생산하고, 거기에서는 무엇이 어느 곳으로 귀결되는지 잘 구분하지 못한다. 시라노는 꼭두각시 조종사처럼, 혹은 가상디처럼 자신의 등장인물들의 복화술사가 되어 행동한다. 그를 명확하게 하고, 한정하며, 그의 잘못이라고 탓할 수 없기에 그는 "가면을 쓰고 나는 전진한다"라는 데카르트의 좌우명을 우회할 수 있을 것이다. 이 모든 것에 대해 어떻게 생각해야 할까? 대답은 "이 거꾸로 된 세상을 보고 웃는 것"이다. 웃는 것이며, 바로 거기에서 파괴적인 사상에 폭소를 터트리는 무리를 다시 만나는 것이다. 웃음은 심연을 열고, 세상을 둘로 쪼개며, 이 이름에 마땅한 온갖 진보주의적 사상이 비추는 빛을 발산한다.

스피노자와 "즐거움에 이르는 것"

존재하지 않는 얼굴의 그림. 스피노자의 초상화는 수없이 많지만 확실한 것은 아무것도 없다. 그의 첫 전기 작가인 콜루스(Jean Colerus)는 이렇게 구도를 잡고 있다. 포르투갈 출신의 유대인 외모, 가무잡잡한 피부, 검은 눈썹, 곱슬머리. 왕 앞에서 무릎을 꿇고 하프 연주자의 모습을 한, 렘브란트의 그림 「사울 앞에서 하프를 연주하는 다비드」(1665)에서 스피노자를 발견하는 사람들도 있다. 스피노자의 보잘것없는 방(房)보다 수천 배 더 사치스러운 서재에서 지구의를 유심히 살피는 시선이나 녹색 천의 실내복을 입은 베르메르의 그림에 등장하는 지리학자를 두고 말하는 사람들도 있다.

　　때로 사소한 부분까지 그의 모델을 따라가는 것을 꺼리는 신교도 목사인 장 콜루스는 없어진 소책자에서 수정한 초상화들을 그렸다고 한다. 이 책자에는 배경으로 시칠리아 지도와 함께 슬픈 시선으로 어깨 위에 그물 셔츠를 걸친 한 남자가 그려져 있었다. 자화상이라는 언급도 있었다. 확실한 것은 아무것도 없다. 이른바 이 철학자의 초상화 조각품들과 비교하면 차이가 너무 커서 혼란만 안겨준다. 스피노자의 얼굴이 없다.

　　이렇게 일반화할 수도 있다. 즉 렘브란트나 베르메르와 동시대 인물이라는 점, 암스테르담에서 지리적으로 근접한다는 점 등이 이런저런 그림에서 비슷한 점이 있다. 일반적 의미에서 철학자의 초상화에는 육체적으로 닮은 점을 찾을 필요없이 예를 들면 렘브란트의 가장 유명한 유화 「철학자」(1633)를 생각해 보자. 계단이 있는 큰 방이나 그러니까 계단 두 개, 흰 수염에 나이가 든 늙은 현자의 모습(스피노자는 아주 젊어서 죽었다), 벽난로에서 불을 피우는 하녀(스피노자에게는 자신을 돌봐준 사람이 아무도 없었다) 등은 제쳐두고 이 그림이 철학자, 완전한 철학자, 따라서 스피노자를 상징하는 초상화를 제공한다는 점을 주목하자. 즉 명상적 삶의 고독, 세상의 사상이 집중되어 있는 방안에서의 은거, 서재의 한계와 거기서 솟아나는 광대한 사고, 철학자를 둘러싼 밝음과 그 주변의 어둠 사이의 명암 대조 등 ….

　　바루흐 드 스피노자(Baruch de Spinoza)는 1632년 포르투갈 유대인 출신의 가문에서 태어났다. 그 해는 베르메르(Vermeer)와 로크(Locke)가 태어난 해이기도 하다. 또 데카르트가 『정신을 향한 규칙』을, 라 모트 르 베예가 『다섯 가지 대화』를 쓴 해다. 젊은 시절 스피노자는 여호와의 신전솔로몬이 예루살렘에 세운 신전[역자]에 드나드는 유대 신학자들을 곤경에 처하게 했다. 탈무드적 수사와 단절된 늙은

랍비들에게 혼란을 주는 개념상의 위력을 상상해 보라. 유사한 지적 편견을 실행하는 성 가톨릭 역사와 아기 예수의 성인전 연구 모델도 거기서 나온 것이다.

스피노자는 아주 어려서 어머니를 잃는다. 세 번이나 홀아비가 된 아버지는 그가 21살 때 죽고 그에게 빚이 유산으로 남는다. 그의 누이는 상속을 거절한다. 스피노자는 상속사건을 소송했고, 승소했다. 일단 그의 권리가 회복되자 침대 하나만 남겨두고 모든 재산은 포기한다. 그는 이후 그 사건과 관계를 끊고 수공업을 선택했는데, 현미경이나 망원경의 렌즈를 갈면서 일생을 보낸다. 이 분야에서 그는 뛰어난 전문가로 통한다. 그는 가끔 3일간 꼼짝도 않고 방안에 틀어박힌 채 유리 입자들을 끊임없이 마시기도 했다. 어머니로부터 좋지 않은 폐를 물려받은 스피노자는 허약한 체질에다 호흡 곤란을 겪는다. 그가 의문의 죽음, 갑작스럽게 요절한 이유가 될 수 있을 것이다. 1677년 2월 21일, 44년 2개월 27일을 살았다고 콜루스는 밝히고 있다.

스피노자의 죽음은 미스터리로 남아 있다. 암스테르담에서 온 의사가 스피노자를 만났는데, 그날 닭 수프를 달라고 했다는 것이다. 스피노자는 하숙집 주인들이 미사 보러 나간 사이에 홀로 임종을 맞는다. 그의 주치의는 그 틈을 이용해 작은 방에 스피노자의 시신을 버리고 그가 저축한 돈과 은색 손잡이 칼을 훔쳐 자기 집으로 밤배를 타고 도망쳐 버린 것이다.

유대인이 유대인을 싫어하다. 일찍부터 스피노자의 유대인 기질에 문제가 있었다. 총명하고 활발하며 교양 있는 그는 유대인 공동체와 어려움을 겪는다. 히브리어의 뛰어난 전문가로서 (그는 『히브리어 문법』을 썼다) 탈무드를 해설하고 자신이 공부하는 유대학교에서 유대인들의 중세철학을 배운다. 몇몇 친구들과 종교에 대한 자유로운 발언, 인간의 영원불멸, 신의 의인화 등 몇 가지 새로운 요소들에 의문을 제기한다. 그와 대화를 한 친구들이 그를 고발한 것이다.

유대인 공동체는 그의 이의제기에 침묵하고 아무 일 없는 것처럼 눈에 띄지 않도록 사라지거나 유대교를 계속 찬양한다면 연금을 주겠다고 제안한다. 스피노자는 거절한다. 어떤 유대인이 유대교회당 입구에서 그를 죽이기 위해 기다리고 있었다. 칼은 그의 외투를 찢었다. 그는 기념으로 평생 이 옷을 간직했다. 살해기도 이튿날 그는 암스테르담을 떠나 린스부르크의 레이드라는 작은 마을의 교외에 정착했다.

이 시기 유대인 공동체는 그에게 관용을 베풀지 않았다. 1640년 우리엘 다 코스타(Uriel Da Costa)그는 유대인으로서 영혼의 불멸과 계율을 받아들이지 않음으로써 암스테르담의 유대인 공동체에서 두 번이나 추방당했다^{역자} 법정으로 그를 소환해서 영혼불멸을 의심하고 영생을 문제 삼으며 유대의식을 조롱했다는 혐의로 태형 39대 선고를 내린다. 1624년 그는 구전법과 전통의 권위를 비판하는 『바리새인들의 전통에 대한 조사』를 출판한다. 이 책은 불태워졌고 작가는 유죄판결을 받았다.

그는 자신의 견해를 철회하고 일상으로 복귀했다. 그때 유대인 공동체는 그에게 태형으로 속죄할 것을 제안하고 그를 추방시켰다. 그는 거절했다.

8년 후 그는 그 제안을 받아들였다. 유대인들은 그의 옷을 벗겨서 기둥에 묶어놓고 그에게 태형을 가했다. 다음에 유대 예배당 입구에 그를 눕혀놓고 모든 사람들이 그를 밟고 나오게 했다. 그는 자서전 『인간적 삶의 모델』을 쓰고 죽는다. 19세기에 그려진 한 그림은 우리엘 다 코스타의 무릎 위에 있는 아기 스피노자를 연상시킨다. 있을 수 없는 장면이다. 반면에 마음대로 철학했다는 이유로 죄인이 된 이 유대인 이단자의 수난은 그를 가리키고 있음에 틀림없다.

이번에는 스피노자가 1656년 7월 27일 파문을 당한다. 그의 나이 스물세 살 적이다. 그 의식은 대단히 폭력적이었다. 랍비들은 수천 플로린^{네덜란드의 화폐단위^{역자}}을 주고 살 수 없었던 그를 파문한다. 스피노자는 이런 파문이 오히려 그에게 편했다고 사적으로 고백한 적이 있다. 물론 그런 스캔들에 관심이 없었으므로 자신이 스스로 파문하려고 한 것은 아니었을 것이다. 그러나 그것은 자신의 정신 상태와 같았다. 사람들은 그의 "나쁜 생각", "언어도단의 행동", "나쁜 길"로 들어선 것을 비난하며 "끔찍한 이단", "기이한 행동"을 고발했지만 그 어떤 증거나 자세한 내용도 없다. 어떤 주장? 어떤 생각? 어떤 말? 이 시기에 스피노자는 아무 글도 쓰지 않았고, 출판도 하지 않았으며, 가르치지도 않았다. 그의 교활한 친구들이 그의 대화를 비난했을 뿐이다.

유대인 공동체는 그를 저주했다. 밤이고 낮이고, 잠들거나 깨어 있는 동안에도. 영원히 신의 이름으로 그를 증오했으며, 법의 이름으로 저주했다. 그의 이름이 세상에서 영원히 사라지기를 바랐다. 누구든 그와 사적이든 직업적이든 관계를 맺는 것을 금지했다. 그와 한 지붕 아래 사는 것도 금지하며, 마침내 그와 2미터 이내 접근도 금지했다. 결국 스피노자는 자연스럽게 자유로운 철학자가 될 수 있었다.

자유사상의 학교에서. 스피노자는 유대신학적 전통을 알고 있었다. 그러나 그는 당대의 철학, 특히 데카르트를 피하지 않았다. 프란스 반 덴 엔덴(Frans Van den Enden)이 그의 스승이다. 전에 예수회 수도사였던 이 사람은 의사가 되었는데, 히브리어뿐만 아니라 플라망어, 이탈리아어, 스페인어, 독일어, 포르투갈어를 구사했던 스피노자에게 그리스와 라틴어를 가르쳤다. 아마 반 덴 엔덴은 그에게 조르다노 브루노의 철학적 범신론과 로마 기독교 화형대에서의 그의 죽음, 갈릴레이의 지동설과 기독교 종교재판이 제기한 소송, 프란시스 베이컨의 방법론, 이 외에도 에라스무스, 몽테뉴, 마키아벨리, 홉스의 저작에 대해서도 얘기해 주었을 것이다. 여자들을 좋아한 이 자유사상가가 가르친 주요 작가들의 저작을 그 당시 겨우 스무 살에 불과한 스피노자가 아마 다 읽었을 것으로 보인다.

라틴어를 가르친 스승의 딸 클라라 마리아는 그의 아버지에게 가정교사 역할을 한다. 장 콜루스에 의하면 스피노자는 그 딸과 사랑에 빠졌다고 한다. 그러나 다른 구혼자가 그녀에게 결혼에 결정적인 진주 목걸이─목걸이뿐만 아니라 가톨릭으로의 개종─를 주었다. 스피노자와 여자들에 대해 달리 알려진 것은 아무것도 없다. 그의 일생에 영향을 미친 여자는 없다. 모든 주제에 수많은 영감으로 뛰어난 그가 불행히도 쓴 두세 줄의 글 때문에 그를 여성을 혐오한 철학자들의 반열에 분류하고 있다.

반 덴 엔덴은 자유사상가들과 연관된 (그 중에서 노르망디 귀족인 질 뒤 아멜 드 라트레오몽) 어떤 정치적 사건에 연루되었는데, 그들과 루이 14세에 대항하는 노르망디 반란을 일으켰다. 스피노자의 스승은 자신의 민주적 주장을 숨기지 않았고, 결국 프랑스 왕정의 명령으로 교수형에 처해졌다.

마찬가지로 데카르트는 이 자유사상의 대가─그의 이름과 책, 작품 등─를 통해 그와 연관되었을 수 있다. 반 덴 엔덴은 스피노자에게 라틴어를 가르치면서 네덜란드에 추방된 데카르트의 주요 철학 저작들에 접근했을 것이다. 데카르트의 합리주의는 그 당시 상당한 논쟁을 불러일으켰다. 스피노자는 데카르트의 철학에 주목한다. 즉 초자연적 빛이나 종교의 권위적인 주장보다는 자연적인 빛, 올바르게 이끌어 가는 이성을 더 선호하며, 신학보다 철학을 더 따른다. 스피노자는 『오성개조론』(1661년에 썼지만 미완성으로 남음)에서 진리, 확신, 오류, 방법, 지각방식, 치유, 오성의 정화규칙뿐만 아니라, "영원히 지속적이고 최상의 쾌락의 즐거움"을 인정하는 철학적 삶의 규칙에 대해서도 언급한다. 따라서 그것은 존재론적이며, 마찬가지로 행복주의적이고 쾌락주의적 방안이었다. 스피노자의 나이 스물아홉 살 때였다. 2년 후 그는 한 학생을 위해 『데카르트 철학의 원칙』(1663)을 쓴다. 이 책이 자신의 이름으로 그가 살아 있을 때 출판된 유일한 저작이다.

에피쿠로스적 삶. 스피노자는 명예와 부, 물질적 재산과 지나친 육욕을 거부하는, "수많은 사람들이 이러한 목표에 가능한 쉽고 확실하게 도달할 수 있는" 사회를 탐색하는 것, 즉 오성에 부합하는 윤리에 따라 짧은 삶을 살았다. 이 철학적 계획은 도덕철학, 교육학, 의학과 기계공학에서 요구한 배려로 완성된다.

스피노자는 쾌락의 정원에서 철학자의 쾌락주의적 금욕의 원칙, 말하자면 에피쿠로스적 삶에 따라 자신의 삶을 살았다. 즉 자신이 정한 원칙과 일상적인 삶을 일치시키는 삶이며, 부정적 열정이 없는 건전하고 소박한 삶이다. 욕망을 절제하고 서로 타협하는 삶이며, 최소한의 존재론적 비용으로 최고의 즐거움을 생성하기 위한 산술에 따라 쾌락을 조합하는 삶, 이성과 관조, 지혜, 기쁨, 행복 등 모든 것이 진정한 미덕을 향한, 세속적 소유에서 벗어난 삶이다.

에피쿠로스의 격언에서는 "너의 삶을 숨겨라"고 가르친다. 스피노자의 격언은 장미가 새겨진 에스피노사, 스피노자, 가시 … 등과 그의 이니셜로 나타난다. "카우테", 즉 신중함을 의미한다. 에피쿠로스와 명백한 관계가 있는 것 같다. 그의 신중한 태도는 이렇게 나타났다. 즉 이 네덜란드 철학자는 도시와 지역, 거주지—암스테르담에서 린스부르크, 부르부르크, 헤이그 등으로—를 여러 번 바꾸고, 공공연하게 노출하기를 거부하며, (예를 들면 라이프니츠와) 편지에서도 자신을 드러내지 않고, 대담할 때도 강단에서 가르치지 않으려 하고, 책 편집도 거절하며, 책에 자신의 이니셜로 서명하고, 익명으로 출판하기를 원하며, 때로 이를테면 『에티카』의 출판을 포기하는 것 등이다.

병약하고 약골의 육체를 지닌 에피쿠로스처럼 스피노자는 힘든 일을 자진해서 한다. 그의 몸은 진수성찬이나 잘 먹고 마시는 파티를 견디지 못한다. 젊어서부터 폐결핵과 건강에 위험한 노동으로 피로해진 스피노자는 검소하게 살았다. 밖으로 나가지 않고 긴긴 나날을 갇힌 채 간소한 식사로, 오로지 버터를 조금 넣은 우유 수프, 혹은 귀리나 포도, 버터를 섞어 만든 것, 한 달에 포도주 1리터로 견딘다.

콜루스는 그를 만나러 온 한 국가자문위원이 별로 깨끗하지 않은 실내복을 입은 그의 모습을 발견했다고 한다. 잘 입고 다닐 것으로 믿고 그가 근사한 새옷을 그에게 주었다. 무분별한 그 자문위원은 어리석은 자에게 삶에서 중요한 것과 부차적인 것에 대해 도덕 강의를 하는 이 철학자에게 끌린다. 다른 출처에서는 스피노자가 공식적으로 나타날 때 항상 옷을 아주 잘 차려입은 모습을 언급하기도 한다.

아버지 유산에 있어서도 그가 돈에 대해 얼마나 무관심한지 보여주었다. 이런 그의 성격은 여러 번 발견된다. 그가 전에 상속을 거부한 것은 상속자의 권리를 침해하기를 바라지 않았고 아버지의 형제가 상속하는 것이 더 합리적이라고 생각했기 때문이다. 형은 스피노자의 섬세한 성격에 감동받아 그에게 연금을 주었고, 이 철학자는 필요할 때만 연금을 조정하고, 이를 약간 내릴 수 있다는 조건으로 받아들인다. 그는 한직도 거부하고 프랑스 궁정에 그를 초

대한 콩데 공작이 준 연금도 거부한다. 가난하지만 돈이 필요한 친구들에게 돈을 빌려주기도 했다.

스피노자는 먹고 마시는 것, 필요한 것도 없고 불필요한 욕망도 없이 악천후를 피해 잠자는 것에 그저 만족하는 것을 에피쿠로스적 시각에서 보았다. 이게 바로 정신의 쾌락을 얻기 위한 방법이다. 검소함, 금욕주의, 엄격함, 본질은 자기 자신의 자유로운 기질 속에 있다. 바로 그 때문에 그는 독일 제국의 팔라티나 선제후가 자신에게 하이델베르크 대학에서 가르칠 것을 제안하지만 이를 받아들지 않는다. 그는 남 앞에서 한 번도 가르쳐 본 적이 없고, 자유롭게 표현할 수 없는 제도의 지원없이 자신의 일생을 진리와 명상, 철학에 바치고 싶다고 단언했다.

이 철학자의 전기에 이런 일화가 전해진다. 이상하게도 이 일화는 슬픈 열정을 싫어하고 기쁨과 삶을 좋아하는 인물과 잘 맞지 않는다. 애정과 감정, 열정을 정확하게 구분하는 현자, 철학자, 사상가로서 그는 그런 것들이 서로 싸우도록 거미들을 찾고 싶었다고 콜루스는 썼다. 그는 가끔 파리를 거미줄에 던지고 그 광경을 보면서 폭소를 터트리곤 했으며, 그림을 그리고 담배를 피우면서, 또 그와 함께 사는 사람들과 대화를 하면서 기분을 전환하곤 했다. 그가 죽었을 때 그의 소지품에서 체스판이 하나 발견되었다.

웃지 않고 울지 않고 이해하기. 예술의 역사는 같은 캔버스 위에 웃고 있는 데모크리토스와 울고 있는 헤라클레이토스를 그리는 양식을 실행한 것이다. 이것은 세계를 한탄하거나 비웃는, 세계를 이해하는 두 가지 철학적 방법이다. 역설적으로 렘브란트는 자화상을 그렸는데, 헤라클레이토스의 얼굴을 … 그리는 데모크리토스 속에 자신을 그렸다. 스피노자는 그 둘 중 하나를 선택하는 것을 피하고, 웃음도 눈물도 거부하며, 그것을 이해하고 … 싶어 한다.

"웃지 않고 울지 않고 이해하기"라는 표현은 『에티카』에 나오는 게 아니라 올덴부르크(Oldenburg)에게 보내는 스피노자의 답장(XXX)에 나온다. 올덴부르크는 그에게 자기 나라의 정치적 상황에 대한 두려움을 알린다. 즉 그는 임박한 해전을 두려워한 것이다. 스피노자는 대답한다. "내 입장에서 이런 혼란은 웃음도 눈물도 나오지 않는다. 오히려 철학적으로 탐구하고 본성이 무엇인지 더 잘 관찰한다." 무슨 말을 할 것인가? 가치판단은 아무 소용없고, 도덕은 문제가 되지 않으며, 선과 악을 넘어서서 무슨 일이 일어나는지 어떻게, 어떤 식으로 일어나는지 이해하려고 하는 것이다.—이것은 현자가 마음의 평정에 이르기 위해서다—이것이 스피노자식 행복의 비결이다.

스피노자는 자신이 현미경으로 나비의 날개나 곤충의 디테일을 보듯이—그가 가끔 하는 일이다—철학을 한다. 갈릴레이, 라 모트 르 베예, 가상디, 시라노, 자유사상가들도 마찬가지로 망원경에서 눈을 떼지 못했다. 즉 쳐다보고, 분석하고, 분해하며, 실제 속에 내재하는 메커니즘을 파악하는 것이다. 달리 말하면 도덕이라는 선별수단을 통해서 모든 것을 인정하는 신학과 종교를 피하고 철학도 과학처럼 실행하기를 원한다. 이것은 이성의 적응을 가정하는

스피노자와
"즐거움에 이르는
것"

것이다.

근대적 이성을 구상하지만 종교적·정치적 문제에 대해서는 이성의 작용을 면제해 주는 데카르트와는 반대로 스피노자는 어떤 한계도 인정하지 않는다. 즉 신앙이나 믿음, 기독교, 신앙심, 기적, 기도, 혹은 공화국, 국가, 민주제, 군주제, 절대자, 대공 등의 문제를 해방과 자유의 도구로서 사용된 효율적인 이성을 검토한다.

이러한 지식의 의지에 대한 단호한 요청은 『신학정치론』에 분명하게 진술되어 있다. 즉 "철학과 신학을 구분할 것." 이성을 신앙으로부터 해방시킬 것, 철학을 신학으로부터 독립시키되, 다른 규칙에 따라, 다른 목적을 위해서 신학을 실천한다는 것이다. 이러한 구분은 상호 연관을 방해하지 않지만 철학은 신학의 영역으로 나아가야 하고, 나아갈 수 있는 것이다. 이성은 "자연적인 빛"이 작용하도록 신학에 영향을 미쳤고, 신학은 너무 오랫동안 "초자연적 빛"에 만족해 왔다. 목적은? 어떤 역사적인 자료라도 신성하고 철저히 분석된 텍스트로부터 의미를 생산하기 위한 "자연적 방법"을 강조하기 위해서다. 달리 말하면 신약성서를 오비디우스의 『변신』처럼 읽기 위해서다.

비합리적인 것의 분해. 프로테스탄트 국가에 살고 있는 유대인 스피노자는 네덜란드로 추방당한 르네 데카르트처럼 주저하지 않고 자연스럽게 가톨릭 서적에 접근할 수 있었다. 유대인 공동체에서 쫓겨나 정교 신자도 아니고 가톨릭 신자도 아닌 이 철학자는 『방법서설』에서 강조한 철학적 도구인 자신의 세속적 이성만으로 연구한다. 스피노자의 데카르트 합리주의는 이단이다. 예를 들면 데카르트의 이원론은 단자론이나 범신론인 스피노자에게서는 발견할 수 없는 것이다. 스피노자는 명확하고 분명한 확신이나 철학적으로 입증된 진리, 신앙행위, 믿음, 도그마의 대척점에 이르기 위해 데카르트가 설명한 이성을 빌린다. 기하학적으로 입증된 진리는 그 후 그의 『에티카』에서 언급될 것이다.

먼저 '성경'을 가지고 설명해 보자. 성경은 신의 신성한 계시의 원칙에 따라 인간에게 영감을 주거나 구술한 신성한 텍스트가 아니라 긴 역사적 시간에 걸쳐 인간이 작성한 글이다. 목적은? 대중에게 감동을 주고 수많은 사람들을 개종하기 위해서다. 성경의 수많은 내용이 역사적으로 존재하는 조건은 대략적인 것과 오류가 멋지게 수집되어 있다는 것이다.

지옥은? 물론 존재하지만 성직자들의 명령에 따르지 않는 사람들을 이승에서 위협하기 위해 교회의 신부들이 강조한 지옥의 지리적 방식으로 존재하는 게 아니다. 기독교의 신학은 지옥을 수없이 이용한다. 스피노자의 입장에서 그는 지옥을 나쁜 열정과 동일시한다. 인간적이고, 너무나 인간적이며 아주 인간적인 열정을⋯.

원죄? 스피노자는 이브가 저지른 잘못에 대해 성적 의미를 부여하는 아우구스티누스적 기독교 성서에 반대하면서 철학적 관념을 진전시킨다. 즉 원죄는 인간이 완벽에 이르지 못하는 모든 것을 말한다. 즉 최고의 행복에 이르기 위해 자신의 존재 속에서 확고부동하고 신(神), 즉 자연에 대한 인식을 목표로 삼는 것이다. 교부학적 은총에 의해 성적인 행위가 된 지식의 의지와는 아무 관계가 없다.

영혼들은? 스피노자는 위고 복셀(Hugo Boxel)과 주고받은 편지 속에서 영에 대해 전적으로 설명한다. 즉 이 영들—환영이나 영혼들—은 비합리적인 존재에 의해 창조되는데, 이들은 어떤 경험으로도 입증할 수 없는 소박한 사람들의 유치하고 즐거운 존재들이다. 이렇게 추정해 보자. 눈에 보이지 않고 비물질적이며 불멸하는 영혼은 영의 원칙에 따라 구축되어 있는데, 마찬가지로 철학자가 방어할 수 없는 허구를 구성한다.

이처럼 기적도 불가능한 것인데, 왜냐하면 자연에서 자연에 반해서 일어날 수 있는 것은 없기 때문이다. 인간들은 자신들이 원인을 모르는 결과나 자신들의 이해를 뛰어넘는 사실을 기적이라고 한다. 그런데 인간의 이해를 뛰어넘는 것은 그만큼 엉뚱한 답을 만들어내지 않고 수수께끼로 남아 있어야 한다. 시간과 함께 이성은 오늘날 이해할 수 없는 것으로 보일 수 있다는 점을 알게 될 것이다.

그리고 신은? 물론 존재한다. 스피노자는 진지하게 무신론과 싸웠으며, 자신의 저작을 반종교적이거나 신을 부정하는 작업으로 여기는 것을 거부한다. 그러나 신은 인간의 형상이 아니라서 분노, 질투, 복수 등 인간의 감정을 빌려줄 수 없으며, 신은 실제와 구분되어 있지 않다. 철학자의 눈에 유신론자들의 신을 정의하는 것은 아무것도 없다. 영에 있어서 유명한 대가인 복셀에게 스피노자는 말의 재능을 부여받은 삼각형은 신의 삼각형 자연이라고 단언한다.

유사한 입장에서 기독교인은 그리스도의 부활을 이해할 수 있을 것으로 생각한다. 물론 그리스도 사후에 부활된 육체는 실제의 육체로 되돌아온 것이 아니며, (예수부활을^{역자}) 의심하는 도마가 손가락으로 확인할 수 있는, 실제로 눈에 보이는 상처가 남아 있는 그런 육체가 결코 아니다. 그 사건은 상징적으로 읽어야 한다. 즉 부활은 지금, 여기 실제세계의 한계 속에, 합리적인 이성의 질서에 따라 이전의 삶 이후에 나올 새로운 삶이다. 계시는 단절이나 죽음을 야기한다. 계시 이후 삶은 다른 새로운 삶이지만 이런 모든 것이 지상에서 일어난다.

인간의 창조에 대한 창세기의 이야기도 알레고리 원칙에서 이해된다. 즉 흙, 입김, 최초의 인간, 아담의 갈비뼈? 스피노자는 인간의 형태가 존재하기 이전에 우리가 기대하는 것과는 다른 방식으로 인간의 육체가 존재했음을 단언한다. 오로지 범신론적 논리는—어느 정도 에피쿠로스적 육체의 정신 속에서—실체는 지속하지만 그 방식은 변한다는 결론을 내린다. 실체는 불멸하고 그 방식은 소멸한다….

내재성의 종교. 이때부터 성경에서 지옥, 원죄, 영, 기적, 신, 그리스도의 부활, 인간의 창조 등, 이런 것들을 가르치지 않으면 종교는 어떻게 되겠는가? 하숙집 여주인이 기독교에서 구원을 얻을 수 있는지 물었을 때 스피노자는 그렇다고 대답한다. 단 이것을 실천하기 위해서 "신앙심"과 "평화롭고 평온한 삶"에 신경써야 한다는 것이다. 이것은 말하자면 철학자의 종교다.

스피노자는 종교의 계보학을 실행한다. 즉 인간은 두려움과 근심 때문에 종교를 만들었다는 것이다. 이러한 관념은 알다시피 이미 루크레티우스의 『사물의 본성에 대하여』에 나온다. 미지와 죽음, 흘러가는 시간과 인간의 운명, 실제, 오성에 저항하는 것, 이런 것들에 대한 두려움과 삶에 대한 두려움 때문이다. 거기에서 마술적 사고에 의해 자극받은 비합리적 논리가 나오며, 이것은 개인과 집단의 존재적인 고뇌를 쫓아내기 위한 실천이다.

스피노자는 이와 같은 계보상의 분석에다 종교의 역할을 덧붙인다. 즉 종교는 종교의 권위를 세우기 위해 정치권력을 대신한다. 왕은 하늘의 말씀을 왕좌에 있는 군주의 말씀과 동일시하면서 신과 동일한 존재로 만들기 위해 종교를 이용한다. 왕에게 복종하는 것은 신에게 복종하는 것이다. 왕을 배반하는 것은 신을 배반하는 것이다. 복종하지 않는 것은 신에 복종하지 않는 것이다. 그때부터 감히 누가 왕의 권력을 문제 삼겠는가?

바로 이 때문에 『신학정치론』에서 스피노자는 자신의 공화주의와 군주권에 대한 반대 입장을 분명하게 알렸다. 그는 성직자에게 엄청난 명예를 제공하고, 이미 정신적인 권력을 가지고 있는 그들에게 물리적인 권력을 맡기지 말아야 한다고 생각한다. 마찬가지로 그는 교황에게 비합법적인 권위가 부여되어 있다고 생각했다. 따라서 인간의 세계와 신들의 세계라는 두 영역을 구분해 놓은 것이다. 합리적인 철학자는 여기서 정교분리 원칙을 발견한다.

종교적으로 생각하고 성찰하는 자유를 보존하는 것이 중요하다. 신앙의 해석은 성직자의 권위적인 담론보다는 개인적 이성의 관례에 속한다. 성경은 각 시대의 정신을 반영한다. 17세기에 성경을 읽는 이유는 종교의 공식적인 대리자, 즉 성직자들이 역사와 단절된 전통 속에 경직되어 있기 때문이다.

종교에서 떼려야 뗄 수 없는 초월과 저승의 문제를 해결하기 위해 스피노자는 내재성의 종교뿐만 아니라 내재하는 종교를 제안한다. 거기에는 초월적인 신도 없고 사후의 삶도, 최후의 심판도, 본성을 초월하는 운명도 없다. 거기에서 종교가 방어할 수 있는 비합리적인 것은 아무것도 없다. 종교는 이성과 양립해야 하기 때문이다.

내재하는 종교란 무엇인가? 어떤 본질적인 원칙으로 한정된 종교다. 규정, 금지, 금기, 터부를 늘릴 아무런 필요가 없다. 종교를 순화하고 대다수의 사람들이 간단하고 간결하게 이해할 수 있는 몇 가지 격언으로 한정하자. 이런 본질의 정수에 이르기 위해 예수의 삶을 바라보고 몇 가지 예에서 구체화된 그의 가르침을 따로 분리하자.

전체 저작에서 스피노자는 이 내재적인 종교, 거듭 말하지만 내재성의 종교를 가르친다. 이것은 철학과 마찬가지로 지혜를 발산한다. 이에 대해 온갖 담론과 완곡한 표현이 가능하지만 이는 두 가지, 즉 "정의와 자비"로 요약된다. 이것은 『신학정치론』에서 여러 번 서술되었는데, 더 이상의 언급이 필요없다. 유일신론 성직자들이 그런 담론의 정수와 기능에 대한 불신을 제대로 받아들일 수 없는 것은 분명하다.

🌶 8

위대한 바로크 작품. 스피노자의 저작에는 젊은 시절 데카르트에 대한 텍스트—개인 교습에서 한 학생에게 제공한 강의

스피노자와
"즐거움에 이르는
것"

자료인 『데카르트 철학의 원리』—와 대체적인 자신의 연구서로 모호하고 불확실한 기법으로 쓴 『신, 인간 및 인간의 행복론』, 정치적 텍스트인 『신학정치론』과 『정치권력론』, 편지—철학자가 직접 쓴 48편의 편지—그리고 복사본없는 유일하고 특이한 저작인 바로크 구조의 걸작이며 기념비적인 『에티카』를 포함한다.

　　『에티카』는 바로크 구조처럼 움직임과 힘, 역동성과 확장을 찬양한다. 규칙을 강제하는 구조에서는 독서를 어렵게 하고 진전을 힘들게 한다. 수학적·논리적으로 연관된 밀도는 동화된 실제와 세계, 신의 에너지를 끌어들이는 사고의 활력을 늦추고 아폴론적·기하학적 형태는 범신론적·시적 디오니소스의 깊이를 구속한다.

　　바로크 구조는 수많은 강제적인 수학공식에서 거기에 대한 적응과정을 거친다. "주석"과 함께 "증명"을 끌어내는 "정의", "공리", "정리"에서부터 거기에 "필연적 귀결"과 "부록"은 물론 반드시 "보조 정리"와 "가정"도 포함한다. 스피노자는 구조에 재료 역할을 하며 짧고 간단한 문장에서부터 전체 구성에 이르기까지 바로크를 더욱 확산시킨다. 텍스트에서 어떤 관념을 정당화하고 증명을 통해 이를 전망하기 위해 스피노자는 숫자로 환원된, 명백하게 전 단계의 명제로 귀결되는 삽화를 이용한다. 마지막에는 그렇게 간단하게 증명된다.

　　에피쿠로스 정원과는 거리가 먼 『에티카』는 바로크 정원을 제안하는데, 거기에는 스피노자의 엄격하고 건조하며 간결한 필치에 의해 주어진 기하학적 원칙에 따라 반드시 자연이 들어 있다. 애착, 열정, 신의 이름, 지식의 종류, 지복, 진실한 것, 영원, 자유, 욕망, 정서, 영혼, 노력, 오성, 무한, 방법, 본질, 이성, 부적절한 것, 실체와 수많은 다른 개념들이 그 정원에 분류되어 들어 있으며, 장식문양으로 고정되어 있고, 끈에서 끌어낸 여러 사각형으로 짜여 있다. 『방법서설』의 문학적 문체는 아주 막연한 것 같다.

바로크 교회가 신성한 빛의 집합소로 작용하는 반면 스피노자의 『에티카』는 교훈적인 도덕이라는 편견에서 벗어나 철학자에게 소중한 '자연의 빛'을 받아들일 수밖에 없는 구조를 거부한다. 그런 경우 거기에는 세상의 에너지와 힘, 역동성, 움직임이 숨어 있다. 스피노자의 기하학적 진술은 파스칼에게 소중한 "섬세한 정신"을 방해한다. 그의 『에티카』는 철학적 괴물이다.

9

초기의 숨기기. 스피노자는 스물여덟 살 나이인 1660년 『에티카』에 착수해서 평생을 바친다. 처음에 그는 이 책을 익명으로 출판하고 싶어했다. 오직 그 책만 생각하면 작가의 서명이 별로 중요하지 않기 때문이다. 그는 완성한 그 책의 출판을 조심스럽게 포기한다. 스피노자를 찾는 사람이 생기고 그의 사상이 조금씩 알려지면서 그의 명성은 유럽에서 악마 같은 존재였다. 이 책이 어떤 것인지 알게 되고 오해가 쌓이면서 그 책을 읽기도 전에 무신론자 교리문답서나 사악한 성서로 본 것이다. 그 책은 그의 이름 이니셜로만 서명해서 그가 죽고 6개월 후인 1677년 유작형태로 출판된다. 이 책의 출판은 다음 세기—프랑스 대혁명의 세기—에 유럽 전역에서 상당한 영향을 미치게 된다.

이 책의 정확한 제목은 이렇다. 『기하학적 방법에 따라 입증된

스피노자와
"즐거움에 이르는
것"

윤리학 : 5부로 나누고 다음 주제를 다룬다. 제1부 : 신, 제2부 : 본성과 정신의 기원, 제3부 : 감정의 기원과 본성, 제4부 : 인간의 속박과 감정의 힘, 제5부 : 지적 능력 혹은 인간의 자유』. 그러니까 이것은 5층으로 된 성채인데, 명제와 보조명제, 가설과 제안이 배열된 여러 방으로 이루어져 있다. 달리 말하면 (두 줄로 열정을 정의한) 끝없이 이어지는 작은 방과 (긴 글로 쓴 행복을 만드는 이성의 역할을 하는) 장엄한 방이 있는 성이다.

그 책은 개인적인 구원을 제시한다. 이를 위해 우리는 자아, 신, 사물의 인식에 도달해야 한다는 것이다. 즉 우리가 누구며, 무엇이고, 어떻게 생각하며, 우리에게 어떤 감정이 작용하고, 열정이 우리에게 어떻게 존재하며, 욕망은 어떤 식으로 우리를 따라다니는지 아는 것이다. 그리고 신을 어떻게 부를지, 물론 신이 무엇인지 알아야 하는 것이다. 그러나 특히 신의 본성이 아닌 것, 신과 본성, 창조, 실제와의 관계를 아는 것이며, 마지막으로 실제를 무엇으로 정의하는지, 하나의 실체와 오성에 나타나는 실체의 수많은 존재방식 사이의 관계를 아는 것 등이다.

이런 것이 개인이 자신의 존재에 의미를 부여하기 위해 세계와 실제, 우주, 혹은 남과 존재해야 하는 이유를 발견할 수 있는 방안이다. 기쁨을 누리고 행복을 창조하기 위해 철학을 해야 하기 때문이다. 따라서 스피노자 철학은 가장 고전적인 (행복이 지고의 선이라는) 행복주의를 추구하는 것이다. 즉 최고의 선은 최고의 기쁨과 일치한다. 이 철학의 쾌락주의적 본성을 밝힐 수 있을 것이다. 문제의 행복은—말하자면 그것이 정의되는 유용한 순간에—육체의 전체를 등장시키기 때문이다.

우선 지식의 인식론을 분명히 밝혀야 한다. 무엇을 알 수 있는가? 그리고 어떤 목적을 위해? 자아, 다른 사람들, 세계, 신 등에 대한 인식은 이런 주요한 철학적 대상들의 분명하고 명확한 지식을 가정하기 때문이다. 이것을 정의하고 난 후 그 작업은 쉬워진다. 그러나 무엇보다 이를 설명하기 위한 인내심이 필요하다. 거기에서 이와 같은 첫 목표에 대답하기 위해 간결하고 분명하며 정확한 수많은 글이 나온다.

존재론적 인식론. 『오성개조론』에서 스피노자는 우선 인식을 네 가지 종류로 구분한다. 그러다 『에티카』에서 세 가지로 줄인다. "첫 번째 종류의 인식"은 "소문"이나 경험으로 이루어지는 것으로 불완전하고 불확실한 인식이다. 자신의 생년월일과 부모의 이름을 아는 것, 역사적 사실이나 지리학 혹은 자연과학에 대해 아는 것 등이다. 이를테면 프랑스 왕 루이 14세에 대해 아는 것, 센 강은 파리로 흐른다, 사과나무에서 사과가 열린다 등. 이런 모든 것은 제3자가 우리에게 이런 정보를 전달해 주었기 때문에 알 수 있는 것이다. 이런 확실한 것은 문제가 되지 않으며, 의문의 여지없이 전달된다. 이와 같은 인식방법은 피상적이며, 사물의 본질에 이르지 못한다.

첫 번째 인식은 "막연한 경험"이다. 그것은 우리 주위에 있는 실제나 우리에게 가르쳐 주는 것처럼 보이는 것에서 인식이 이루어진다. 예로서 자동차가 지나가고, 어떤 사람이 나에게 말을 하고, 개가 짖는 것 등이다. 진실이 문제되는 게 아니라 오직 사실 확인이 중요하다. 그러나 내가 상상하지 않는다는 것을 누가 증명할 것인가? 나의 감각은 속지 않고 나에게 무엇을 가르쳐 주는가? 내 기억은 믿을 만한가? 말하자면 현상과 본질을 혼동해서는 안 된다. 이런 첫 번째 인식은 특히 오류의 원인이 될 수 있다.

"두 번째 종류의 인식"은 공통적인 개념과 사물의 속성에 대한 "논증적인 이성"과 적절한 사고를 통해 이루어진다. 추론하고, 확신하며, 사실을 생산한다. 예로서 수학적 증명에 의한 인식, 예 안에서의 예로서 반원의 지름 위에 반원을 회전하면 구를 만든다. 그것은 전제에서 시작해서 결과에 이르는데, 뚜렷하고 명확한 명제에 근거한다. 이런 인식을 바탕으로 모든 것이 확실해지며, 이렇게 해서 신과 인간, 세계, 자연, 실제에 대한 인식이 가능해진다.

마지막으로 "세 번째 종류의 인식"은 직관적인 인식이다. 논증적인 이성의 원칙에 따라 인식이 단계적으로 실행되는 만큼 이 세 번째 종류는 직관적인 인식이다. 진실을 즉각적으로 이해하거나 진실을 직접 직관적으로 파악하고 있다는 것을 가정한다. 이런 인식은 감각적이고 경험적인 지각도 아니고 경험의 산물도, 상상력의 결과도 아니며, 신의 어떤 속성에 대한 형식적인 본질의 적절한 사고에서부터 사물의 본질에 대한 적절한 인식에 이를 때까지 실현된다. 그것은 부분과 전체를 연결하는 관계를 즉각 이해하는 것이다. 예를 들면 9의 3에 대한 관계는 4의 2에 대한 관계와 같다. 즉 제곱한 수라는 것을 알 수 있는 수학적 관계의 이해다.

이런 인식론은 존재론적 결과를 얻는다. 그렇지 않으면 이렇게 분류하는 게 무슨 소용인가? 세 종류의 인식을 구분하는 것은 우선 부적절하고, 불확실하고, 왜곡된 인식을 적절하고, 분명하고 명확한 인식과 대립시킬 수 있다는 점이다. 그러나 이것은 또한 (구속하는) 오류에서 (구속에서 벗어나서 행복을 만들어내는) 진실로 인도하는 철학적 도정의 존재를 확인하는 기회다.

첫 번째 인식인 상상은 의인화한 오류와 종교에 대한 미신뿐만 아니라, 심리학에 의한 슬프고 부정적인 열정의 오류나 혹은 도덕과 정치적 영역에 대한 두려움의 오류를 만들어낸다. 이것이 바로 진정한 철학적 정화다. 목표로 삼아야 하는 것은? 자유로운 지식을 가정하는, 잘 인도된 이성으로 구축된 진정한 선이다. 세계가 무엇인지, 자연과 유사한 것이 무엇인지, 신을 정의하는 것이 무엇인지, 이 우주에서 우리가 어떤 위치에 있는지 알 때 우리는 기쁨과 행복, 절대적인 선, 진정한 지혜를 생산하는 적절한 인식에 도달한다. 인식론은 쾌락주의적 윤리에 선결조건으로 작용한다.

2 6 1

신의 이름. 스피노자의 신은 유대인들과 기독교인들의 신과는 그다지 관계가 없을 거라고 생각한다. 그들은 세상이 생기기 전의 신을 상상한다. 어느 날 신은 세계를 창조하기로 결심하기 때문이다. 창조자와 피조물은 구분되어 있고, 신은 인간보다 선행권을 소유하고 있다. 신은 모든 것에 선재하며, 실제는 신의 뜻대로 전개되었다. 이신론자와 유신론자들은 이런 사고방식을 공유하며, 신앙절대주의자도 마찬가지다. 유대인, 가톨릭교도, 신교도, 신앙을 가지고 있는 철학자 등 대다수 사람들은 제1원인, 즉 결과가 원인에서 나오는 것이지만 이것과 구분된 원인없는 원인이라는 오래된 사고를 따른다.

스피노자의 천재성은 기본적인 단절에서 명백하게 나타난다. 즉 그는 세계와 구분된 신을 믿지 않는다. 그의 모든 책을 비교해 보면, 책에 따라 예를 들면 서너 가지 유형의 지식을 변화하고 수정하더라도 그는 신과 자연의 동일성이라는 이 주요한 관념을 절대 바꾸지 않는다. 이처럼 『소고』에서—"자연, 즉 신"—, 오스텐에게 보내는 편지(XLIII)에서는—"신은 우주다"—물론 『에티카』에서는 IV부의 유명한 서문이 "신, 즉 자연"이다. 그 저작에서 현상학적 일관성은 스피노자를 범신론자로 만들게 하는 것, 다시 말해 이 철학자에게 창조자와 피조물은—서로 다르게 이해되지만—유일하고 같은 실체를 구성한다.

스피노자의 전체 사상에서 무신론을 찾아보는 것은 무익한 일일 것이다. 무신론자는 신을 부정하는 자라고 부른다. 그는 교리 이외에는 신을 부정하지 않는다. 스피노자식 신은 물론 이단자이지만 그런 신은 진정으로 존재한다. 물론 (유대교의) 랍비와 (가톨릭의) 사제들은 그를 싫어하고, 그가 (개신교의) 목사들을 난처하게 만들지만 그에게는 진정한 신의 존재가 있다. 자유사상을 반대하는 사람들은 오로지 수세기 동안 이 강한 철학의 권위를 떨어뜨리려고 했고, 반대자가 되어온 것이다. 즉 반도덕주의는 절정에 달했고, 절대적 윤리는 불가능했다.

편지에서도 그런 흔적이 남아 있지만, 스피노자는 자신을 무신론자로 대하거나 그렇게 의심할 때, 혹은 그의 철학적 체계를 신을 부정하기 위한 숨겨둔 무기로 여길 때, 그는 그럴 때마다 분노했다. 간단하게 계산해도 『에티카』에서 신의 이름이 5백 번 이상 나타난다. 그때마다 중요한 것은 신을 부르고, 정의하며, 한정하고, 신에게 실질적인 동일성을 제시하며, 특히 신이 아닌 것을 분명히 밝히는 것이다.

따라서 신은 반드시 존재한다. 신은 유일하고 영원하며, 그 본성의 유일한 필연성에 의해 작용한다. 신은 모든 사물의 자유로운 원인이고, 모든 사물은 신의 내면에 있으며, 신에게 의존한다. 신이 없으면 아무것도 존재할 수 없으며, 생각할 수도 없다. 모든 사물의 운명은 신의 무한한 능력에 달려 있다. 생각하는 사물, 방대한 사물, 이런 것이 다 신의 속성이다. 열정에 종속되지 않은 무형이며, 전혀 육체와 정신으로 구성되지 않고, 의지도 오성도 사용하지 않는 신은 모든 것의 내재적인 원인이다. 그의 업적과 존재는 유일하고 같은 것을 정의하는데, 한마디로 신은 자연 속에 존재하는 유일한 실체다.

2 6 3

우리가 자연을 이해하는 방법에 따라 "능산적 자연"과 "소산적 자연"을 구분할 수 있다. 전자는 자아의 내면에서 자아에 의해 실체와 원인으로 간주된다. 실체의 특성은 영원하고 무한한 본질을 표현한다. 즉 자유로운 원인으로서의 신이다. 후자는—결과와 방식으로서—각각 신의 속성과 신 내면에서 존재하고, 신 없이 존재할 수도 생각할 수도 없는 사물들처럼 그 속성의 방식을 따르는 것을 정의한다. 능산적 자연은 자연이 생산하는 것으로서 자연을 정의하고, 소산적 자연은 자연이 생산된 것으로 자연을 정의한다. 그러나 중요한 것은 두 가지 서로 다른 시각에서 간주된 똑같은 현실이라는 것이다.

선과 악을 넘어서. 신이 곧 자연인 세계에서 인간의 자유는 어떤가? 스피노자는 그것을 직접적으로 여러 번 서술했다. 즉 자유의지는 하나의 환상이다. 쉴러에게 보내는 편지(LVIII)에서 스피노자는 다음과 같이 설명한다. 즉 우리가 공중에 돌을 하나 던지면 돌멩이는 올라가서 느려지다가 안정을 유지하고, 그 다음에 물체의 추락법칙에 의해 떨어진다. 돌은 자연의 필연성, 즉 모든 것이 자연에 종속된 물리적 구속에 따른다.

가설 : 이 돌멩이에 의식을 주고 마찬가지로 언어를 부여해 보자. 물론 그 돌에 일어나는 모든 것이 다 가능하다고 말할 것이다. 즉 올라가고, 느려지고, 중심을 잡고, 떨어지고, 그 다음 바닥에 놓인다. 스피노자는 인간들이 스스로 자유롭다는 생각을 하고 있다고 단언하는데, 이는 자신들을 규정하는 원인이 무엇인지 모르기 때문이다. 인간을 움직이는 것이 무엇인지 알면 그들은 자유의지라는 허구에 의존하지 않을 것이다. 우리는 자유롭지 않고, 복종하며, 공중에 던져진 돌처럼 우리가 알지 못하는 원인을 감수하고 있다. 우리는 스스로를 우리 자신의 모습이라는 원칙에 따랐다.

이 원인은 무엇인가? 욕망이다. "관능적 욕망"이나 "음란"을 가리키는 "리비도"와 동일화할 수 있는 한 가지 욕망이 아니라 영혼과 관련될 때는 "쾌락", 영혼과 육체에 관련될 때는 "식욕", 자신의 의식으로 식욕이라고 부를 때는 "욕망"이라고 할 수 있다. 스피노자식의 욕망은 각각의 현실을 자신의 존재 안에서 지속하도록 이끌어 가는 것으로 정의한다. 이처럼 정의된 욕망이 인간의 본질이다.

  욕망은 각자에게 영향을 미치고 모순적인 힘으로부터 욕망을 결정한다. 플라톤의 이미지를 다시 새겨보면 영혼이 육체의 배를 탄 선장을 지휘하듯이 정신은 육체를 지휘하지 않는다. 하지만 욕망은 실제의 총체를 활성화하는 힘이다. 마찬가지로 신도 그런 일이 일어나는 것을 더 이상 바라지 않는다. 즉 스피노자는 인간들을 대신해서 그들을 위해 의지의 힘을 신에게 빌리지 않았다. 신이 인간의 운명을 결정하지 않는다. 신은 무엇이든지 원하는 대로 할 수 없기 때문이다.

  스피노자는 인간이 결코 자신의 행동에 대한 판단에 따르지 않는다고 올덴부르크에게 썼다. 도자기에 고급 액체를 넣을 것인지 불순한 재료를 넣을 것인지 그 운명이 도공의 손에 달려 있듯이 인간들은 신의—즉 분명히 하자면 자연의—손아귀에 있기 때문이다. 각자에게 일어나는 일은 신성한, 즉 자연적 필연성에서 생긴다. 전체적으로는 선과 악을 초월한다.

  따라서 '선'은 존재하지 않는다. '악'도 마찬가지다. 스피노자는 플라톤 학파에서 비약한 것이 아니며, 일반적이고 보편적인 관점에서 비역사적으로 기능하는 선의 관념을 믿지 않는다. 반면에 그는 선과 악이라는 낡은 가치를 대신해서 '좋은 것'과 '나쁜 것'이 존재한다고 믿는다. 그에 의하면 우리가 가는 쪽을 '좋은 것'이라고 부르고 우리가 멀어지는 것을 '나쁜 것'이라고 한다. '좋은 것'은 행동하는 힘이 증가하는 것인데, 즉 '기쁨'이다. '나쁜 것'은 이런 힘이 감소하는 것으로 '슬픔'이다. 따라서 좋은 것은 유익한 것이고 나쁜 것은 해로운 것이다.

나쁜 것은 슬픔에 이르고, 그 슬픔이 더 커지게 만든다. 후회, 죄의식, 죽음에 대한 생각, 이런 것은 나쁜 것들이다. 한편으로는 일어난 일과 일어나지 않을 수 없는 일을 후회해 봐야 아무런 소용이 없다. 다른 한편으로는 어떤 사실, 동작, 말, 행동을 후회하는 것은 한 번 이상으로, 두 번 고통을 겪는 것이다. 마찬가지로 죽음을 반복해서 명상하는 것은 내면에서 슬픈 열정을 계속 유지하는 것이다. (죽음보다) 삶을 명상하는 것이 더 낫다.

⑬

육체는 무엇을 할 수 있는가? 스피노자의 신은 유대-기독교적 심판자의 형상처럼 존재하지 않는다. 당연하다. 천국도, 지옥도, 또 연옥도 없다. 사후의 운명도 없으며, 사후의 생명도 없다. 저승도 없다. 즉 스피노자식 세계는 자유의지가 존재하지 않고 자연적—혹은 신성한—필연성이 지배하는 메커니즘이다. 후회도, 죄의식도 없으면 어떠한 벌도 존재하지 않는다고 결론내려야 할까?

아니다. 왜냐하면 내재하는 세계에서 벌은 내재하기 때문이다. 다시 말하면? 만일 미덕의 가치가 미덕 그 자체라면 이성의 결여에 대한 벌은 이성의 결여다. 스스로 자제하지 못하는 사람이 정신의 고요함을 누리지 못하는 것, 그것이 벌이다. 이 도덕에 의무는 없지만 제재가 없지는 않다. 제재는 초월적인 것이 아니고, 신이나 하늘 혹은 마술적 힘에서 생기는 것이 아니라 내재적인 힘에서 생긴다. 기쁨과 행복을 알지 못하는 것, 환희와 이성의 관행과 공존하는 자유를 모르는 것이 바로 벌이다.

그러나 모든 것이 필연적이라면 이성을 어떻게 올바르게 사용할 것인가? 모든 것이 자연의 질서와 신의 질서에 따라 일어난다면 자유는 어떤 자유인가? 자유의지가 허구라면 나쁜 삶 대신에 지혜로운 삶이 가능하다고 상상할 수 있는가? 자신의 존재 속에서 각자의 욕망과 인내로 자극된 세계에서 자유롭고, 자율적이고, 독립적인 의지에 대해 어떻게 생각하는가? 쉴러에게 보내는 편지에서 예로 든 유명한 돌멩이는 따라서 던져서 떨어지는 흐름을 바꾸고 떨어지는 곡선을 변경할 수 있을까? 이런 난점을 해결하기 위해서 육체와 그 가능성의 문제를 검토해 보자. 이 명백한 난점의 해결책은 거기에 있다.

『에티카』에서 언급하는 유명한 한 구절을 보자. 만일 영혼이나 정신이 육체를 인도하지도 못하고 지배하지도 못한다면 영향을 미치는 육체의 문제를 어떻게 해결할 것인가? 누가 육체를 지배하는가? 혹은 오히려 육체는 어떻게 존재하고, 육체가 무엇이며, 어떻게 만들어지는가?—별개의 문제가 아니다. 자연의 법칙에 의해서 육체는 많은 것을 할 수 있지만 이에 대해 지금까지 진정으로 언급하거나 생각하고 검토한 적이 없었다. "육체가 무엇을 할 수 있는가?" 이것은 대단히 중요한 문제이며, 첨언한다면 본질적으로 근대적인 문제다.

스피노자식 육체는 반기독교적이다. 즉 스피노자의 사상에 이원론은 전혀 없으며, 비물질적이고, 청렴하며, 영원하고, 다정하며, 존경할 만한 영혼도, 우리를 '영혼'과 연결할 수 있는 신성의 편린처럼 광대한 영혼도 없으며, 부패할 수 있고, 죄 많고, 타락한 육신, 소멸하고 가증스러운 육신도 없다. 다행이다. 어떤 정신분열증도 없고, 광대한 실체와 생각하는 실체를 결합하는 문제를 해결하기 위해 데카르트적 왜곡을 강요하는 어떤 비논리적 구분도 없다.

자연적으로 분리되고, 명백하며, 화해할 수 없는 두 개의 실체가 아니라 같은 실체의 두 가지 방식이 있기 때문이다. 신, 즉 자연은 동시에, 그리고 연속적으로 광대함, 육신, 혹은 사상의 관점에서 영혼을 고찰할 수 있 수 있지만[스피노자는 영혼인 "아니마"(anima)에 대한 언급을 전혀 하지 않고 정신인 "멘스"(mens)에 대해 언급했다] 신과 자연은 같은 것이기 때문에 그 내용도 같다. 육체는 영혼이고, 영혼은 육체다. 현상학적 관점의 문제다. 육체는 정신의 대상이며, 정신은 육체의 관념이다.

한 개인이 죽을 때 그 실체는 남지만 형태는 사라진다. 육체는 크기가 아니라 사상에서 생기는 한, 이 사상이 신과 분리될 수 없는 한 신은 또한 자연이기 때문에 영원이나 어떤 불멸의 형태가 존재한다. 물리적·실제적 육체, 형태를 정할 수 있는 육체, 실루엣, 외양이 아니고 형태나 속성이 아니라 죽음으로 부패하지 않고, 따라서 전혀 무관한 육체의 실체다.

⑭

에피쿠로스의 기호로. 그렇다고 해서 스피노자의 단자론은 유물론이 아니다. 이 위대한 근대적 저작에는 어색하고 성가신 스콜라 철학의 흔적들이 존재한다. 『에티카』의 어휘에는 "실체"와 "속성", "원인"과 "결과", "방식"과 "본질", "행위"와 "능력", "질"과 "양", "종류"와 "유형", 그리고 그가 잘 알고 있고 대단한 지적인 솜씨로 다루었던 중세 철학의 여러 개념들을 수없이 구성하고 있다.

스피노자에게서 유물론적 속성에 속하는 어휘를 찾아보는 것은 소용없을 것이다. 『에티카』에는 "물질"이나 "원자", "미립자"도 없고, "클리나멘"(clinamen)에피쿠로스와 루크레티우스 철학에서 원자의 일탈운동^{역자}도 없으며, 물론 데모크리토스나 에피쿠로스, 루크레티우스를 참고할 만한 어떤 것도 없다. 스피노자는 철학사의 관례적인 범주를 여전히 피한다. 그는 이상주의자도, 정신주의자도, 유물론자도, 원자론자도 아니다. 그의 실체는 예를 들면 루크레티우스와 같은 원자 이론에 대해 중세풍이 아주 어렴풋이 남아 있다.

"유물론자"라는 용어에 의지하고 싶다면 그를 모순적 관점에서 완화하거나 생명론적 유물론에 대해 언급해야 할 것이다. 거기서도 그 표현이 귀결되는 "생명"을 정의하는 데도 세심한 주의를 기울여야 할 것이다. 이것은 존재, 지속, 현현, 역동성, 증가, 변증법, 인내, 단언, 온갖 형태로 나타나는 실제의 에너지에 바치는 "코나투스"(conatus)생명의 힘, 의지, 투쟁^{역자}, 존재하는 것의 총체를 섭렵하는 욕망이라고 할 수 있을 것이다.

따라서 스피노자가 고전적 의미에서 유물론자는 아니라지만 위고 복셀(Hugo Boxel)에게 중심 생각을 털어놓는다. 철학사는 그가 모순적이고 명확하게 확인할 수 있는 힘의 두 방향이 가로질러 간다는 것을 파악했다는 점을 보여주기 때문이다. 제1의 방향을 거부하면 제1의 방향을 제2의 방향의 동반자로 상상할 수 있기 때문인 것 같다. 중요한 것은 유명한 영혼들이다. 물론 스피노자는 영혼의 존재를 믿지 않으며 상대방에게 "신비스런 특성, 의도적인 것들, 실체의 형태, 하찮은 것들" 등에 너무나 의존한 철학자들이 똑같은 어리석은 것들을 믿을 수 있었다는 점에 놀라지 말라고 한다. 그러면 이 철학자들은 누구인가? "플라톤, 아리스토텔레스, 소크라테스 등등"이다. 생략한 이 "등등" 뒤에 숨어 있는 것이 무엇인지 알고 싶을 것이다.

반면에 스피노자는 복셀이 자신의 대의를 위해 다른 철학자들을 동원할 수 있을 것이라고 밝힌다. 어떤 철학자들일까? "에피쿠로스, 데모크리토스, 루크레티우스나 혹은 원자론자들 중 한 사람, 원자 지지자들"이다. 철학사의 위대한 이름에 올리고 싶은 그의 글에서 주목할 만한 것이 있다. 제1계열의 철학자들은 "데모크리토스가 출판한 모든 책을 불태웠던" 만큼 그의 영광을 대단히 시기했다고 덧붙이기 때문이다.

정보는 절반이 허위인 만큼 정확하지 않다. 이를테면 디오게네스 라에르티오스는 이렇게 밝힌다. 플라톤에게 (이상주의라는) 목표가 있었지만, 두 철학자들은 플라톤에게 그런 목표를 버리라고 설득하고 판결 선고가 정말 여러 결과들이 나올 수 있도록 수많은 표본들에 대해 논쟁했다는 것이다. 즉 이상주의자 플라톤 대 유물론자 데모크리토스는 영원히 타협이 불가능한 두 가지 철학방식이다. 스피노자는 아브데라고대 트라키아의 그리스 도시^{역자} 철학에 동조한다는 점을 공언하는 것은 아니지만, 플라톤의 철학이 유령이라는 그 유명한 "어리석은 것들"뿐만 아니라 마리아의 동정이나 성인들의 기적도 지지하기 때문에 그를 비판한다.

이상한 스피노자! 물질 없는 그의 유물론, 초월 없는 그의 신, 육체 없는 그의 쾌락주의, 원자 없는 그의 에피쿠로스 철학, 도덕 없는 그의 윤리학, 교리 없는 그의 종교, 저승 없는 그의 영원, 자유의지 없는 그의 자유, 육신 없는 그의 욕망, 의무 없는 그의 미덕, 바로 이것이 모순적인 그의 이상한 사상이다. 따라서 바로크적이다.

15

슬픈 열정과의 전쟁. 『에티카』는 마찬가지로 열정의 물리학과 감정의 메커니즘을 제안한다. 육체는 그 행동능력을 증가시키거나 감소시키는 열정에 영향을 받는다. 다양한 감정은 모두 그 중 원초적이고 근본적인 세 가지 감정의 결합에서 생긴다. 즉 욕망과 기쁨, 슬픔이다. 알다시피 욕망은 "자기 자신의 의식이 동반된 욕구"로 정의한다. 기쁨은 정신이 완전한 최고점에 이르는 열정이고, 슬픔은 거꾸로 정신이 완전한 최저점에 이르는 열정이다. 무엇을 목표로 삼아야 하는가? 한편으로는 슬픈 열정을 거부하는 것이며, 다른 한편으로는 그 열정이 완전하게 증가한 기쁨이다. 스피노자의 쾌락주의를 어떻게 더 잘 정의할 것인가?

도대체 슬픈 열정이란 무엇인가? 치욕, 증오, 경멸, 고통, 우울, 공포, 혐오, 비웃음, 절망, 거만, 두려움, 겸손, 기만, 존경, 연민, 근심, 분개, 수줍음, 부러움, 어리석음, 분노, 복수, 비난, 잔인함, 후회, 자기 경시, 질투 등이다. 나의 존재능력, 세계와 실제에 대한 나의 적극적인 지지를 약화시키는 나쁜 것이다. 분명히 자신의 존재 속에서 약화시키는 이런 부추김에서 벗어나야 한다.

반면에 나의 능력을 배가시키는 온갖 열정을 정의하는 기쁨에 찬동해야 한다. 명예, 감탄, 쾌활함, 존경심, 사랑, 신앙심, 희망,

2 7 1

인정, 감사, 안전, 자존심, 만족, 애정, 호의, 오만, 칭찬, 용서, 내적 만족, 조소(!). 고양하는 미덕들.

이런 열정의 유형들은 유대 기독교적 미덕에 역행하는 것이라고 생각한다. 즉 자아의 사랑, 인간됨의 고찰, 기쁘고 행복한 세계와의 관계를 원하고 삶을 예찬하는 힘의 확산을 목표로 하는 이 모든 것이 기독교의 금욕적인 이상을 지지하는 사람들을 화나게 만드는 것이다. 그 때문에 스피노자는 프로이트적 필치로 자신에 대해 (치욕, 두려움, 겸손, 후회 등), 남에 대해 (증오, 시기, 복수, 분노, 잔인함, 질투 등), 세계에 대해 (고통, 우울, 공포, 근심 등) 죽음을 충동하는 것을 거부한다. 그리고 이 세 가지 일신론이 죽음의 충동에 집착하는 것도 거부한다.

272

『에티카』 제4부에서 스피노자는 "쾌락을 느끼는 것을 금지하는 야만적이고 슬픈 미신"을 비난한다. 우리의 기쁨이 배가하면 우리의 완전한 상태도 배가하기 때문이다. 또한 이렇게 해석할 수 있다. 즉 우리의 슬픔이 배가하면 우리의 완전한 상태는 줄어든다. 자연, 즉 신과 함께하는 것은 기쁨과 행복의 감정을 생성한다. 무슨 이유로 이 풍성한 활력을 거부할 것인가?

몇 줄 후에 스피노자는 자신의 힘을—항상 물리적 상태와 강력한 메커니즘을 회복할 줄 아는 현자—음식과 음료에 의지하면서 향기, 녹색식물, 장식, 음악, 체조경기, 공연 등을 즐기는 존재의 초상화를 그린다. 그는 "이런 삶의 방식이 최선이며, 가장 권할 만한 것"이라고 한다. 쾌락주의적 신앙의 새로운 선언이다! 이번에는 이론적이라기보다 훨씬 실용적이다.

(유대교와 기독교적) 선과 악을 넘어서서 (스피노자식, 그러니까

쾌락주의적) '좋은 것'과 '나쁜 것'은 따라서 막힘이 없다. 일상적으로 우리는 우리가 바라는 것, 우리가 가는 것을 '좋은 것'이라고 하고, 우리에게 혐오감을 주는 것을 '나쁜 것'이라고 한다. 스피노자의 윤리학은 결과론주의적이고, 명목론주의적이며, 규정적이 아니라 묘사적이다. (이 철학자의 저작에 없는 어휘들인데) 미덕과 악덕은 유용하다는 것을 가정한다. 나의 존재능력을 증가시키면서 쾌락주의적 투기(projet)실존철학에서 현실에 내던져져 있는 인간이 능동적으로 미래를 향해 스스로를 내맡기는 것역자를 사용하는 것은 '좋은 것'이며, 그것을 해치는 것은 '나쁜 것'이다.

16

이성과 완전한 행복. 노예는 자신의 열정과 감정에 따른다. 그는 그것들의 장난감이며, 그런 의식이나 인식도 없이 그들의 법칙을 참아낸다. 반면에 자유로운 인간은 자신의 이성에 따른다. 그런데 이성은 각자가 자신을 사랑하고 자신을 위해 유용한 것을 추구하고자 한다. 우선 자신의 존재 속에서 끈질기게 지속할 수 있는 것을 가지려 하고, 다음에는 자신의 내면에서 자신의 능력과 완전함을 증가시키는 것, 즉 세계에 자신의 존재를 기쁘게 가담시키는 것을 가지려 한다.

그러면 필연성에 종속된 인간이 언제, 어디서, 어떻게 자신의 자유를 되찾을 수 있는가? 운명, 즉 신, 다시 말해 자연에 복종하는 개인에게 어떻게 이런 논리를 거역하는 방법이 있는가? 그 논리를 알고 다음에는 그 논리를 따르는 것이다. 구원은 지식 안에서, 지식을 위해서, 지식에 의해서 이루어진다. 신, 타인들, 실제, 자연, 세계가 무엇인지 아는 사람은 누구나, 또 이런 각각의 사례의 메커니즘을 아는 사람은 누구나 자유에 다가가고, 그런 사람이 스스로 자유를 창조하는 방법을 이용한다.

우선 신과 자연을 동일화할 수 있는 총체의 맹목적인 단편으로서 개인은 '전체'에 종속된 상태를 의식하는 단편이 된다. 이런 자아를 의식하고 신의 본성과 그 방식을 알면서 개인은 그를 죽음을 위한 존재가 아니라, 삶을 위한 존재로 변형시키는 새로운 상태에 접근한다. 이 세계에서 자신의 위치를 알고 있는 사람은 아주 한정되고 제한되어 있지만 무한한 결과를 생산하기에 충분한 여분을 사용한다는 것을 알면서 거기에 동의한다. 즉 기쁨을 원하고, 슬픔을 거부하며, 완전한 행복을 생성하는 진리의 지식을 향해 자신의 욕망을 이끌어 갈 줄 아는 것이다.

완전한 행복은 우리가 이성을 선택했을 때, 달리 말하면 자신의 능력을 증가시키기 위해 삶의 올바른 방식을 선택했을 때 다가온다. 이제 결론적으로 일련의 등가관계를 세워보자. 즉 이성의 인도 아래 사는 것은 미덕을 실천하는 것이다. 자연의 법칙에 따라 사는 것, 신을 이해하고 아는 것, 자유를 획득하고 진정한 종교를 실천하는 것은 도덕적이고, 정직하며, 정당하고, 아주 행복한 존재다. 우리에게 유용한 것을 추구하면서 자신의 존재를 유지하는 것은 기쁨과 선에 가까워지는 것이며, 결국 자신의 구원을 실현하는 것이다. 완전한 행복은 미덕의 보상이 아니라 미덕 그 자체다. 완전한 행복은 오로지 자신이 누구인지, 신이 무엇인지, 세계가 무엇인지 발견하는, 즉 자신과 신, 그리고 세계라는 유사한 현실의 세 가지 존재

방식을 발견할 수 있는 철학의 실천에 의해서만 얻어진다.

스피노자와
"즐거움에 이르는
것"

결론

신의 몰락

자유사상의 힘. 주지하다시피 공공연하고 공식적이며 세속적인 자신의 모습을 드러낸 '위대한 세기'에는 유심론과 이원론 철학자들, 사제와 주교들, 정적주의자와 기독교도들, 장세니스트와 신비주의자들, 질서 창설자와 호교론 광신도들이 위인들의 반열에 등장한다. 이 아름다운 세계는 균형과 조화, 비례와 화음, 한마디로 질서가 승리를 거둔 이른바 고전적 세계에서 연대감을 형성한다. 데카르트, 파스칼, 말브랑쉬, 페늘롱, 코르네유, 라신. 물론 … .

그러나 동세기에 아주 다행스럽게도 다른 힘들이 작용하고 있다. 이 중 세 가지를 구분해 보면 두 가지는 그러니까 '바로크 자유사상'과 이어서 스피노자와 스피노자 철학이며, 나머지는 '절대 자유주의라는 익명의 힘'이다. 이것은 거리나 술집, 공공장소 등 도처에서 전성기를 누리는데, 샹송이나 시, 서민적 독설에서는 잘못하여 글의 흔적으로 남아 있지 않다. 뿐만 아니라 아주 다행스럽게 소위 수많은 문학적 자료에는 글로 기록되어 있거나, 특히 놀랄 정도로 급진사회주의적 성격을 띠면서 익명의 원고로 돌아다녔으며, 효과적이고 광범위하게 확산되었다.

바로크 자유사상에 대해 종합적으로 몇 가지 살펴보자. 피에르 샤롱의 신앙절대주의적 가장 신중한 주장에서부터 가상디의 신중하고 급진적이며 박식한 조화와 현학적인 결합을 거쳐서 시라노 드 베르주락의 범신론적인 가장 대담한 제안에 이르기까지 이 차이에도 불구하고 이 유명한 바로크 철학자들은 두세 가지 점에서 이론의 여지가 없다. 우선 이성을 확장하고, 방법론적·과학적·경험적 관점에서 이성을 활용하며, 다음에는 결과적으로 이성을 더 광범위하고 더 크게, 더 자유롭게 활용하고 비판적 지성을 자유롭게 실천하는 데 장애물로 인정된 종교를 비판한 것이다.

물론 신을 그 자체로서 너그럽게 인정한다. 철학자들의 신은 아브라함, 이삭, 야곱의 신을 훨씬 능가한다. 각자의 역량으로 해결하며 신앙절대주의자, 이신론자, 범신론자라는 자신의 선택에 따라 '지금 여기에' 몰두한다. 철학자들은 신을 너그럽게 인정하면서 신도 인간을 너그럽게 인정하는 것이 환영받는 일일 거라고 생각한다. 아직도 전쟁이 신의 이름으로 선포되는 것은 아니지만 각자에게는 자신의 신이 있다. 이런 인식론적 유형(流刑)은 앞으로 닥쳐올 싸움을 예고하고 있다. 이렇게 신이 뒤로 물러남으로써 앞으로 무신론에 대한 문제가 제기될 것이다. 바로크 자유사상가의 전체적인 흐름은 이제부터 신의 죽음을 향한 진전에 따른 변증법에 기여한다. 하늘은 멀어지고, 지상이 유일한 지평선이 된다. 도덕은 내재하는 규정에 접근한다. 사람들 사이에, 사람들에 의해서, 사람들을 위하여 지금 여기를 위한 규칙을 제정하는 것이다.

스피노자에 대해서도 간단하게 종합해 보면, 스피노자 철학(스피노지즘)이 완전하게 존재하기 위해 철학자의 죽음이 당연히 필요하게 된다. 위대한 세기 말에 초기의 스피노자 철학은 계몽주의 전체와 연결된다. 여러 점에서 스피노자는 바로크 자유사상가로 읽혀질 수 있다. 예외없이 모든 영역에서 전체적이고 절대적인 자유에 대한 그의 요구는 자유사상가의 중요한 관심을 규정한다. 즉 모든 구속으로부터 벗어나는 것이다. 군주제와 기독교 교리에서 이성을 자유롭게 활용한다. 경우에 따라 과학적·기하학적 모델을 위해 신학적 모델을 포기한다. 결국 하늘에서 벗어나서 지상에서 나온 결과만 염두에 두고 선과 악을 넘어서는 도덕을 제안한다. 절대적 선과 동일화된 기쁨, 즐거움 등 쾌락주의 외에도 행복주의적 윤리의 체계 속에 본성은 중요한 역할을 한다. 현실적인 지혜에서 육체와 육신을 평정한 고찰. 신앙과 이성, 신학과 철학, 정신적인 것과 물질적인 것의—바로 칸트 이전에—분리. 이런 점이 스피노자를 바로크 사상가와 자유사상가로 만든다. 그의 철학이 미친 힘은 데카르트의 영광에 의해 가려진 프랑스 자유사상가들의 힘의 열 배 이상이다.

2

2

당대의 자유사상가 정신. 바로크 자유사상가와 스피노자라는 위대한 세기에 미치는 이 두 가지 힘에다 지적 생산에서 눈

9

결론 :
신의 몰락

에 띄는 시대정신도 있다. 물론 익명의 사람들의 일상적인 삶, 그들의 행동과 태도, 생각, 연대기에서 그들의 말을 기록할 회상록 작가나 증인도 없이 집에서 나눈 담론들에서 정신의 역사가는 그 당시의 자유사상가 정신을 묘사해야 했다.

그렇지만 탈망 데 레오의 『일화집』이나 생시몽의 『회고록』, 적어도 이 시기에 나온 뷔시 라뷔탱(Bussy-Rabutin)의 『골 사람들의 연애 이야기』의 초기 저작들뿐만 아니라 수많은 편지 등에서 그 시대의 모습을 읽으면서 그 시대가 어떤지 어느 정도 상상이 된다. 마찬가지로 풍자 작가의 문집이나 레(Retz) 공작의 작품을 면밀히 검토하고 테오필 드 비오의 시, 소렐이나 스카롱의 소설, 라 퐁텐의 숭고한 『우화집』, 연극뿐만 아니라 생 테브르몽이나 시라노 드 베르주락의 작품을 읽어볼 수도 있다. 전체적으로 보면 위대한 세기는 시몽 부에(Simon Vouet)의 종교화로 한정되지 않으며, 루벤스 같은 화가의 풍만한 육체, 풍성한 포도나무와 포도주도 위대한 세기임이 입증된다.

이런 작품들에서 기독교는 거세게 비난하지만 포도주, 여자, 삶, 문학, 음악, 샹송, 우정, 대화를 좋아하는 시대를 발견한다. 물론 17세기가 무신론자는 아니지만 무신론으로 가고 있었다. 거기서 상대적으로 허용된 신에 대항하기보다는 위험에 적나라하게 노출된, 요컨대 사방에서 공격받는 종교에 대항하는 싸움이 생겨난다. 반교권주의, 반종교주의, 반기독교주의는 위대한 세기에 말 그대로 보기 드물게 신의 존재를 부인하기보다 일상에서 종교의 영향을 무너뜨리는 데 더 부심한다. 또한 신의 전지전능한 힘보다는 신의 이름으로 표현된 권력을 거부한다.

그 시대는 젊은이들의 장난과 유치한 도발, 사제, 설교자, 예배 행렬 등에 대항하는 무리의 익살스런 짓으로 무너진다. 뚱보 데 바로(Des Barreaux)는 가라스 신부를 조롱한다. 그 신부는 예수회 광수도사인데, 믿을 수 없는 『이상한 교리』를 쓴 위험한 작가이기도 했다. 개신교 설교 때는 술 마시는 노래를 부르기도 하고, 그리스도의 육체를 싣고 가는 어떤 사제에게 예의를 가르치기 위해 그의 모자를 벗겨버리기도 했다. 뷔시 라뷔탱은 시체를 춤을 추게 하고 매장했다고 전해진다. 사제 부르들레와 공작 부인에게 내쫓긴 콩데 공작은 (두꺼운) (진짜) 십자가 조각을 (이 일화를 밀고한 사람이 이 사건을 정확하게 밝히려고 하지만 소용없는 일이다) 불태우려고 했다. 또한 "적이다"라는 고함 소리에 사제가 행렬의 선두에서 운반하던 예수의 고난상을 조롱한다. 페르바크 원수는 악마가 들린 … 수녀에게 축복받은 물 주사기로 처방하기도 한다. 레(Retz) 추기경은 죄 드 폼 울타리 안에서 즉흥적으로 미사를 거행하고, 개들에게 세례를 주고 결혼시킨다. 생 테브르몽의 옛 친구인 니농 드 랑클로는 기도를 하는 동안에 춤추는 스텝을 그린다. 그리고 여기저기에 … 단식과 금욕, 면병^{미사 때 성체를 이루기 위해 쓰는 밀떡}^{역자}과 성사, 성유와 예배행렬이나 혹은 성직자 지상주의 족속을 반대하는 일화나 재치 있는 말, 재치 있는 표현, 난폭한 행위를 기록한 것은 끝이 없다. 신은 대체로 용서했지만 신을 섬기고, 믿고, 간청하는 사람들은 용서하지 않았다.

3

불법 사상. 자유사상가가 이렇게 환대를 받았지만 불법 수사본이 시중에 떠돌고 있었다. 그 중에서도 사드와 같은 작가의 멋진 원고인 『여자들의 학교』, 『세 명의 사기꾼』이나 『스피노자 선생의 정신과 삶』 등이 있다. 어떤 원고는 작가 이름도 없고, 흔히 출판 날짜도 가짜거나 인쇄업자나 발행인을 기발하게 갖다 붙였다. 눈이 띄는 것은 사법부와 적어도 기독교도에게 소속된 기동대의 추적과 소송을 피할 수 있었다는 점이다. (자유사상가의) 사상은 거기에서 더 명확하게 표현되어 있고, 낱말은 수식 없이 나타나며, 그들의 명제는 수사본에서 분명하게 드러나 있다.

그렇지만 익명이 보장된 급진적인 자유에도 불구하고 솔직하게 무신론적 원고는 여전히 발견되지 않는다. 자유사상의 전문가들에 의한 이중적 글쓰기가 대학 사회에 넓게 퍼졌다는 주장은 없다. 즉 이것을 비판하면 글쓰기 기술에 미칠 영향을 생각할 수 있지만 발각되면 위험이 크다. 사실 익명을 유지하면 무엇이 두렵겠는가? 그때부터 진술에서 조심할 것을 왜 언급하겠는가? 글로 쓴 것은 생각한 것이다. 자, 이게 전부다. 17세기에 무신론은 존재하지 않으며, 완만하지도 않고, 숨어 있는 것도 은폐되어 있는 것도 아니며, 행간에도 존재하지 않는다. 신은 최후의 시간을 살고 종교는 무너지지만 여전히 신의 죽음에 대해 말할 수 없다.

4

환속한 선(禪)의 예외. 온 사방 자유사상가의 세기에 단연 눈에 띄는 철학자들이 모르는 귀중한 자료가 발견된다. 즉 크리스토바오 페레이라(Cristovao Ferreira, 1580-1650)가 서명한 『속임수의 탄로』라는 제목의 60여 쪽에 달하는 짧은 원고다. 이 원고는 1637년 『방법서설』이 출판된 해에 나왔다. 데카르트가 군주제와 가톨릭을 배려하는 동안 일본에 선교사로 간 포르투갈 예수회 수도사인 그는 종교재판에 휩쓸려 죽음은 피했지만 고문은 피하지 못했다. 그가 쓴 책은 기독교를 완전히 파괴하고 무신론을 탄생시키는 데 가장 근접한 저작이다. 그러나 이 책을 최초의 명백한 무신론을 논한 자료로 보기 위해서는 책의 마지막 몇 줄을 삭제해야 하는데, 거기서 작가 자신이 선불교로 개종했음을 고백하는 대목이다. 그 파장은 그다지 멀리 나가지 못해 이 예수회 수도사는 신을 부정한 최초의 이론가라는 명예를 누릴 뻔했다. 그렇지 않으면 그는 기독교의 자료에서 최초로 그 파장을 가장 멀리 몰고갔을 것이다. 이것을 판단해 보자.

2 8 3

모든 철학사와 종교사에서 무시된 이 철학자는 환각적이고 파괴적인 주장들을 펼치고 있다. 이를테면 신은 영원히 존재하는 세계를 창조하지 않았다는 것이다. 영혼은 죽는 것이며, 없어지고, 지옥도 천국도, 원죄도 예정설도 존재하지 않는다고 주장한다. 또 세례를 받기 전에 죽은 아이들은 죄가 없다. 기독교는 "순순한 발명품"이다. 10계명은 이성에 반하는 쓸데없는 짓이다 등. 그는 새로운 영토를 폭력적으로 정복해서 그 원주민들을 약탈하는 것을 정당화하고, 이어서 백성들의 이익에 반하는 탐욕스런 정책을 이끌어 나가는 교황을 비판한다. 미사헌금과 면죄부를 비판한다. 파문, 성 금요일의 금식도 마찬가지다. 그는 왕을 마술사로 보듯이 동정녀 마리아를 우화로 가르친다. 성사, 세례, 고백, 성찬을 거부한다. 최후의 심판을 "믿을 수 없는 것"이라고 생각한다. 육신의 "부활"을 믿는 것도 "황당하고" "우스꽝스러운" 것으로 생각한다. 결국 그는 변함없이 이성에 호소하는데—데카르트가 베일을 쓰고 하는 관례를 무시하고—종교와 신앙의 역사, 기독교 우화와 올바르고 건전한 이성이 절대로 양립할 수 없다는 것을 여러 번 단정한다. 전체가 몇 페이지 되지 않는 낱권에 불과하지만 기독교 서구에 진정한 다이너마이트 구실을 했다!

망토 걸치고 철학하기.　이 책이 바다를 건너서 유럽 땅으로 갔는지는 아무도 모른다. 반면에 한 익명의 작가도 1659년경 소위 현학적인 17세기 자유사상의 주제를 종합하는 역할을 한 대담한 저작을 내놓는다. 이 책은 『살아서 돌아온 테오프라스투스』로서 좀더 근대적으로 『테오프라스투스, 귀환』인데, 라틴어로 쓴, 전혀 프랑스어로 번역된 적이 없는 1,500여 쪽의 두꺼운 수사본이다.

이 글에서 이 무명 작가는 물론 유일교와 다신교를 배려하지 않지만 결코 무신론을 주장하지도 않는다. 이때문에 그는 익명을 유지할 수 있었다. 다행히도 그는 이상한 수사적 입장을 요구한다. 즉 무신론적 사고를 강조하고 그것을 자세하게 제시하면서 설명하고, 말하고, 보여주지만 서문에서 신학자들에게 그들의 무기를 올바르게 사용하라는 명백한 의도가 보인다. 아이러니? 기만? 은폐? 거짓말? 아니면 그 시대의 정신을 입증하는 실질적인 입장일지도 모른다. 또한 정통 기독교에 대한 비판과 그럼에도 불구하고 초월성의 존재감정 사이의 고뇌일지 모른다. 작가에 대한 충분한 정보가 없기 때문에 결론을 내리지 못한다.

이른바 이 교황주의자 선동가는 따라서 무신론의 역사가를 즐겁게 하는 싸움을 시작한다. 즉 그는 무신론적 사고에 대한 현실을 단언하고, 그것을 자세하게 설명하며, 기독교도의 신이 존재한다는 증거들을 반박하고, 신탁과 예언, 그리고 기적을 비판하며, 복음서의 진정성을 믿을 수 없다고 주장한다. 그는 믿음의 조항을 뒤흔들고 성찬, 삼위일체, 연옥을 분해하고, 지옥과 천국을 순수하고 단순한 알레고리로 변형시키며, 성인과 성유물의 숭배를 공격하고, 불멸의 영혼이 존재하지 않는다고 가르치며, 그리스도의 신성함을 반박하고 교황들을 규탄한다. 사실 그는 전혀 가톨릭적이지 않은 기독교인이다.

게다가 죽음과 더불어 살고 잘 죽기 위해 그는 인간적인, 대단히 인간적인 처방을 내놓는데, 그것은 자살을 정당화하는 것이다. 약간 스토아 철학적이다. 온건한 행복주의자인 그는 삶을 숭배하지 말라고 한다. 지나치지 말고, 너무 무시하지 말고, 상식으로 가득 채워 하루하루 살아가는 데 만족하고, 매일 자신의 고통에 만족하라는 것이다. 약간 에피쿠로스 철학적이다. 그는 좋은 조언자인 자연을 따르고 명예나 돈, 부에 대한 근심을 모두 저 멀리 던져버리라고 한다. 거기다 과학과 법, 기술, 물론 종교도 비난할 것을 덧붙인다.

고대 견유주의 철학이다. 그는 검소함, 가난, 현자의 자율, 독립성, 다른 사람들을 비켜나 자유로운 생활을 찬양한다. 많은 지혜는 아고라와 포럼에서 직접 출발해서 실천한다.

신은 명백하게 부인되고 있는 건 아니지만 생명을 주며 여러 별들로 각자의 운명을 결정하는 태양과 유사한 존재다. 약간 범신론적이다. 그리스도의 천체적인 테마를 세우는 것을 주저하지 않으면서 작가는 자신의 점성술에서 나오는 자연의 법칙에 따른다. 그의 저작은 자신의 좌표를 발견하지 못하는 박식한 비판을 뒤흔든다. 즉 그는 진정으로 무신론자가 아닌, 독특한 이념 없이 박식함으로 가득 차 기독교적 입장을 요구하는 반기독교인이며, 오히려 그 시대를 관통하는 시대정신과 자유사상가의 에너지를 대단히 잘 조합하는 창조자다.

6

스피노자 효과. 익명의 텍스트 중에는 모세, 예수, 모하메드 등 『세 명의 사기꾼 개론』이라는 제목의 정체불명의 통속기사가 존재한다. 초판 텍스트는 중세로 거슬러 올라갈 수 있을 것이다. 많은 추정은 하고 있지만 작가는 미상이다. 복사본, 재복사 수사본은 시대와 그 관심에 따라 수정되었다. 원래 고대에서 참고한 내용으로 가득 차 있다. 1645년경으로 추정된 판본은 알다시피 자유사상가의 연구와는 구별되는 퓌론의 회의주의에 의해 작업한 것이 명백하다.

바로크 자유사상가와 여러 가지 공통점은 자유사상가의 자료에서 수집된 사회적 관계를 잠재적으로 파괴하는 부담 때문에 접근이 차단되어 있는 하층민과는 거리가 먼, 오로지 현자들의 전유물인 지식의 엘리트주의적 선택이다. 마찬가지로 종교영역에서 신은 부정되어 있지 않지만 종교가 루크레티우스적 원칙에 따라 분해되어 있다. 두 가지 명제가 다른 입장에서 융합되어 있다. 즉 종교는 물론 기만에서 비롯되지만 종교는 운명적이고 필연적이다. 다음 세기에서 볼테르의 생각도 다르지 않을 것이다.

그 책의 바로크판은 유신론을 제시한다. 즉 신을 오직 부정적으로 정의하고, 예상대로 이성과는 관계가 없다. 그 본질은 인간적 방법으로 도달할 수 없는 것 같다. 따라서 인간의 지적 증거를 넘어서는 신이 있다는 것이다. 종교를 지탱하는 축이 (종교에 대한) 공격을 억제한다. 즉 사후 보상이라는 아주 사소한 관심과 연관된 신앙, 사회적 이익에 대한 희망이나 공적·필연적 귀결의 도피에 따른 선의 선택, 상식은 아니더라도 최소한 이성의 실천과 화해할 수 없는 기적 등이다. 거기에다 덧붙일 것은 종교가 우선 정치권력을 합법화하는 데 규칙적인 논거를 이용한다는 것이다.

일상의 취향과 시대정신에 따라 아마 보태지고 상당히 수정되었을 1712년 판본이 새로운 제목으로 출판된다. 전기작품인 『브누아 드 스피노자 선생의 일대기』에 앞서 나온 『브누아 드 스피노자 선생의 정신』이다. 거기에는 이성과 자연의 법칙에 대한 솔직하고 분명한 찬사가 발견된다. 바니니(Vanini), 홉스(Hobbes), 노데(Naudé)는 물론 스피노자를 참고한 것처럼 피에르 샤롱의 구절들이 나타난다. 고대 판본과 본 판본은 물론 종교가 기만이라는 이 같은 생각을 지지하지만 중요한 점에서 다르다. 17세기 언저리에서 나온

2 8 7

판본은 이미 그 자체에 계몽의 잠재성을 싣고 있지만, 이러한 기만이 항상 지속될 수 있다는 생각을 해결하지 못한다. .

거기서 바로 스피노자의 방식에 따라 실행해야 하는 필연성이 나온다. 이때부터 무명의 철학자는 그에게 의심스러워 보이는 모든 것에 대해 이성을 끌어들인다. 즉 종교, 신, 기독교뿐만 아니라 사회적 질서에 대한 요구 등이다. 이 네덜란드 철학자의 신은 '역사' 속에서 이런 진전을 허용한다. 『에티카』는 이제부터 '무신론적 유물론'의 방향으로 읽힌다. 물론 스피노자의 '범신론적 일원론'을 벗어나고 초월하는 것이다. 이런 방향전환의 역사는 아주 정확하게 관능주의적 유물론과 소위 "울트라 계몽주의자들", 즉 아베 멜리에(abbé Meslier), 라메트리(La Mettrie), 모페르튀이(Maupertuis), 엘베티우스(Helvétius), 돌바크(d'Holbach), 사드(Sade) 등 프랑스 공리주의의 모험을 이룬다. (다음 권에서) 계속됨 … .

이면, 표면, 다른 면. 일반적으로 17세기를 특징짓기 위해 위대한 세기라고 한다. 미슐레는 18세기를 규정짓기 위해 ⋯ 위대한?이라는 표현을 사용했다. 가톨릭과 군주제로 보면 사실 그렇다. 그러나 본 자료에서 선택한 작가들에 대해서 17세기를 상황에 따라 "위대한"이라는 말을 없애고 "바로크"라고 불러도 좋을 세기라고 할 수 있을 것이다. 르네 팽타르(René Pintard)는—오늘날 "성인(聖人)들의 세기"라는 장으로 여전히 최고의 (개척) 문헌이며 최악의 (이념적인 전제) 문헌인—『17세기 초반 박식한 자유사상』(Slatkine, 1943, 1983년 재판)이라는 자신의 유명한 책을 펴낸다. 그보다 앞서 펠릭스 개프(Félix Gaiffe)는 『위대한 세기의 이면』(Albin Michel, 1924)을 출판한 바 있다. 일화를 다룬 책으로 좋은 제목이다. 지나친 면이 있긴 하지만.

17세기 전체를 다룬 오래된 저작들은 다음과 같다. F. T. 페랑스

(Perrens)의 『17세기 프랑스의 자유사상가들』(Galmann-Lévy, 1899), J. S. 스핑크(Spink)의 『가상디에서 볼테르까지 프랑스 자유사상』(1966년 Paul Meir 번역), 앙투안 아당의 『17세기 프랑스 문학사』 5권 중 특히 1권 『앙리 4세와 루이 13세 시대』(Domat, 1956) "현학자들과 철학자들"이라는 장에서 뒤퓌 형제들, 피에르 가상디, 아카데미 퓌테안, 프랑수아 드 라 모트 르 베예, 가브리엘 노데, 르네 데카르트를 다루고 있다. 마찬가지로 앙투안 아당의 『17세기 자유사상가들』(Buchet-Chastel, 1964)도 있다.

17세기를 선택적으로 읽기 위해서 『프랑스 문학사』(Editions sociales) 제2권의 "1600년부터 1715년까지"를 참고하라. 피에르 아브람(Pierre Abraham)과 롤랑 데네(Roland Desné)가 감수한 이 저작에는 전기, 사상, 작품과 역사에 대한 전망을 올바르게 제시한다. 문학 창작의 조건과 경향, 정치, 언어, 작가의 사회적·물질적 상황, 바로크, 자유사상을 다루는데, 조르주 뒤페이롱은 시라노와 자유사상가들, 롤랑 데네는 생 테브르몽, 프랑수아 행커는 퐁트넬에 대해 썼다.

*
**

자유사상가의 초상화.　어려운 실천이다. 자유사상은 어디 있는가? 그리고 언제인가? 게다가 자유사상인가, 자유사상주의인가? 1974년 브렝(Vrin)사가 주관한 "16세기 자유사상주의의 다양한 양상"이라는 소미에르 국제 콜로키움 보고서는 「16세기 자유사상가라는 용어의 사용에 대한 고찰」이라는 장 클로드 마르골랭(Jean-Claude Margolin)의 잘 고증된 논문으로 시작한다. 다음에는 샤를 베네(Charles Béné)의 「에라스무스와 자유사상주의」가 이어진다.

『17세기 프랑스의 박식한 자유사상가들』(P.U.F, 1998)이라는 제목의 소책자 마지막에(pp. 113-114) 박식한 자유사상가를 31개 항목으로 묘사한 프랑수아즈 샤를 도베르(Françoise Charles-Daubert)의 종합은 인상적이다. 그 중에서 자유사상가와 가상디의 친구인 몰리에르에 대해서는 올리비에 블로쉬(Olivier Bloch)의 『몰리에르/철학』(Albin Michel, 2000)을 참고할 것. 물론 그의 작품 『동 주앙』을 읽고 또 읽을 것.

클로드 롱종 연구소가 펴낸 생 테티엔 대학 출판사의 6권으로 된 『17세기 자유사상과 철학』은 오직 자유사상가라는 문제를 다룬 학술지다. 1997년 2권 『라 모트 르 베예와 노데』, 1999년 3권 『공적인 것과 사적인 것』, 2000년 4권 『가상디와 가상디주의자들』과 『자유사상 열정』, 2001년 5권 『자유사상가들과 가면 : 가장과 재현』, 2002년 6권 『17세기 자유사상가들과 강한 정신 : 몇 가지 독서방법』, 2003년 7권 『고대 철학의 재출현』. 대단히 아카데믹한 연구다.

마지막으로 『당대의 멋진 재사들, 혹은 소위 그런 사람들의 이상한 교리』와 같은 선전, 비방, 철학적 전투 문학의 제주이트 발명자인 가라스 신부의 더러운 바다에 반드시 빠져봐야 한다. 앙크르 마린(Encre Marine) 사에서 예상된 재판(再版). 자유사상가들의 악명은 반박하는 논거에 의한 체계적인 비방, 모욕 등의 이런 시도에서 생긴다. 고전사료는 믿을 수 없는 이런 사실을 수없이 실었으며, 자유사상의 흐름을 끌어내렸다.

자크 프레보(Jacques Prévot)의 『17세기 자유사상가들』(Pléiade, Gallimard) 2권 서문은 자유사상가라는 말에 대한 연구를 종합적으로 평가하고 가상디의 시, 픽션, 요약 등 자유사상 자료를 얻을 수 있는 텍스트들의 비판적 검토를 위해 읽어볼 만하다. 또한 샤를 소렐, 스카롱, 퓌르티에르, 라파예트 부인 등 『17세기 소설가들』에 대한 앙투안 아당의 서문도 플레야드에서 참고하라.

**

바로크 접지(摺紙). 바로크 철학, 바로크 사상가들, 바로크 자유사상가들 등 바로크라는 범주로 위대한 세기의 다른 면에 접근해 보길 권한다. 바로크라는 용어에 대한 문제를 제기하고 반론하는 바로크 정의에 접근하기 위해서 외제니 도르스의 『바로크론』(아가트 루아르 발레리 역, Gallimard, 1935)이 있다. 이 책은 선사 시대에서 전후까지 "바로크"라는 용어를 수용하는 22가지 개념을 제안한다. 바로크에 대한 역사적·비역사적 정의다. 좀더 독단적인 뵐플린의 『르네상스와 바로크』(Poche Pluriel)를 참고하라. 이 책은 바로크를 예술사의 각 시기의 쇠퇴기에 나타나는 것으로 규정한다.

철학적으로 접근하기 위해서는 질 들뢰즈의 필독서 『주름. 라이프니츠 혹은 바로크』(Minuit, 1988)를 참조하라. 용어 정의, 말라르메 시에 대한 멋진 구절, 피에르 안타이(Pierre Hantaï)의 회화, 피에르 불레(Pierre Boulez)의 음악, 그리고 물론 라이프니츠 철학도 있다. 마찬가지로 크리스틴 부시 글룩스만(Christine Buci-Glucksmann)의 『시선의 광기. 바로크 미학론』(Galilée, 1986)도 참고하라.

**

피에르 샤롱. 피에르 샤롱은 가라스의 악평에 시달렸다. 미소년들의 애호가, 수많은 버려진 아이들의 아버지, 화려한 옷, 괴상한 생활

양식과 근거 없는 여러 중상모략 등 역사적으로 수세기 동안 믿을 수 없는 이 예수회 수도사의 험담이 재생산된다. 마찬가지로 샤롱은 몽테뉴에게서 빼오고, 출처를 인용하지 않고 그의 글을 이어 붙이고, 『수상록』에서 훔쳐오는 데 만족하며, 독창적인 사상이 없고, 경솔함이 넘치는 작품에서는 어색함을 그대로 두는 것으로 만족한다는 것이다.

이런 비난은 불행하게도 선배들을 표절하는 작가들, 이를테면 폴 본퐁(Paul Bonnefon)의 『몽테뉴와 친구들』(Armand Colin, 1898) 2권에서—마리 드 구르네에 대한 비난과 함께—도 나타난다. 이 책은 다행히도 절판되었다. 불행하게도 이런 모든 것들이 수많은 책이나 글—모리스 드 콩디약의 서재—에서도 발견되는데, 몽테뉴와 샤롱을 폄하하는 그의 글은 『철학사』(Pléiade) 2권 "르네상스, 고전 시대, 계몽의 세기, 칸트적 혁명"에도 발표되었다. 그의 『'르네상스' 시대의 철학』(pp. 3-336)도 참고하라.

미셸 아당(Michel Adam)의 정직한 연구인 『피에르 샤롱에 대한 연구』(Presses universitaire de Bordeaux, 1991)도 많은 도움이 될 것이다. 샤롱과 그의 삶을 주제로 한 논문 모음집이다. 당시 샤롱의 글에 대한 멋진 분석, 그의 철학적 선택, 노동재판소 제도의 효능, 법의 상대성 등이 있다. 나는 그가 가르쳤던 도시, 보르도의 드니 몰라(Denis Mollat) 사무실에서 샤롱에 대해 나눈 대화도 재미있었다.

프랑스어 철학작품들을 취급하는 코르퓌스사가 편집한, 거의 사전과 같은 분량의 887쪽에 이르는 『지혜론』(Fayard, 1986)을 대신할 수 있는 것은 아무것도 없다. 그 당시 언어와 철자, 인용도 번역되지 않았고, 주석도 없으며 서문도 없다. 이것은 관례였으며, 변화는 쉽지 않았다. 작업하기 전에 사전, 역사, 기타 철학 백과사전을 위한 수많은 주석편집자

2 9 3

들이 과거 동료들의 글을 그대로 베끼는 것이다. 이처럼 오류는 수없이 반복되고 대학의 진실이 된다. 이 세상(의 진실)을 줄이고 텍스트로 옮겨 가는 것이다. 『17세기의 자유사상과 철학』 No. 7 수첩에, 크리스티앙 나도(Christian Nadeau)의 「샤롱의 '회의적' 지혜? 피에르 샤롱의 『지혜론』에 나타나는 회의주의와 스토아 철학의 연관성」(pp. 85-104)도 참고하라. 그리고 피에르 프랑수아 모로가 감수한 『16세기와 17세기의 회의주의. 고전 시대로 고대 철학의 회귀』(Albin Michel, 2권, 2001)와 니콜라 스트리커(Nicolas Stricker)의 「샤롱의 지혜 : 재평가」(pp. 164-173)를 읽어 볼 것. 그는 1권의 부제로 『16세기와 17세기의 스토아 철학』도 펴냈다.

2 9 4

*
**

라 모트 르 베예의 명암. 르네 케르빌레(René Kerviler)의 『프랑수아 드 라 모트 르 베예. 앙주 공과 루이 13세의 가정교사. 그의 삶과 글에 대한 연구』(Edouard Rouveyre, 1897)라는 부정확한 전기집. 출생년도부터 오류로 시작한다. 개략적인 것들을 보면 아카데미 프랑세즈의 회원이 된 작가에게 그의 자유사상을 과소평가하고 유력자들의 가정교사, 아카데미 회원, 외교관들의 동행자임을 외면한다. 사실과 정반대다.

『말하는 공통적인 방식에 대한 회의주의적인 소론. 그의 삶과 글에 대한 연구』(Le Cabinet des lettres, 2003)에 나오는 리오넬 르포레스티에(Lionel Leforestier)의 서문과 머리말을 참고하라. 필립 조젭 살라자르(Philippe Joseph Salazar)의 『조국과 외국에 대하여, 그리고 기타 회의주의적 소론』(Desjonquières, 2003), 소개, 연대기, 참고문헌. 『6일간의 전원 이야기』(éd. Anacharsis)의 제6일, "요정들의 동굴"에 쓴 장 피에르 카바예

(Jean-Pierre Cavaillé)의 서문, 여기에 라 모트 르 베예의 『고대인들을 모방하는 대화』(Corpus, Fayard)도 참고할 내용이다.

정기 간행물 『자유사상과 철학』에 실린 수많은 논문들이 있다. No 5에 나오는 장 미셸 그로(Jean-Michel Gros)의 「모트 르 베예에 나타나는 기독교적 회의주의의 가면」, 소피 구베르뇌르(Sophie Gouverneur)의 「라 모트 르 베예와 자아의 대담」, No 6에 나오는 엠마뉘엘 베리(Emmanuel Bury)의 「자유사상가의 글쓰기와 학설사적 원천들 : 라 모트 르 베예의 경우」가 있고, 니콜 장구(Nicole Gengoux)의 「라 모트 르 베예의 『고대인들을 모방하는 대화』에 나타나는 쾌락주의의 입장과 기능」, 소피 구베르뇌르의 「라모트 르 베예와 정치 혹은 고대 회의주의의 자유사상 관례」 등이 있다. 대단히 아카데믹한 글들이다.

2 9 5

화약제조술 생 테브르몽. 바스 노르망디 출신의 도교주의자인 그는 플레야드에서 그의 존재를 확인하지만(이미 『17세기 단편소설』에 있는 「아일랜드 예언가」로) 『17세기 자유사상가들』에서 철학자로 등장한다. 거기서 가장 많은 출판을 한 작가로 나타난다. 마르셀 디디에 (Marcel Didier)사에서 나온 4권으로 된 『산문집』이 있는데, 르네 테르누아가 책임을 맡아 그를 주제로 한 내용들이 많다. 제1권의 긴 서문과 동일 책임자, 동일 편집자에 의해 2권으로 된 『편지들』도 참고할 내용이다. 고전 프랑스어로 된 낡은 편집이다.

거의 같은 내용을 수집해서 편집한 것들이고, 단지 다른 점은 한두 가지 내용을 추가하거나 축소한 것이다. 마르크스 레닌식 해석인 생 테브르몽의 『선집』으로 에디시옹 소시알(Editions sociales)사에서 나온 알랭 니데르스트의 편집이다. 그의 철학을 17세기 역사의 사건으로 설명하고 축소한 것이다. 절대자유주의적 해석은 장 피에르 잭슨(Jean-Pierre Jackson)의 알리브사에서 나온 『철학적인 글』이다. 그 글에서 무신론자 생 테브르몽(p. 163)이라는 선입견을 부인한다. 한두 가지 개략적인 내용은 공부에 대한 오류(철학이 아니고 법률이다, p. 7)가 있고, 그가 '아마도' 스피노자를 만났을 것(p. 16)이고, '틀림없이' 대화를 나누었을 것(p. 21)이라고 한다. 아카데믹한 해석이 있는데, 생 테브르몽의 『사물에 대한 대담』(Desjonquières)으로 다비드 방수상의 설명, 그리고 동일한 편집자에 쉬잔 겔루의 설명을 덧붙인 또 다른 책 『콩데, 튀렌, 기타 유명 인사들』이 있다. 옹브르(Ombres)사에서 나온 『늙음에 대한 편지들』은 니옹 드 랑클로와의 편지를 모은 것으로, 그를 "부드러워진 몽테뉴 같은 사람"으로 소개한 생트 뵈브의 텍스트로 완성되어 있다.

가벼운 글로 상당히 꼼꼼하고 상세한 전기집으로 클로드 테텡제(Claude Taittinger)의 『생 테브르몽 혹은 쾌락의 용법』(Perrin)이 있다. 논문이 아니고 사실들이다. 적어도 논문이라면 그 철학자의 걸작일까? 파리의 살롱에 샹파뉴 방식을 시작한 것이다. 샹파뉴의 포도주 가문의 후원자인 클로드 테텡제가 따라서 자신의 초기 유명한 외교원을 옹호하는 것은 정정당당한 일이다.

저자에 대한 언급은 아주 드물다. 일베르 마리 슈미트(Albert Marie Schmidt)의 『생 테브르몽 혹은 불순한 인문주의자』(Editions du chevalier, 1932)가 있다. 나는 "정신적 전기 요약"을 다루는 자필 원고본을 사용한다. 물론 요약이다. 이 작가는 그 이상의 주제를 다루고 싶지 않은 것 같다. 기독교 옹호론이 아니라면 이 책의 모티브는 무엇이겠는가. 아, 생 테브르몽이 은총을 다루었다면 … 생 테브르몽에 바친 유일한 책인데도 이처럼 성수(聖水) 같은 느낌을 준다는 것이 유감이다.

스피노자/생 테브르몽과의 만남은 미스터리다. 만났을까? 만났다면 언제? 어떻게? 어떤 상황에서? 누구와 함께? 어떤 언어로 대화했을까? 등등. 귀스타브 코앙(Gustave Cohen)의 상세한 논쟁『생 테브르몽의 홀란드 체류와 프랑스 사상에의 스피노자 입문』(Honoré Champion, 1926)과 폴 베르니에르(Paul Vernière)의 총론『스피노자와 대혁명 이전의 프랑스 사상』(PUF, 1954)이 있다. 이후 이 주제에 대한 새로운 저작은 없다.

대학의 콜로키움(Cerisy, sept. 1998)은 최선이거나 최악의 실천이다. 쉬잔 겔루즈의 지도로 캉 대학 출판부에서 나온『바로크와 계몽 사이의 생 테브르몽』이 그것이다. 생 테브르몽과 음악, 오페라, 역사, 시, 편지, 교양, 로마 역사, 신앙심, 자연종교, 볼테르, 몽테뉴, 니농 등등. 유익한 책이다. 2 9 7

생 테브르몽의 화약제조 양식을 고찰하고 격언에 대한 영감이나 글쓰기에서 바로크의 물에 대한 재능을 검토하며, 최종적인 표현법을 삽입하기 위해 만든 산문의 리듬과 박자를 파악하는, 동시대 스페인 예수회 수도사 발타자르 그라시안(Baltasar Gracián)의『비꼼 혹은 영감의 예술』을 참고할 것. 기념비, 수사학적 기쁨, 대화의 기교를 곁들인 언어적 즐거움 등이 있다. 미셸 장드로 마살루와 피에르 로랑 번역, 마르크 퓌마롤리(Marc Fumaroli)의 서문(L'Age d'homme) 등.

마찬가지로 마르크 퓌마롤리의『세 가지 문학제도』(Folio)의 "대화"라는 장도 읽어보라. 장 라퐁(Jean Lafond)의 중요한 서문 :『17세기 모럴리스트들. 피브락에서 뒤프레니까지』(Bouquins, Laffont)의 짧은 형식과 격언. 베랑제르 파르망티에(Bérengère Parmentier)의 책『모럴리스트들의 세기』(Points Seuil)도 참고할 것. 생 테브르몽에 대한 4페이지와 나머지 부분에 나타나는 대여섯 가지 암시 등.

*
**

피에르 가상디, 모순적인 철학자. 가엾은 가상디! 철학사에 그가 차지할 자리는 거의 없다. 그는 사물을 찬성보다는 반대에 접근함으로써 어느 정도 자신의 재능을 망쳤다고 해야 할 것이다. 그가 적극성을 보였을 때 자신을 드러내지 않는 이상한 방법으로 그렇게 했다.

반대 : 반아리스토텔레스, 젊은 시절 미완성 글,『아리스토텔레스 학파들에 대한 역설의 논고』(Vrin), 반데카르트, 가톨릭과 군주제의 공통된 바탕에도 불구하고 형식에 대한 무익한 논쟁,『현상학적 탐구 혹은 르네 데카르트의 현상학과 그의 대답에 대한 의심과 사례들』(Vrin), 특별한 철학적 관심이 없는 편지내용보다는 귀중한『프랑수아 륄리에에게 보내는 허물없는 편지』(Vrin)를 편집한 베르나르 로쇼(Bernard Rocht)의 뛰어난 서문.

가상디는 반데카르트적인 운명이었다. 그리고 패배했다. 프랑수아 아주비(François Azouvi)의『데카르트와 프랑스. 국가적 열정의 역사』(Fayard)에서 데카르트를 공격하면서도 영감받은 로마 가톨릭교회가 그를 근대 이성의 발명가, 즉 선구자로 만들었다는 것이다. 주느비에브 로디스 르위스(Geneviève Rodis-Lewis)의『데카르트』(Calmann-Lévy)도 좋은 참고서적이다.

찬성 : 가상디는 이율배반적인 에피쿠로스적 유물론과 가톨릭적 유물론을 옹호한다. 어느 땐가 두 가지 중 하나를 선택해야 하기 때문이

다. 그는 기독교 교리를 선택했고, 궁지에서 그런 식으로 유물론을 수용했다. 『에피쿠로스의 삶과 풍속』(Alive, 2001)에서 가상디는 기독교적 비방에 대한 에피쿠로스의 삶, 작품, 관념, 사상 속에 그리스 철학을 복권시킨다. 17세기에 큰 영향을 미친 첫 작업이다.

특히 가상디는 철학적 복화술을 발명하는데, 『에피쿠로스 철학개론』을 쓰고 거기서 에피쿠로스를 대변하기 때문이다. 가상디는 "나"라고 하는데, "나, 에피쿠로스" …라는 의미다. 놀라운 일이다. 가끔 이 기독교 철학자는 말을 반복하면서 그리스를 기독교적으로 수정한다. 『17세기 자유사상가들』(Pléiade, 1권)에서 3부 "윤리학 혹은 도덕"만 번역되어 있다.

가상디의 참고문헌은 없다. 실비 토시그(Sylvie Taussig)의 저작 『피에르 가상디(1592-1655). 박식한 삶의 입문』(Brepolis)은 정보는 풍부하지만 혼란과 무질서의 전형이 아니라면 읽어볼 만하다. 그는 가상디의 라틴어 편지 소개에 대한 아카데믹한 연구를 하지 않았고, 보편적 관점이나 뚜렷하고 분명한 명제 없이 『에피쿠로스의 생애』의 판본에서 이미 사용한 정보를 재활용하고 있다.

가상디 300주기인 1955년에 나온 알뱅 미셸(Albin Michel)의 『피에르 가상디. 그의 삶과 작품』(Centre International de Synthèse)은 쿠아레와 앙투안 아당에게 유용한 정보가 되었고, 『피에르 가상디 300주기』(Actes du Congrès de Digne, PUF)는 쿠아레와 아당에게는 최선이었지만 그 지역의 영광을 찬양하고자 한 지방 사가들에게는 최악이었다.

비교적 최근(1997) 『가상디와 유럽』(Vrin, éd. de Sylvia Murr)이 나왔는데, 거기에는 그가 살아 있을 때 유럽 여러 나라에서 가상디가 받은 엄청난 영향을 찾아냈다. 『17세기 자유사상과 철학』(l'Université de Saint-

Etienne, 2000)에 나오는 "가상디와 가상디주의자들"과 간행물 『자료집 : 베르니에와 가상디주의자들』(No. 20/21)도 참고하라. 여기에 장 샤를 다르몽(Jean-Charles Darmon)의 책 『17세기 에피쿠로스 철학과 문학. 가상디, 시라노 드 베르주락, 라 퐁텐, 생 테브르몽에 대한 연구』(PUF)도 읽어볼 것.

*
**

시라노의 일그러져 보이는 세계. 유르지 발트뤼자이티스 (Jurgis Baltrusaïtis)의 연구서 『일그러져 보이는 상. 타락한 원근법』 II (Champ Flammarion)는 일그러져 보이는 소설 『다른 세계 : 달나라와 제국』, 『태양의 나라와 제국』의 독서를 수월하게 해주었다. 시라노의 『다양한 편지』에 앞서 나온 『풍자와 연애편지』(Desjonquières)를 읽어보라. 시라노의 전문가 자크 프레보(Jacques Prévot)는 브랭(Belin)사에서 『시인과 극작가 시라노 드 베르주락』과 『소설가 시라노 드 베르주락』을 펴냈고, 시라노 드 베르주락의 『전집』 서문도 있다.

오래 전에 나온 그에 대한 전기집도 도움이 되었다. 피에르 앙투안 브룅(Pierre-Antoine Brun)의 『사비니앵 시라노 드 베르주락』(Slatkine)이다. 미셸 카르도즈(Michel Cardoze)의 『시라노 드 베르주락, 1619-1655 : 자유로운 자유사상가』(Maisonneuve et Larose, 1966)도 유용할 것이다. 그의 사상에 대해서 올리비에 블로쉬(Olivier Bloch)의 『역사자료』(Vrin)에 나오는 "시라노 드 베르주락과 철학"(pp. 225-239)이라는 장을 참고하라.

스피노자. 17세기 철학의 스타. 들뢰즈에 의해 반복된 전통 "철학자들의 왕자" 스피노자는 위대한 세기를 계몽 세기의 정수를 향해 뒤흔들어 놓는다. 그의 전기에 대해서는 장 콜루스(Jean Colerus)의 『전집, B. 드 스피노자의 일생』(la Pléiade)과 의사 뤼카스 드 라 에(Lucas de la Haye)의 『제자 중 한 명이 본 스피노자의 일생』 등 짧은 두 권의 책으로 만족할 수도 있고, 스티븐 나들러(Steven Nadler)의 『스피노자』(Bayard)를 읽어도 될 것이다. 그러나 이 전기집은 지엽적인 내용들인데, 17세기에 유대인이라는 것, 그 시기에 암스테르담에 산다는 것, 그 당시에 네덜란드와 교류하는 것은 위대한 세기에 마란(marrane)^{중세 후기 가톨릭 신자로 개종한 스페인과 포르투갈에 거주한 유대인을 가리킨다역자}이라는 것을 의미하며, 철학자의 사상을 파악하기에는 주제를 벗어난 이야기들이다. 그 당시 유대인을 알기 위해서는 다니엘 방사이드(Daniel Bensaid)의 편집, 우리엘 다 코스타(Uriel Da Costa)의 책 『인간적 삶의 이미지』(Arc-en-Ciel)를 참고하라. 방사이드는 다 코스타가 암스테르담 유대교 측의 결정으로 태형을 받았던 날 스피노자도 있었다고 확인한다. 나들러도 그 끔찍한 사건을 확인하면서 이를 입증한다.

　『에티카』의 기하학과 건축에 대한 다양한 내용을 입력하고 지적인 설명을 곁들인 디지털판도 있다. 다양한 해석과 번역, 통계학적 파일, 불법 버전 등이 있는데, 들뢰즈의 사상을 토대로(DVD는 그에게 바친 것이다) 책의 고전주석의 관점과 전체를 파악하는 데 유익한 디지털 장치를 읽을 수 있다. 브뤼노 피코(Bruno Picot)의 『스피노자의 윤리학 읽기』라는 놀라운 결과물이다.

3　0　1

스피노자의 참고서적은 수없이 많다. 정치적 텍스트는 제쳐두자. 두 권의 입문서 중 알랭(Alain)의 『스피노자』(Idées Gallimard)는 명확하고, 전문적이며, 간결하고 밀도가 있어 본질에 이르는 책이며, 질 들뢰즈의 『스피노자. 실용철학』(Minuiit)은 전기를 위해 그의 멸시를 숨기지 않고 "위대한 생존자"라는 멋진 표현으로 정의된 또 다른 철학자에 의한 철학자 스피노자의 삶을 다룬 훌륭한 책이다. 그의 『스피노자 혹은 표현의 문제』(Minuit)는 들뢰즈의 모든 결점, 달리 말하면 그의 모든 장점이 들어 있다. 즉 들뢰즈는 자신이 다루는 칸트, 베르그송, 흄, 니체 등의 철학자들을 흡수하듯이 스피노자를 들뢰즈화한다.

대척점에서 충실하고 세심한 독자에게는 스피노자주의자인 로베르 미스라이(Robert Misrahi)의 『존재와 즐거움』(Encre marine)을 읽는 것도 유익할 것이다. 이 책은 서문, 문집, 콜로키움, 백과사전의 주석 등을 수집해 놓은 것이다. 가끔 반복된 내용이 있지만 그다지 불편하지는 않다. 동일한 작가가 쓴 『스피노자 철학의 육체와 정신』도 읽어보라. 어려운 문제가 아주 명쾌하게 다루어져 있고 해결되어 있다.

폴 베르니에르(Paul Vernière)는 『스피노자와 대혁명 이전의 프랑스 사상』(PUF)이라는 전서를 편집했다. 여기서 이 네덜란드 철학자의 철학사상이 어떻게 프랑스에 들어왔으며, 그와 함께 어떤 통로로 그 불법 수사본이 망토 밑에 숨겨져서 돌아다니면서 그 당시의 사상에 실질적인 영향을 미쳤는지 알 수 있다. 제2권은 계몽 세기의 철학자들이 스피노자와 대담한 증언들을 검토하고 있다. 대단한 작업이다.

최근에 나온 전서는 조나단 이르빈 이스라엘(Jonathan Irvine Israel)의 『급진적 계몽 : 철학, 스피노자와 근대성의 탄생(1650-1750)』(éd. Amsterdam)이다. 이 책은 모든 계몽이 스피노자의 독서에서 그 영감을 받았

음을 완벽하게 보여준다. 과장된 것이지만 그 당시 사회의 훌륭한 벽화
에 참여하고, 유럽에 네덜란드 철학자의 사상이 확산되어 있는 굴곡을
따라간다는 점을 수백 페이지를 통해 입증해 준다.

*
**

시대정신.   시대정신을 알기 위해서 탈망 데 레오의 『일화집』
(Pléiade, tomes I, II)을 참고하라. 생시몽의 『회고록』(Pléiade) 제1권과 『17
세기의 소설가들』(Pléiade)도 참고할 것. 자유사상가들의 짓궂은 장난, 성
금요일 베이컨을 곁들인 오믈렛, 개들의 짝짓기, 무덤에서 파낸 시체들,
수녀들에게 놓는 관장용 주사기, 비난받은 사제들, 기타 철학적 농담 등
이 그 책에 나온다. 『샤펠과 바쇼몽의 여행, 그들의 잡시(雜詩)』(Paris,
1826)는 찾기는 어렵지만 흥미 있는 책이다. 자유사상가–시인들인 테
오필 드 비오, 보클랭 데 지브토, 생 타망, 데 바로 등은 『자유사상가들』
(Pléiade) 제2권에서 참고하라. 작가 미상의 『여자들의 학교』는 정확한
대위법으로 된 낮의 에로티즘이 사드적인 밤에서 어떻게 해석될 수 있
는지 보여준다.

3 0 3

*
**

신의 죽음 이전.   17세기는 이 시대를 연구하는 대학들의 많은
전제와는 정반대로 무신론의 시대가 아니라 신의 죽음을 준비하는 시대
다. 이를 알기 위해서는 크리스토바오 페레이라(Cristovao Ferreira)의 예
사롭지 않은 책 『17세기 일본 가톨릭의 반박』(Chandaigne)이라는 소제

목이 붙은 『드러난 기만』을 읽어보라. 거만한 한 대학 교수가 이 책의 표지에 있는 그의 이름을 빼버렸다. 자크 프루스트는 이 책의 서문을 쓰면서 사실 그 포르투갈 예수회 수도사(그는 『방법서설』이 나온 해인 1637년 놀랄 정도로 기독교를 반박한다)의 이름을 지우고 자신이 그 유명한 책의 작가인 것처럼 거기에 자신의 이름을 써두었다. 이 놀라운 기독교 해체론자는 그 일로 처형을 받아도 마땅했다.

『살아서 돌아온 테오프라스투스』라는 저작은 부분적으로 접근할 수 있는데—『자유사상가들』(Pléiade)판 제2권에 있는—제6의 개론만 읽을 수 있다. 『세 명의 사기꾼—모세, 예수, 마호메트—의 개론』은 막스 밀로사에서 나온다. 그것은 마찬가지로 『스피노자의 정신』이라는 제목이 붙어 있다. 라울 바네이젬(Raoul Vaneigem)이 서문을 쓴 또 다른 편집으로 『세 명의 사기꾼들의 책』에 이어서 『아무것도 믿지 않는 기술』(Rivages)이라는 책이 나온다.

연보

쾌락주의자들	이상주의자들

1541 : **피에르 샤롱 출생.**
1588 : **(8월) 라 모트 르 베예 출생.**
1592 : **몽테뉴의 죽음, 가상디 출생.**
1594 : 마리 드 구르네, 『몽테뉴의 산책장』.

                                    1596 : 데카르트 출생.
1588-1669 : 『수상록』 34판.

        1600 : 조르다노 브루노 로마 교회에 의해 화형.

1601 : **(6. 30) 피에르 샤롱, 『지혜론』.**
1603 : 『지혜론』의 비판과 금서.
1603 : **(11. 16) 샤롱의 죽음.**
                                    1608 : 프랑수아 드 살,
                                          『신앙생활의 입문』.
                1610 : 앙리 4세의 살해.

1613 : **생 테브르몽 출생.**
1615 : 바니니, 『영원한 섭리의 강당』.

                1616 : 갈릴레이 1차 소송.
                1619 : 툴루즈에서 바니니의 고문과 죽음.

1619 : (5.6) 시라노 드 베르주락 출생.

1622 : 마리 드 구르네, 『남자와 어자의 평등』.

1623 : 블레즈 파스칼 출생.

1623 : 시인 테오필의 체포와 투옥.

1624 : 가상디, 『아리스토텔레스 학파에 대한 역설의 논고』.

1627 : (9. 27) 보쉬에 출생.

1630 : 라 모트 르 베예, 『고대인들을 모방하는 네 가지 대화』.
1632 : (11. 24) 스피노자 출생.   1632 : 가라스, 『이상한 교리』.

1633 : 갈릴레이 2차 소송.

1637 : 크리스토바오 페레이라, 『드러난 기만』.
1637 : 데카르트, 『방법서설』.
1638 : 말브랑쉬 출생.

1638 : 노르망디 거지들의 저항 진압.
1640 : 아구스티누스,
『장세니우스』.

1641 : 데카르트,
『현상학적 성찰』.
1642 : 라 모트 르 베예, 『이교도들의 미덕론』.

1643 : 생 테브르몽, 『작품집』 중 「에피쿠로스 도덕론」.
1643 : 라 모트 르 베예, 『소논문과 소개론』.

1644 : 데카르트,
『철학의 원칙』.
1644 : 마리 드 구르네 그의 서류와 서재,
몽테뉴의 서재를 부분적으로 프랑수아

드 라 모트 르 베예에게 물려줌.

1645 : 마리 드 구르네의 죽음.
1645년경 : 『세 명의 사기꾼들의 개론』.

1646 : 라이프니츠 출생.

1647 : 가상디, 『에피쿠로스의 삶과 죽음』.
1647년경 : 생 테브르몽, 『쾌락에 대하여』.

1649 : 가상디, 『에피쿠로스 철학개론』.

1649 : 데카르트,
    『영혼의 정열』.
1650 : 데카르트의 죽음.
1654 : 파스칼의 개종.

1655 : (1. 22) 가상디의 죽음과
    (7. 28) 시라노 드 베르주락의 죽음.

1657 : 퐁트넬의 출생.

1656-1657 : 파스칼, 『시골
    친구에게 부치
    는 편지』.

1657 : 시라노 드 베르주락,
    『달나라와 제국의 재미있는 이야기』.

1659년경 : 『살아서 돌아온 테오프라스투스』.

1662 : 시라노 드 베르주락,
    『태양의 나라와 제국의 재미있는 이야기』.

1662 : 파스칼의 죽음.

1663 : 데카르트 저작 금서목록.

1664 : (6. 15) 장 멜리에의 출생.

1670 : 스피노자, 『신학정치론』.
1670 : 라 모트 르 베예,
    『회의주의적 독백과 6일간의 전원 이야기』.
1672 : 라 모트 르 베예의 죽음.

1670 : 파스칼, 『팡세』.

1676 : 『수상록』 금서목록.

1677 : (2. 21) 스피노자의 죽음, 『에티카』 출판.

1681 : 보쉬에, 『보편역사론』.

1683 : 말브랑쉬,
『기독교적 성찰과 도
덕개론』.

1685 : 낭트 칙령 폐지.

1685 : 흑인 규약

1685 : 베르클레의 출생.

1686 : 퐁트넬, 『다양한 세계에 대한 대담』.

1687 : 페늘롱,
『소녀들의 교육개론』.

1688 : 말브랑쉬,
『현상학에 대한 대담』.

1691 : 알베르 벨레,
『데카르트 선생의 일
생』.

1695 : 라이프니츠,
『새로운 자연의 체제』.

1697 : 말브랑쉬,
『신의 사랑개론』.

1703 : (9. 9) 생 테브르몽의 죽음.

1704 : (4. 12) 보쉬에의 죽음.

1705 : 콜루스, 『스피노자의 일생』.

1708 : 말브랑쉬,
『기독교 철학자와 중
국 철학자의 대담』.

1709 : 라메트리의 출생.

1710 : 라이프니츠,
『변신론』(辯神論).

1710 : 베르클레,
『인간적 인식의 원칙』.

1713 : 페늘롱,

『신의 존재 입증』.

1714 : 라이프니츠 『단자론』.

1715 : 말브랑쉬의 죽음.

1717 : 라이프니츠의 죽음.

1718/1729 : 아베 멜리에, 『회고록』 쓰기.

1729 : (6. 28, 29) 장 멜리에의 죽음.

3 0 9

옮긴이 **곽동준**

부산대학교 불어불문학과 졸업. 프랑스 리모주 대학에서 프랑스문학 석사와 그르노블 III대학에서 바로크 시인, 생 타망 시학 연구로 박사 학위를 받았다. 현재 부산대학교 불어불문학과에서 프랑스 시와 문화를 가르치고 있으며, 바로크 시와 문화 연구에 집중하고 있다. 한국세계지역학회 부회장, 한국프랑스문화학회 편집위원, 국제지역연구학회 총무이사를 맡았다. 역서로는 제라르 듀로조이 편저, 『세계현대미술사전』(지편), 마르그리트 뒤라스, 『간통』(원제 : 여름밤 10시 30분)(상원), 앙드레 빌레, 『피카소 기억들과 비밀정원』(신동문화), 모리스 르베, 『프랑스 고전주의 소설의 이해』(신아사), 자크 오몽, 『영화감독들의 영화이론』(동문선), 니콜라 부알로, 『부알로의 시학』(동문선), 뱅상 아미엘, 『몽타주의 미학』(동문선) 등이 있고, 『텍스트 미시 독서론』(전망), 『지역시대의 지역논단』(세종출판사) 등의 저서와 다수의 논문이 있다.

반철학사_3

바로크의 자유사상가들

초판1쇄 / 2011년 3월 30일

지은이 **미셸 옹프레**
옮긴이 **곽동준**
펴낸이 **여국동**
펴낸곳 **도서출판 인간사랑**
인 쇄 **백왕인쇄**

출판등록 1983. 1. 26. / 제일 3호

정가 18,000원

ISBN 978-89-7418-564-0 94100
ISBN 978-89-7418-560-2 (전6권)

※ 잘못된 책은 교환해 드립니다.

(411-815) 경기도 고양시 일산구 백석동 1178-1
TEL (031)901-8144, 907-2003
FAX (031)905-5815
e-mail/igsr@yahoo.co.kr / igsr@naver.com

※ 불법복사는 지적재산을 훔치는 범죄행위입니다.